清华大中小学人工智能通识教育系列

人工智能通识

（初中版）

王　东　主编／蔡云麒　谭洪政　副主编

清華大学出版社

北京

内 容 简 介

　　《人工智能通识（初中版）》是"清华大中小学人工智能通识教育系列"的初中分册，包括人工智能的概念、人工智能的诞生、人工智能发展史、人工智能前沿、人工智能伦理、人工智能基础方法、深度学习方法7个单元。本书旨在为学生构建人工智能的基础知识框架，形成对人工智能的系统认知和全面理解。

　　本书既可以作为教师授课的教材或参考资料，也可以作为学生提升人工智能素养的科学读本。为方便教师开展教学活动，本书配有完整的教学课件和教学设计方案。本书还配有实践手册，其中设计了多种形式的实践项目，鼓励学生以分组合作等方式将人工智能知识应用到学习和生活中。

图书在版编目（CIP）数据

　　人工智能通识：初中版 / 王东主编. -- 北京：清华大学出版社，2025.3（2025.7重印）.
（清华大中小学人工智能通识教育系列）. -- ISBN 978-7-302-68846-4

　　Ⅰ. G634.671

　　中国国家版本馆CIP数据核字第20256W1419号

责任编辑：刘翰鹏
封面设计：常雪影
责任校对：李　梅
责任印制：杨　艳

出版发行：清华大学出版社
　　　　　网　　　址：https://www.tup.com.cn，https://www.wqxuetang.com
　　　　　地　　　址：北京清华大学学研大厦 A 座　　　　邮　　编：100084
　　　　　社 总 机：010-83470000　　　　　　　　　　邮　　购：010-62786544
　　　　　投稿与读者服务：010-62776969，c-service@tup.tsinghua.edu.cn
　　　　　质量反馈：010-62772015，zhiliang@tup.tsinghua.edu.cn
　　　　　课件下载：https://www.tup.com.cn，010-83470410
印 装 者：涿州汇美亿浓印刷有限公司
经　　销：全国新华书店
开　　本：185mm×260mm　　　　印　　张：15.5　　　　字　　数：250 千字
版　　次：2025 年 4 月第 1 版　　　　　　　　　　　印　　次：2025 年 7 月第 2 次印刷
定　　价：49.00 元

产品编号：111560-01

我们正在进入一个生成式人工智能的新时代，我们称之为第三代人工智能。这个时代的特点是，人工智能的范式将发生转变，从而带来人工智能日新月异的发展。这将从根本上改变各行各业的面貌，从而导致我们未来生活和工作方式的巨大变化。对于即将生活在这一时代的青少年，急需培养他们对人工智能的正确认知和全局视野，感受科学的魅力，学习科学家精神，激发学科学、爱科学的热情。"清华大中小学人工智能通识教育系列"丛书的出版及时满足了这一需求。

在《人工智能通识（小学版）》中，编者引用偃师的故事来说明古代中国人对智能机器的梦想，可是这个梦想直到1946年计算机出现之后才变得可能。果然，十年之后，1956年在美国达特茅斯会议上，科学家们组织了一场关于智能机器的研讨会，人工智能从此诞生。在全世界广大科学家和工程师的艰苦努力下，60多年之后，OpenAI公司推出了ChatGPT大语言模型，宣告人类进入了生成式人工智能的新时代。

本套丛书全面地介绍了以下四方面有关人工智能的内容。

第一，正确认识人工智能。人工智能是干什么的？当前主流学派的做法是，利用机器（主要是计算机）模拟人类的智能行为，即为人类的思考、感知、动作和情感等智能行为建立计算模型，让计算机表现出与人类相似的行为，因此称它为"行为主义的人工智能"。这一学派并不去追求机器的工作原理与大脑的工作原理相一致，而是关注行为上的模拟。由此可见，他们是在探索一条硅基智能的道路，这种硅基智能与人类的碳基智能并不相同。目前，大家普遍的疑问是："根据这一学派做出来的人工智能机器会思考、有感情和有意识么？"对于这个问题目前有两种不同的答案，一种是"有"，另一种是"没有"。哪一种答案对？应该说这两种答案都对。肯定的答案来自于行为主义的立场，从机器行为上看，它确实表现出会思考、有情感，有时甚至表现出有意识。但如果从另一个人工智能学派——内在主义的立场出发，他们认为由于机器内部的工作原理与人类大脑的工作原理完全不同，因此机器不具备人类意义上的思考、感情和意识等。只有当我们对人工智能有了这样全面与正确的认知，才有可能正确地使用它。

第二，人工智能的发展历史。人工智能是探索无人区，经历过三个发展阶段。第一代人工智能提出了以知识驱动为基础的推理模型，第二代人工智能提出以数据驱动为基础的机器学习模型。这两种模型的局限性在于，只能在特定领域中解决特定的任务，属于专用人工智能，不符合人工智能发展的最终目标——通用人工智能。科学家们经过坚持不懈地努力，于2022年11月推出ChatGPT大语言模型，我们得到了一个在开放领域中具有强大语言生成能力的模型。换句话讲，在语言（对话）上机器做到了与领域无关，向通用人工智能迈出了一步，预示着人类进入第三代人工智能新时代。我们是怎么做到这一点的？①利用一个巨大的人工神经网络（又称为转换器），这个神经网络有1750亿个参数；②经过大量文本的预训练，总共训练了45TB的文本（相当于2000万部《红楼梦》）；③采用"预测下一个词"这样一种新的学习方法。通过这三种方法，让ChatGPT掌握了人类的语言。正如奥地利哲学家维特根斯坦所说："我的语言界限，就是我的世界界限"，表明机器一旦掌握了人类的语言，就打开一个满是可能性的世界，使人工智能成为改变人类未来的科技。

第三，人工智能的应用及其对各行各业的影响。人工智能有着广泛的应用，比如人脸识别、语音识别、机器翻译、各式各样的机器人等，这些中小学生都会有亲身的体验。至于人工智能对各行各业的影响，丛书也涉及到许多，比如人工智能对科学研究的影响，一个典型的代表是AlphaFold。AlphaFold利用人工智能中的深度学习技术，通过蛋白质已知的氨基酸序列预测它的三维结构，到目前为止已经预测了2亿种蛋白质的结构。大家知道，在过去60年中，人类利用试验方法也只预测了17万种蛋白质，可见利用人工智能技术可以极大地提高科研的质量与效率。利用生成式人工智能技术辅助艺术创作,包括绘画、音乐和视频等。人工智能将引起"教"与"学"方式的重大变化,从而导致传统教育模式的转变,将极大提高教育的质量与效率。此外,人工智能也会改变未来的医疗和健康。不少科学家预计,利用人工智能技术,未来机器将会诊断人类的所有已知疾病,找到有效的治疗方法,特别是找到治疗各种疑难疾病,如治疗恶性肿瘤等疾病的药物等。

第四,人工智能伦理与治理。人工智能技术既给我们带来了巨大的机会,同时也带来了不少的风险,人工智能的伦理问题就是其中之一。人工智能伦理包含两方面的内容,一是使用人工智能技术带来的风险,可以说是由误用产生,如数据安全、责任认定、对技术的过度依赖、造成失业等。另一个是由使用者滥用引起,包括深度伪造、把人工智能技术用于战争等。这些都会对社会伦理与法律提出挑战,需要加以治理。因此人工智能的治理也包含两方面的内容,一是对机器的治理,避免机器输出不符合伦理、道德等标准的有害内容,防止被误用。另一个是对使用者的治理,防止人工智能技术被滥用。其中还涉及发展与治理的关系,我们既要积极地去发展和利用人工智能技术,另一方面又要努力地去避免人工智能造成的负面影响。

"清华大中小学人工智能通识教育系列"丛书针对上述四项内容分别为小学生、初中生和高中生提供丰富的教学资源,包括教材、教学用PPT、实践手册、在线参考文献等,为有关教师开设人工智能通识课提供了有力的支撑。

清华大学计算机系

前　言

　　人工智能是一门既古老又年轻的科学。人工智能源于人类对智能机器的渴望，相关的探索可以追溯到两千年前亚里士多德关于人类思维规律的研究。然而，直到1956年的达特茅斯会议之后，人工智能才正式登上历史舞台。今天，人工智能正以前所未有的力量改变着世界，不仅在视觉、听觉、语言、动作这些传统人工智能领域取得长足进展，而且与各个基础学科交叉共融，引发了新一轮技术变革。可以预见，未来人工智能将越来越强大，成为推动人类进步的基础力量。

　　人工智能的强大源于它对人类智能的模拟。我们今天所有的文明成果都基于人类区别于其他生物的独一无二的智能，如果这种智能可以被机器所模拟，可以预见将会给社会带来颠覆性的变革。从这个角度看，近年来人工智能领域那些让人震惊的成就也许只是智能时代来临前的满城风雨，真正让人期待的智能风暴也许就在不远处的地平线上。

　　人工智能时代的到来要求所有人都应具备人工智能的基础素养，特别是青少年学生。这些基础素养至少包括三个方面。首先是人工智能的世界观，即如何认识人工智能，它起源于哪里，当前处于什么阶段，未来会走向何方。其次是人工智能的价值观，即如何全面认识人工智能，既要理解它带来的机遇，也要了解它的潜在风险；既要有拥抱人工智能的开放心态，也要清楚如何合理、合规地使用人工智能。最后是人工智能的方法论，即人工智能有哪些基本原则和基础方法。

基于这一思路，我们编制了这套"清华大中小学人工智能通识教育系列"丛书，其根本目的是帮助青少年建立人工智能的基础素养。为实现这一目标，本丛书从大中小贯通培养的视角来设计基础教育阶段的人工智能通识课程。

本丛书将基础教育阶段的人工智能通识教育分为"兴趣培养""体系构建"和"知识拓展"三个阶段，分别对应小学、初中、高中三个学段。"兴趣培养"阶段重点在于激发学习兴趣，培养科学精神；"体系构建"阶段强调对人工智能的整体认知，构建知识体系，培养全局视野；"知识拓展"阶段关注具体应用背后的关键技术，特别是人工智能在各学科中的前沿应用，为学生选择未来的专业方向提供指导。中国科学院院士张钹教授对丛书的知识体系进行了指导，并对丛书内容进行了审核。

本书是"清华大中小人工智能通识教育系列"丛书的初中分册，目的是帮助学生构建人工智能的基础知识框架，形成对人工智能的系统认知和全面理解。本书配套了实践手册，设计了多种形式的实践项目，鼓励学生以分组合作等方式将人工智能知识应用到学习和生活中。

全书分为7个单元，分别是人工智能的概念、人工智能的诞生、人工智能发展史、人工智能前沿、人工智能伦理、人工智能基础方法、深度学习方法。前4个单元主要是帮助学生建立对人工智能的基础认知，第5单元介绍人工智能的风险和智能社会的行为规范，第6单元介绍人工智能的知识结构，第7单元介绍当前主流的深度学习方法。

本书既可以作为教师授课的教材或参考资料，也可以作为学生提升人工智能素养的科学读本。为了支持教师开设通识课程，本书配有丰富的教学资源，包括教学用PPT、实践手册、在线参考文献等。教师可以基于本书内容和这些教学资源设计自己的课程。为了配合课堂教学，一些章节设计了思考与讨论环节，启发学生就学习内容进行拓展性思考和讨论。一些章节还设计了实践课程，这些实践课程选题形式多样，内容丰富，既有上机实践，也有辩论、模仿游戏等，可帮助学生深入理解学习内容。

根据实际教学条件，教师可以因地制宜设计具有本校特色的教学方案。对于较少接触人工智能、需要建立人工智能基础素养、强化知识架构的学校，建议按本书顺序设计两学期（每周两节）或四学期（每周一节）课程，每学期2/3的学时教师授课，1/3的学时组织分组实践活动。对于已经有人工智能教学基础的学校，可以将本书内容作为知识框架，结合已有教学设计，形成互动性更强的教学方案。对于教学安排比较紧凑的学校，也可以对本书内容进行浓缩，融入信息科技或科学课堂，为学生提供人工智能的基础知识。不论哪种方案，都应该强调对人工智能基础概念、基础方法的深入理解，强调完整的知识架构，强调对人工智能伦理、道德、法律的深入思考。

本书汇聚了众多专家学者和一线教师的心血。李蓝天老师参与了部分内容的编写工作。毛丽旦、谷悦、李沛聪、罗小雪、魏扬、瞿琦等老师和同学参与了书稿审读工作。文中言老师任本书的美术总指导，朱珠、刘田田两位老师参与了绘图组织工作。参与绘图的老师和同学还包括夏源、肖美琳、邹龄漪、蒋夕彬、文雁云、袁枘、肖舒琪、王乃一、宋徐丽、苏诗瑶、张泉、佟雨函、苗羽、鲁一诺、纪琳、张智涵、万桉伶、吴翠如。田丽、王瑗、易长秋、杨澜、李刘浩、李方园、白鑫鑫、姜孝春、张清茹等老师参与了课程资源制作。谭洪政、利节、邱伟松、李刘浩等老师参与了课程实践和推广工作。卜辉、杨艳铮、刘爱霞等老师参与了组织与服务工作，王文精、卞伟、张天厚、刘田田、宫俊波等老师参与了大量策划、推广工作。

人工智能通识教育刚刚起步，不仅在我国还没有形成标准的体系，在世界范围内也没有成熟的方案可以参考。我们希望"清华大中小学人工智能通识教育系列"丛书能够成为一套样本，为我国乃至全球教育工作者提供系统性、可操作的参考框架。

限于编者水平，书中难免存在不足之处，恳请广大读者批评指正。

编　者
2025年4月

目　录

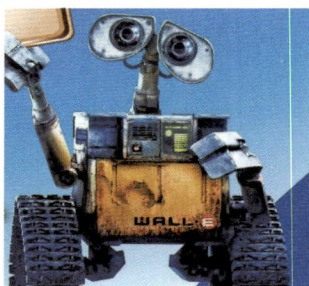

3 第 3 单元
人工智能发展史　/ 69

4 第 4 单元
人工智能前沿　/ 102

5 第 5 单元
人工智能伦理　/ 136

6

第 6 单元
人工智能基础方法　/ 167

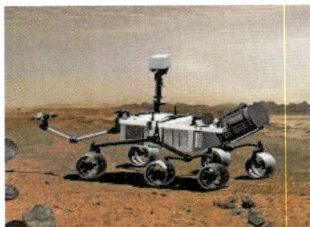

7

第 7 单元
深度学习方法　/ 195

第 1 单元

人工智能的概念

1.1

智能机器的梦想

学习目标

（1）理解从古至今人类对智能机器的梦想与追求。

（2）了解历史上具有代表性的自动化机器及其影响。

人们很早就希望制造出聪明的机器，能够与人聊天或者帮助人们做事。关于智能机器的梦想可以追溯到很早以前，但这些大多只是传说，并没有实际证据表明确有其事。后来，随着技术的进步，出现了一些自动化的机械装置，部分满足了人们关于智能机器的梦想。而真正智能的机器是在计算机诞生以后才出现的。这些机器用计算的方式来模拟人类的思维，最终实现了人类的千年梦想。

① 古代智能机器的传说

古人对智能机器怀有强烈的向往。例如，在《墨子·鲁问》中记载了鲁班削竹为鹊（图1-1）的故事，说的是一位叫鲁班的巧匠，他用竹子制作了一个飞鸟，可以在天上连续飞好几天。"削竹木以为鹊，成而飞之，三日不下"。后人猜测鲁班制作的很可能是个风筝，只是由于技艺高超，使得风筝能在天上飞的时间很长。也有人戏称鲁班是第一台无人机的发明者。据

图1-1 鲁班削竹为鹊示意

说与鲁班同时代的墨子也擅长制作各种灵巧的机器，他也造了一只会飞的鸟，只不过看起来比鲁班的鸟要差一些，飞了一天就掉下来了。

在《列子·汤问》中还记载了一位与鲁班同时代的巧匠，名叫偃师。偃师比鲁班和墨子还要厉害，可以用木头、毛发、油漆等材料制造出惟妙惟肖的人偶，

图1-2 偃师制造的人偶表演示意

从外表看和真人无异，而且能歌善舞。偃师带着这个人偶去见周穆王，让它为大家献歌献舞，如图1-2所示。歌舞表演得非常成功，观众陶醉其中。只是歌舞结束的时候出了差错，人偶向穆王的姬妾们"暗送秋波"，惹得穆王大怒，要处死偃师和这个人偶。偃师慌忙解释，并亲自动手把人偶拆卸成一堆零件。穆王这才相信这个人偶确实不是真人，赦免了偃师。鲁班和墨

子听说这个故事后大为震撼，从此再也不敢自认为手艺高超了。这个故事显然只是传说，2000多年前是不可能造出如此惟妙惟肖的人偶的。尽管如此，这个故事依然充分体现了古人对智能机器的向往。

② 早期的自动化机器

对于智能机器的渴望不仅存在于传说中，在很早以前，科学家就开始尝试制造一些自动化机器，帮助人们做事。古希腊数学家、物理学家、发明家阿基米德就制造了许多机械设备，比如阿基米德螺旋提水器、阿基米德之爪、投石机等。这些设备具备一定的自动化能力。阿基米德之爪类似一个带有抓钩的起重机，可以抓起进攻的船只，然后将它摔得粉碎，威力巨大。

1世纪，亚历山大里亚的著名数学家兼工程师希罗在他的《自动装置的制作》一书中，描述了一个自动化的木偶剧院（图1-3）：通过轮轴、杠杆、滑轮和车轮等设备之间的互相作用，就可以上演一出完整的木偶剧。自动化木偶剧院的想法受到很多人的推崇，例如，著名的发明家莱昂纳多·达·芬奇不仅在绘画和科学领域有着巨大的贡献，他还设计了许多机械装置和

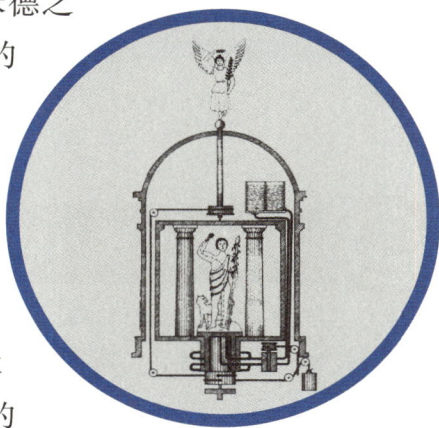

图1-3　希罗的剧院

自动化木偶剧院的图纸。虽然达·芬奇的一些设计没有被实际制造出来，但他的构想激发了后来的发明家和工匠。

加扎利（1136—1206）是伊斯兰黄金时代（中世纪）的一位杰出的博学家，集发明家、机械工程师、工匠、艺术家、数学家和天文学家于一身。加扎利制作了

图1-4　加扎利发明的自动玩偶乐团

很多非常有趣的机器，被誉为现代工程之父。比如他曾制作了一台自动提水的机器，可以把水从水井中提出来。他还制作了一个以水为动力的玩偶乐团（图1-4），通过水流冲击叶片，推动轮轴转动，进而带动连杆上下运动，使玩偶拨动琴弦或敲击鼓面。

1739年，雅克·德·沃康松制

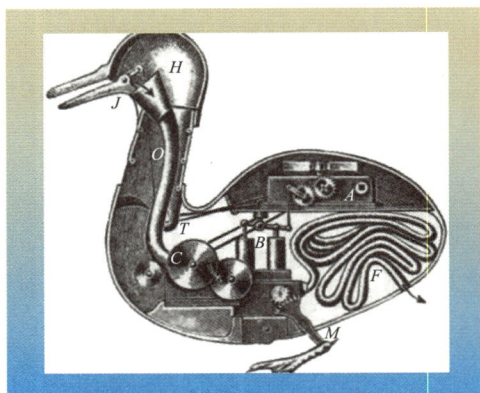

图1-5 雅克·德·沃康松的消化鸭

作了一只"消化鸭"（图1-5）：两个鸭翅膀各动用了超过400个活动部件，鸭子体内还有橡胶材质的管道系统。这只鸭子能吃、能喝、能排便。然而，这只鸭子并不具备消化能力，排出的粪便实际上是从暗格喷出的预先制作的丸状物。这些复杂的自动化机械展示了当时工匠们的高超技艺，但其智能程度还是非常有限的。

③ 现代电影中的机器人

进入20世纪以后，随着科学技术的发展，智能机器和机器人的概念在科幻小说和电影中广泛出现。1927年的德国电影《大都会》中的机器人可能是屏幕上出现最早的机器人形象。故事发生在2026年的未来城市"大都会"。大都会的管理者仿照一位名叫玛利亚的女子制造了一个机器人（图1-6）。机器人玛利亚不仅具有人的外貌，还有思想和决策能力。2001年，这部电影被联合国教科文组织列为世界记忆项目（ Memory of the World Programme ）。

20世纪60年代，电影《2001：太空漫游》中出现的超级计算机HAL 9000（图1-7）是智能机器的经典形象。HAL 9000能够与人类对话、理解命令，并且展示出一定的情感和自主决策能力。

图1-6 电影《大都会》中的机器人形象

进入21世纪以后，智能机器的梦想越来越接近现实，人们也赋予机器人更多情感上的寄托。2008年的电影《机器人总动员》就塑造了瓦力（图1-8）和伊娃这两个情感鲜明的机器人。瓦力原本是人类出走外太空避难时留在地球上捡垃圾的机器人。在漫长的垃圾处理生涯中，因为接触人类的各种物品，渐渐产生了感情，并在偶然的机会捡到了一株植物。有一天，从太空避难所来了一位监工

图1-7 电影《2001：太空漫游》中
的 HAL 9000 智能机器

图1-8 《机器人总动员》
中的瓦力

机器人，这个机器人叫伊娃。伊娃带走了这株植物，触发了人类回归地球的信号。然而，避难所的自控系统坚决反对人类返回地球，认为那里依然不适合人类生存。瓦力、伊娃和胖船长合作，最终关闭了自控系统，带领人类回到了故乡地球。

④ 从梦想到现实

自古以来，人类对智能机器的渴望从未停止。古代的传说和中世纪的自动化机器只是人类梦想的一部分，而电影中的智能机器人则让人们对未来充满了期待。人类希望通过制造智能机器来减轻劳动负担，甚至替代人类完成一些高难度和危险的任务。这种对智能机器的渴望，激励着科学家和工程师们不断进行研究和创新。

然而，梦想终究要面对现实。传说和电影不足为据，那些精巧设计的机械装置虽然在某些方面表现出色，甚至极大减轻了人们的劳动强度，但和人们设想的智能机器相差甚远。人们逐渐意识到，应该寻找一条不一样的路，从根本上解决智能机器的问题，即让机器具备类似人类的思维能力。这就是本书的主题，即人工智能。

思考与讨论

当"消化鸭"刚被发明出来时，大家都觉得这个机器鸭子非常智能。后来，一些人了解了它的工作原理，说它的发明者沃康松是个骗子，鸭子肚子里只不过是一堆机器零件。你怎么看？沃康松是个骗子吗？

课程实践

查找资料，看看历史上或电影里还有哪些你觉得有趣的智能机器，写一篇200字左右的短文，介绍给同学们。

1.2
什么是人工智能

学习目标

（1）了解人类智能的主要类型。
（2）理解人工智能的定义及其通过计算模拟人类智能的核心思想。

我们经常听到人们在讨论人工智能，但究竟什么是人工智能呢？会自动控制温度的冰箱算吗？会定时关闭的电饭煲算吗？本节将澄清人工智能的基本概念，并讨论它与相关学科的关系，探索其强大的根源。

① 智能机器不等于人工智能

人们很早就设计了许多看上去十分"智能"的机器，如阿基米德的提水器（图1-9）、富尔顿的蒸汽船、达盖尔的相机、福特的汽车、会打字的打印机等。这些机器刚出来的时候都让人非常震惊，因为它们的自动化程度颇高。在我们生活中，这种"智能"机器随处可见，比如会摇头的风扇、会控温的冰箱、会自动洗衣服的洗衣机，商家经常在它们的名字前面加上"智能"二字。这是由于人们倾向于将新颖的、自动化的能力称为"智能"。

图1-9　阿基米德的提水器（公元前234）

但这并非是真正的智能。所谓的智能行为，包括思考、学习、创造、想象等。人工智能不同于自动化机器，它从最初就是要模拟人的智能，制造"像人一样智能"的机器。这是一个大胆的想法，自动化的机器无论多么强大，都只是工具，按部就班地执行人类设计的工作流程，而模拟人类智能的机器则可以有无限的可能，甚至超越它的创造者。

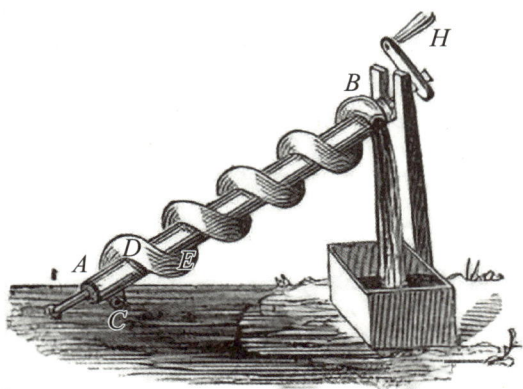

② 人类智能

要想模拟人类的智能，首先要知道人类的智能有哪些。广义上，任何需要大脑参与的活动都可以认为是智能的（图1-10），如感知、动作、推理、学习、规划、决策、想象、创造、情感等。在这些智能活动里，有些比较基础，如感知、动作；有些比较高级，如推理、想象、创造。不论是哪种智能，都不是可以轻易完成的，都需要大脑的参与，伴随着高级的思维活动。

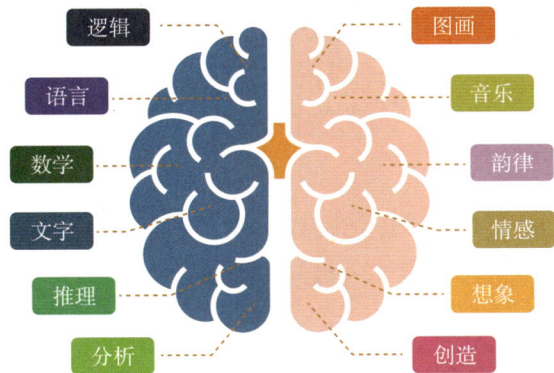

值得注意的是，人类的某些基础智能也存在于动物身上，如感知，很多动物的感知能力甚至比人类灵敏；再比如动作，很多动物的速度和灵敏度都超过了人类。但即使是这些基础的智能，人类也与其他动物有明显区别，从听觉感知为例，人类可以

逻辑　图画

语言　音乐

数学　韵律

文字　情感

推理　想象

分析　创造

图1-10　大脑左右半球负责不同的智能

感知到同伴发音中的细微差异，从而通过声音进行交流。人们甚至可以通过声音联想到概念，比如听到"香喷喷的鸡腿"时会流口水，动物则极少有这种能力。再比如动作，人类可以握笔写出漂亮的字，可以完成复杂的雕塑作品，这些都是动物无法比拟的。就算是最简单的行走，人类的直立行走也比动物四足着地行走要复杂得多（图1-11）。总之，人类的这些智能是高级思维能力的体现。人工智能正是要模拟人类的这种高级思维能力。

从这个角度看，汽车四个轮子在地上跑算不上智能，但四足机器狗跑动起来就显得更智能；双脚着地在地板上移动的机器人算不上智能，但在高低不平的路面上自由行走，跌倒了还能爬起来的机器人就非常智能；能听到声音算不上智能，能听懂人类的语言才叫智能。

（a）人类直立行走需要更强的智能　　　（b）人能通过听声音分辨语义，拥有更强的智能

图1-11　人和动物所表现出的智能不同

③ 人工智能的定义

有了模拟人类智能的目标，又该如何实现呢？人工智能的学者们选择的是一条独特的路：通过计算来实现智能。

这一思路最早源于古希腊哲学家亚里士多德对人类思维过程的深刻思考。他认为，人类之所以能获得理性，是因为其思维过程符合特定的规律，符合这些规律的思维过程都被认为是无可置疑的。正是基于这种无可置疑的思维过程，人类才能建立起坚实的知识体系。人类的思维规律被称为逻辑，亚里士多德所建立的关于思维规律的学问被称为形式逻辑。形式逻辑的确立表明人的思维过程是有规律的。因此，如果让机器依据这些规律进行思考，就可以获得类似人类的智能。这是人工智能发展的源头。后来英国数学家乔治·布尔将形式逻辑表示为符号的演算，这为机器模拟人类思维提供了具体的方案，即逻辑演算。1946年，第一台通用电子计算机 ENIAC诞生，为模拟人类思维提供了实际的计算工具。1956年，约翰·麦卡锡、克劳德·艾尔伍德·香农、马文·闵斯基等在达特茅斯召开研讨会。在这次会议上，由麦卡锡（图1-12）提出的"人工智能"一词成为新科学的名字，人工智能由此登上历史舞台。

图1-12　约翰·麦卡锡（1927—2011）

从上述人工智能的诞生过程可以清楚地看到，人工智能起源于对人类思维的模拟，采用的方法是数学计算，工具是计算机。后来，人工智能的研究从狭义的"思维"（thinking）扩展到广义的智能（intelligence），包括感知、学习、情感等。人工智能的研究者相信，只要这些智能过程可以表示为计算过程，就可以被机器所模拟，最终实现类似人类的智能。

目前，实现人工智能主要有两种方案，一种是让机器模拟人类的智能行为，一种是让机器模拟人类大脑的工作机理。目前，模拟智能行为是当前研究界的主流。这里的"智能行为"指智能的外在表现，包括感知、动作、推理、学习、规划、决策、想象、创造、情感等。因此，我们定义"人工智能"是用计算机模拟人类智能行为的科学（图1-13）。

图1-13　人工智能的定义示意

　　这个定义可以帮助我们澄清很多模糊问题。比如，一台会自动跳闸的电饭锅是人工智能吗？显然不算，因为它依据的是"当温度过高时，磁铁的磁性消失"这一物理现象，而自动跳闸不是通过计算实现的。然而，如果电饭锅里具备了更强大的功能，比如可以自动学习如何做饭更好吃，那就包含了人工智能的成分。再比如一台计算器算不算人工智能呢？从功能上看是的，因为数学计算确实是人类的重要智能，而且这一智能在计算器里也确实是用计算的方式实现的。然而，它的模拟过程和人类大脑里的实际处理过程相差甚远，很难作为典型的人工智能实例。这也说明一些智能活动对人类来说比较困难，对机器来说反而很简单，类似的还有记忆能力、运动能力等，都是机器比较擅长的。

　　总体上看，人工智能更加关注需要人类高级思维能力才可以完成的任务。在人工智能发展初期，研究者更关注比较基础的智能，比如我们前面提到的识别人脸、识别声音、让机器开口说话等。随着技术的进步，人工智能更关注高级智能，如推理、创造、决策等，例如，以ChatGPT为代表的大模型已具备很强的推理和创造能力。随着人工智能的发展，用计算模拟人类高级思维能力的学科特点愈发明显。

④ 人工智能的普适性

　　人工智能是一门非常特殊的学科，这种特殊性源于对人类智能的模拟。所有学科都建立在人类智能的基础上，数学和物理也不例外。如果人工智能可以模拟人类智能，这意味着它可以应用在任何领域，甚至可能开创新的学科。

近年来，人工智能在生物、物理、化学、天文等各个领域都取得了令人瞩目的成就，也反映了这一趋势。一方面，这是因为这些学科已经发展了很久，传统方法已经很难继续创新，而人工智能带来了新的思维方式和研究手段，特别是基于大数据的学习方法，成为各个学科进一步发展的巨大推动力；另一方面，这也说明人工智能正在成为超越学科边界的基础工具（图1-14），不论将来从事哪方面的工作都必须用到人工智能。这也是我们要认真学好人工智能的主要原因。

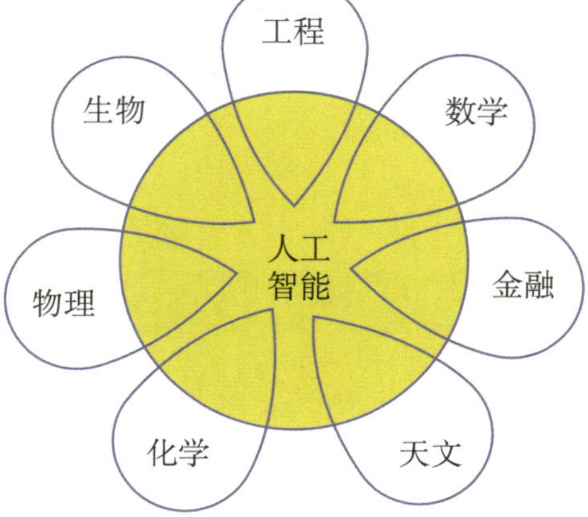

图1-14　人工智能与基础学科的交叉融合

⑤　总结

什么是人工智能？这是所有人工智能的初学者问的第一个问题。这个问题不易回答，因为历史上为了实现智能机器的梦想，人们提出了很多方法和思路，这些繁杂的方法和思路容易淹没学科的主线。尽管如此，如果把视野放到历史纵深，就可以看到人工智能的独特之处：它起源于对人类思维的模拟，采用的手段是计算。这是人工智能学者给自己选定的一条充满荆棘的道路，也正是这条特殊的道路，造就了今天人工智能这门学科的辉煌。

目前，实现人工智能的主流方法是用计算机模拟人类的智能行为，即模拟人类智能的外在表现而不是复现人类的智能过程本身。这是因为人类智能的生理过程非常复杂，要复现这一过程目前还很困难，然而模拟人类智能的外在表现（包括我们的思维规律）还是可能的，也是可以检验的。当然，人工智能领域的科学家也不会拒绝生理学和神经学对智能本身的研究成果，而是会和这些领域的科学家们通力合作，将最新研究成果应用到人工智能的理论和实践中。例如，人工神经网络就是受人类神经系统，特别是大脑工作机理的启发而设计的计算模型，目前已经成为人工智能中最重要的方法。

人工智能是模拟人类智能行为,特别是高级思维能力的科学,这意味着它必然渗透到其他学科中,形成深入的交叉融合。因为所有学科建立和发展的基础都是人的智力活动,当人工智能足够强大时,理论上它可以代替人类推动各门学科的进步。

思考与讨论

有人说:人工智能的背后是数学,数学是人工智能的灵魂。结合本节中关于人工智能的历史起源,说说你对这一观点是否同意。

课程实践

组成研究小组,选择一门基础学科(如物理、化学、生物、数学),查找资料,看看当前人工智能方法在该学科中是否有应用,应用在哪些方面。做一张海报来报告你们的调研结果。

1.3

机器的"眼睛"

学习目标

(1)认识机器视觉的基本概念及其重要性。

(2)理解人脸识别、车牌识别和物体识别的基本原理与应用场景。

(3)探讨机器视觉的积极影响与潜在风险。

眼睛是人重要的感知器官,因为有了眼睛,我们才可以看到丰富多彩的世界,才能轻松地在其中行动和探索。不难想象,如果没有眼睛,我们的生活将变得多么艰难。同样，给机器装上"眼睛"，让机器拥有强大的视觉能力，是制造智能机器的首要目标。

机器拥有"眼睛"以后可以做很多事，比如分辨人脸、识别车牌、辨认红绿灯、发现火灾、预测抛物轨迹等。理论上，任何人眼所能做的事，机器的"眼睛"也一样可以做到，甚至比人做得更好，比如从太空望远镜拍摄的图片中发现新星，从病理切片的显微图片中发现病灶区域等。这方面的研究统称为"机器视觉"（computer vision）。这是个庞大的研究领域，本节通过几个日常生活中常见的应用来展示机器视觉的强大功能。

① 人脸识别

识别人脸是人类视觉的重要功能。人类是如何识别人脸的呢？首先眼睛接收到包含人脸的图像，并将其传入大脑的枕叶区，检测出人脸区域，再传递到梭状回这一特殊脑区，完成面孔的匹配与辨识。

机器视觉也采用类似的方法，首先检测面部区域，再判断是否认识这张脸。人脸识别的研究开始于20世纪60年代，当时的思路是通过标记人脸的关键点并提取典型特征来进行识别，如标记两眼之间的距离，嘴唇的大小等（图1-15）。这种方法虽然有一定效果，但性能较差，因为关键点和特征的提取不稳定，特别是在光照、角度等变化时，性能会显著下降。后来，研究者提出了多种方法，但始终无法满足真实场景下对识别精度的要求。直到2014年，深度神经网络的出现大幅提升了人脸识别的精度，尤其在复杂场景下的表现有了显著改善。此后，人脸识别才真正走进我们的日常生活。目前，人脸识别的精度极高，例如，在LFW（labelled face in the wild）人脸数据集（图1-16）上，最新方法的准确率已经可以超过99.8%。

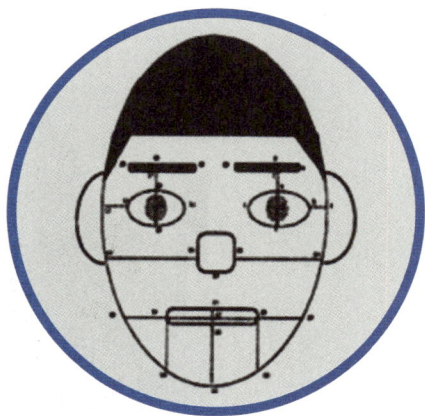

图1-15　用于人脸识别的几何特征

图1-16　LFW人脸数据集

如今，人脸识别技术在很多领域被广泛应用。例如，人脸支付可以通过识别人脸完成支付过程，不需要携带现金、信用卡，或手机扫码，极大提升了便捷性。人脸识别还被用于机场安检、高铁刷脸检票、超市购物（图1-17）等场景，在保证安全性的同时极大提高了通行效率。警方还利用人脸识别抓捕通缉犯。将通缉犯的照片输入监控系统后，一旦嫌犯出现，就可能被布置在各处的摄像头检测出来并触发报警。据报道，这一系统已经协助警方抓获了多名潜逃多年的通缉犯，战果辉煌。更值得一提的是人脸识别技术还被用于宠物识别。例如，把宠物狗的照片上传到数据库，这样便于在它走丢时及时寻回。

图1-17　超市的人脸支付

② 车牌识别

车牌识别是计算机视觉的另一个典型任务。车牌识别技术最早由英国警察研究机构于1976年开发的,用于打击车辆盗抢活动。最早的实验系统安装于英国的A1公路,并于1981年首次定位并找到了一台被偷的车辆。然而,由于成本较高且精度不足,这一技术早期并未广泛使用。20世纪90年代,伦敦的"钢环"计划推动了摄像头网络的建设和自动车牌识别数据中心的建立。2010年以后,随着数据量的积累和人工智能新方法的引入,车牌识别精度大幅提升。目前,在正常环境下,车牌识别的精度可达99%以上,几乎没有误差,使得这一技术可以大范围应用。如今,全球许多国家已在公路上部署自动车牌识别系统,代替警察监控交通违法行为。这些系统被形象地称为"电子交警"。

车牌识别主要包括两个步骤:车牌定位和内容识别(图1-18)。车牌定位是确定车牌区域,而内容识别是识别车牌里的数字和字母。在实验室条件下,定位和识别都不成问题,但在实际应用中就困难得多。这是由于现实环境中存在诸多复杂因素,导致系统性能下降。例如,车速过快时,定位与识别精度会下降;当车流量过大时,识别所有车牌也是一大挑战;雨雪天气下,光照条件差导致图像质量下降,识别难度进一步增加。2010年后,基于深度神经网络的新方法极大提高了在这些复杂场景下的识别性能。电子交警不仅可以识别车牌,还可以识别吸烟、接打电话、未系安全带等违章行为。可以想象,如果没有这些系统,在现代城市车流密集的情况下,警察将难以全面监管违章行为,甚至可能影响社会稳定。

图1-18　从图片中定位车牌位置并识别车牌内容

③ 物体识别

　　自动驾驶汽车需要识别前方是一辆车还是行人,需要从视野中发现红绿灯,还需要识别地上的斑马线。这背后的技术称为物体识别,即将图片中的物体框出来并标注类别。如图1-19所示,图片中包含汽车、卡车、自行车、人、红绿灯等物体,物体识别系统需要为它(他)们标注不同的类别标签。

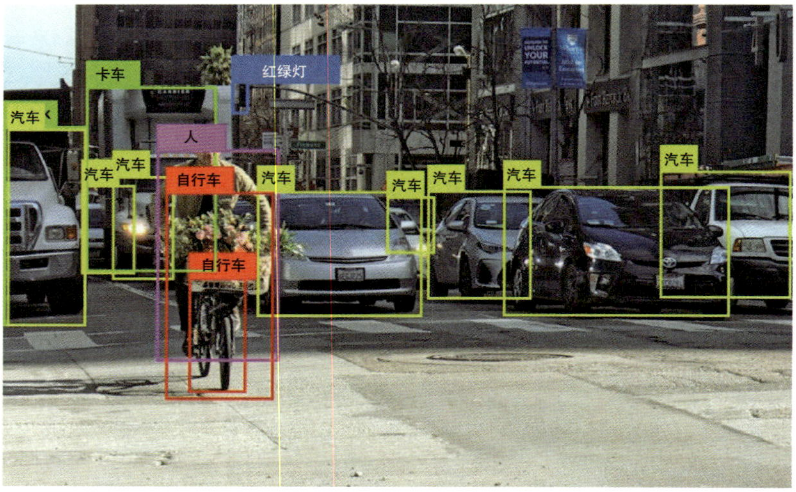

图1-19　物体识别

　　物体识别是人类视觉的基本功能,可以认为是对场景的初步理解。早在20世纪60年代研究者就希望计算机能像人类一样理解图像中的内容。1982年,科学家大卫·马尔提出了一种分步骤理解图像的方法:先识别整体形状,再分析细节。这些早期研究都无法深入理解图像里的内容,因此性能都不理想,特别是在场景中出现大量复杂物体时更难以识别。2009年,华人科学家李飞飞发布了大规模图像数据库ImageNet(图1-20),包含320万张实际场景图片,按12个亚类、5247个子类进行标记(目前已达到1400万张图片,21841个子类)。2010年,基于ImageNet的物体识别竞赛启动,当时最佳的系统的ToP-5错误率(真实类别不在系统预测的前5个类别中视为一个错误)是28%,可见这一任务的困难。2012年,基于深度神经网络的新方法,将识别错误率大幅降到16%。此后,物体识别的精度越来越高,到2017年,错误率已降至2.25%,超越了人眼的识别精度。

哺乳动物 ⟶ 有胎盘哺乳动物 ⟶ 食肉动物 ⟶

交通工具 ⟶ 飞行器 ⟶ 船舶

图1-20　李飞飞和她的ImageNet数据库

物体识别具有广泛的应用场景。除了前面说的自动驾驶,物体识别还可以用于机器人环境感知,以及在无人商店中识别用户购买的物品。比如,亚马逊推出的无人商店amazon go(图1-21),无须店员值守,摄像头会自动识别顾客选购的商品并计算总价。顾客选购商品后可以直接离开,无需人工结账,系统会自动完成扣款。

图1-21　无人商店amazon go

④ 结论

让机器拥有视觉能力，使其能够"看到"世界，是人工智能学者们长久追求的目标。随着技术的进步，这一目标已成为现实，机器不仅具备了视觉能力，而且在很多重要场景里已经超越了人眼的精度。比如，在人脸识别和车牌识别中，机器视觉的精度已经超过99%；在物体识别中，精度超过97%。不仅如此，机器视觉在众多领域也都表现出色。例如，探查金属结构的细微变化、从病理图片中识别病灶（图1-22）、从显微镜图片中发现炭疽病菌、检测伪造图像中的微小差异等。这些任务都超过了人类视觉的能力范围。

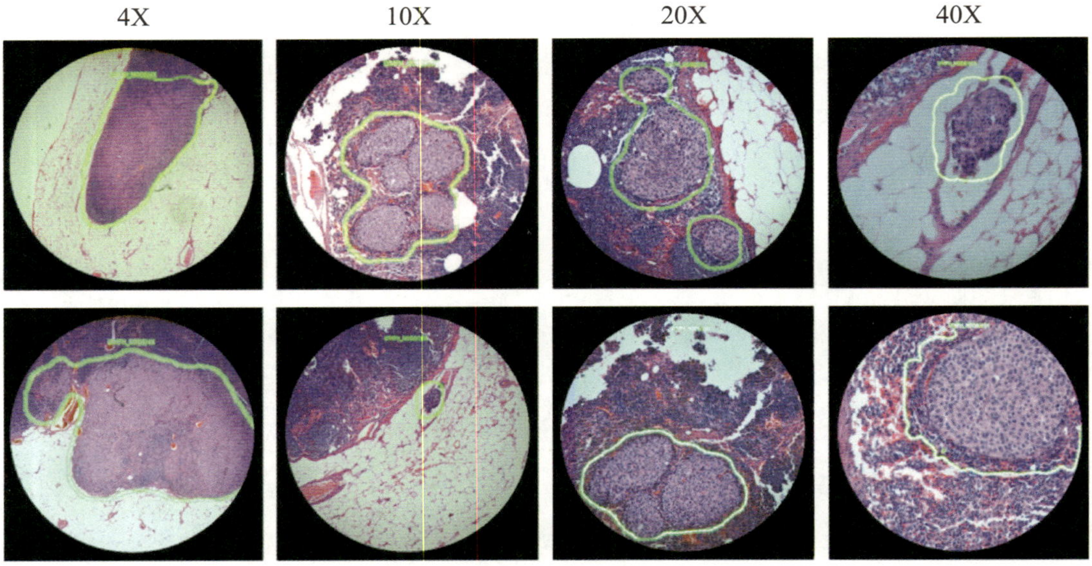

图1-22　谷歌AI增强显微镜自动标出病灶区域

此外，机器正通过其视觉系统观察和理解世界。对于机器而言，视觉系统仅是感知世界的窗口，更重要的是对视觉信息的分析与理解。比如，OpenAI的GPT以及其他大模型工具已经可以基于图片内容进行"看图说话"了：上传一张图片，问GPT一个关于图片的问题，它通常能给出准确的回答。此外，一些科学家正尝试让机器通过观察分析物体属性（冷热、软硬等），甚至自动总结出未知的物理规律。

值得注意的是，机器视觉可能与人类视觉存在差异。换言之，机器感知世界的方式可能与人类不一样。这并不奇怪，因为人类视觉基于生理结构，而机器视觉则有其独特的技术基础。这种差异性意味着机器可能会超越人类视觉的极限，获得更强的视觉能力，例如，从浩瀚的星空中发现一颗变化的新星。然而，这种差异也可能带来潜在风险：人类和机器合作的前提是对场景有一致的判断，如果缺少这种一致性，机器所做出的行动和决策可能与人类的预期不符。比如我们看到的是一个苹果，机器可能将其识别为一团火，进而错误地使用灭火器喷射苹果。目前，机器与人类在视觉感知上的差异并不大，但潜在风险依然存在。如何确保机器和人类在视觉感知上保持一致，是机器视觉研究的重要课题。

1.4
机器的"耳朵"

学习目标

（1）了解机器听觉的基本概念及其研究方向。
（2）理解语音识别、声纹识别和声音事件检测的基本原理与应用场景。

除了眼睛，耳朵也是最重要的交流器官之一。我们都有这样的体验：闭上眼睛，仅凭听觉也能感知周围环境并了解正在发生的事情。因此，给机器装上"耳朵"，同样可以使其更加智能。研究如何让机器感知声音的学科称为机器听觉（computational auditory），既包括识别人类的声音，也包括感知自然界的声音。本节将探讨机器如何倾听世界。

① 语音识别

理解他人语言是耳朵最重要的功能之一。人类能轻松通过声音进行交流并理解对方的语言，这是经过长期进化获得的能力。然而，让机器理解人类语言并不容易，因为人们的发音系统极为精巧，非常细微的发音差异即可区分不同含义，如汉语的"猪"和"煮"，发音很相近，但意义完全不同。此外，相同发音在不同上下文中可能含义也不同，如英语里的to、too和two。机器要分辨这些细微的发音差异很困难。另外，人的语言中包含着大量信息，如果缺乏相关知识，很难理解对方在说什么。同样，机器需要掌握大量背景知识才能有效识别出语音内容。

从声音信号中提取发音内容的任务称为语音识别。我们知道声音是声源的振动在空气中进行传播所产生的波动。对于人类语音，声源就是声带的振动。从物理角度看，机器接收的声音只是一长串的振动信号，要想从这些振动信号中将发音内容提取出来非常困难。早期的语音识别仅能区分很简单发音单元，比如贝尔实验室的AUDREY系统，可以识别十个数字。随着技术进步，语音识别的性能显著提升，研究者设计出多种声音信号表示方法（称为特征），用更合理的模型来描述语音生成过程，并引入语言知识别更准确。近十年来，随着海量数据的积累和以深度神经网络为代表的强大识别模型的出现，机器的听觉能力显著提高。2016年，微软的研究人员宣布其语音识别系统在电话语音识别任务上错误率仅有5.9%，超过了人类听音员的水平。

近年来，语音识别在多种复杂任务中取得了令人振奋的成果。目前最强大的语音识别系统是由OpenAI公司发布的Whisper，该系统使用了68万小时的语音数据，训练模型中2/3是英语，1/3是非英语。它不仅可以识别出发音的内容，还可以将其他语言的发音直接转写成英语。实验表明，Whisper在复杂数据集上的表现达到或超过人类专业标注人员的水平。2024年5月，OpenAI推出的GPT-4o支持50多种语言的对话交流，其发音的自然程度令人震惊。在国内，百度、阿里、腾讯、科大讯飞等都推出了自己的中文语音识别产品（图1-23），其在准确度上已

图1-23　智能音箱可以与人通过语音自然交互

经可以满足日常交流的需求。

　　语音识别技术的广泛应用显著改变了人们的生活方式,使人机交互变得更加自然和便捷。例如,现在很多人已经习惯用手机里的语音转文字功能口述信息,而不是用手写或拼音输入。家里的智能音箱、扫地机器人、抽油烟机等也可以支持语音命令,非常便捷。在开车时,手动操作导航设备会增加交通安全隐患,而语音控制不仅降低了风险,还提升了驾驶体验。此外,语音识别也为残障人士提供了便利,使他们能够更轻松地与他人互动。例如,带有语音识别能力的轮椅可以让行动困难的病人扩大活动范围,视力障碍者也可以通过语音控制家里的智能家电,提高生活质量。

② 声纹识别

　　人类的耳朵除了用于听懂发音内容之外,还可以识别出谁在说话。每个人的说话方式都是独特的,世界上没有哪两个人的声音是完全一样的。这与指纹类似,每个人的指纹都是独一无二的。借鉴指纹的概念,声音中独特的说话人特性被称为"声纹"。实验表明,人的耳朵有很强的听声辨人能力。我们都有这样的体验,接电话时,如果对方是熟人,只需要"喂"一声即可识别对方的身份(图1-24)。有趣的是,对于陌生人,人耳的判断能力会显著下降。比如对比两段陌生人的声音,我们往往很难判断它们是否来自同一个人。

图1-24　声纹识别可以通过声音判断人的身份

声纹识别,学术上称为"说话人识别",旨在让机器通过声音自动识别发音人身份。阿拉伯故事《一千零一夜》中的"芝麻开门"以及很多科幻电影中都有类似的场景,都体现了用声音验证身份的概念。事实上,对这一技术的研究早在20世纪70年代就开始了,但是性能一直无法达到实用的程度。这是因为说话人特征具有很强的变动性:环境、说话方式、语气甚至姿势的变化都会引起发音方式的变化。这意味着声纹虽然具有个体唯一性,但却不是一个固定的特征,而是随着情景变化的,这与出生就保持基本不变的指纹截然不同。更糟糕的是,同一个人的声纹变化甚至会大于不同人之间的差异,这表明声纹信息天然具有模糊性。

近年来,深度神经网络被引入声纹识别领域,取得了显著成功。这一方法的基本思路是通过层次性信息处理,保留与说话人相关的特征,逐步去除与说话人无关的特征,从而在保持说话人区分性的同时,减小同一个人内部的变动性。目前,最先进的声纹识别系统在VoxCeleb的测试集上可以实现低于1%的错误率,但在更复杂的CNCeleb测试集上错误率仍高于5%。这样的性能已经可以在安全性要求不高的场景中使用。

例如,智能家居可以通过识别家庭成员的身份,提供个性化的服务。比如,智能音箱检测到"播放歌曲"的指令是由一个孩子发出的,它将倾向于播放儿歌。此外,通过声音比对,可以筛查嫌疑犯,缩小追踪范围,加速案件侦破。电影《燃眉追击》中有这样一个场景:一位听音专家通过一段录音判断说话人的特征为"古巴人,35~45岁,在美国东部受的教育……",随后这段录音被送到一台超级计算机中和一个嫌疑人的视频做比对,发现嫌疑人是罪犯的可信度为90.1%。这一略带夸张的故事情节反映了人们对声音技术在社会安全领域的期待。

然而,在某些关键场景中应慎用声纹识别。例如,仅凭声音分析给嫌疑人定罪就可能面临极大风险。事实上人们很早就将声音分析应用在司法审判中,比如提供一些分析工具帮助专家比对声音,以判断案发现场的人员身份。后来,声纹识别系统也被应用于司法实践,机器可以自动识别声音样本的发音人并给出概率。不论采用哪种方式,都可能面临巨大风险。

最典型的一个案例是波普案。1986年大卫·肖恩·波普在得克萨斯州因强奸罪被定罪,定罪的重要依据之一是休斯敦警察局向陪审团展示了受害人电话录音与波普的声音的比对,声称这两者具有相似的模式。波普在服刑15年后,于

2001年通过DNA检测证实了他是清白的。另一个案例发生在法国，警方接到一名男子的电话，其声称要为一起汽车炸弹袭击负责。后来一个叫Jerome Prieto的人被发现与该电话里的人发音一致，导致他受到10个月的非法羁押。此案过后，法国声学学会发布声明，要求停止声纹技术在法庭上的应用。这些案例表明，声纹可以作为辅助信息帮助法官判案，但目前还不能作为主要证据或唯一证据。

③ 声音事件检测

人耳不仅能感知声音，还能识别大自然的声音，比如鸟鸣、雷声、雨声等。智能机器要想更好地感知世界，要有能力从混杂的声音中提取出各种不同的声音事件，这一任务称为声音事件检测。声音事件检测与机器视觉中的物体识别类似，都是从一个场景中（一幅画或一个声音序列）中检测出包含的对象，但声音检测更复杂一些，因为不同声源的声音会互相叠加，要从混叠声音信号中提取事件更具挑战性。如图1-25所示，人的语音和音乐同时出现，而汽车声和音乐声也互相叠加。这些叠加在时间上和音量上都各不相同，形成了复杂的混合信号。2017年，谷歌发布了一个名为AudioSet的大规模声音事件数据集，包含200多万条音频，涵盖了527个类别。目前，人工智能模型在这一数据集上已经表现出了优异的性能。

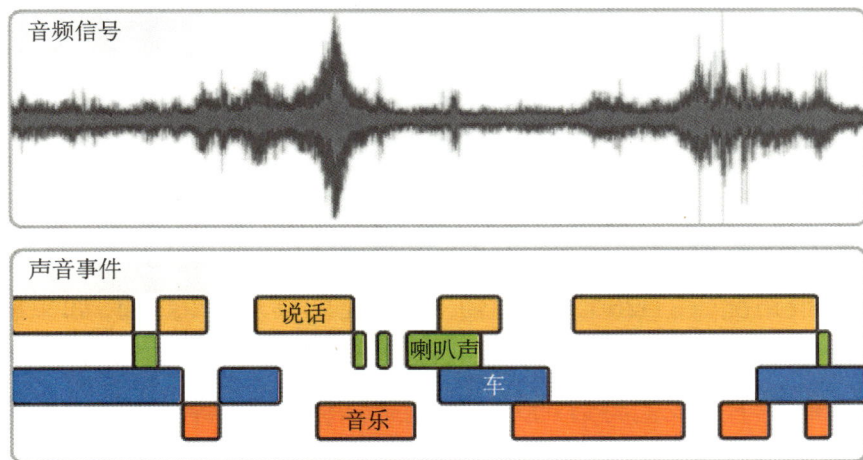

图1-25　从语音信号中检测出人声、车辆、喇叭声、音乐等声音事件

④ 总结

我们介绍了机器听觉中的部分研究内容,这些只是机器听觉的基本功能。除此之外,研究者还在探索如何从声音中判断人的情绪,识别声音的来源,将混合声音进行分离,对声音场景进行分类等任务。这些功能也是人类听觉的常见应用。尽管机器在许多任务上已超越人类听觉(比如声纹识别),但在一些任务上还比不过人类,比如识别情绪,人类可以轻松判断语音中的情绪信息,哪怕对说话内容一无所知,机器目前还做不到这一点。另外,在多人说话的"鸡尾酒会"场景中,人耳可以聚焦并识别特定说者,而机器在这方面还有明显差距。然而,随着技术的进步,很多难题被逐一解决,机器听觉全面超越人类或许只是时间问题。

1.5

机器的"嘴巴"

学习目标

(1)了解语音合成技术的原理及其发展历程。
(2)理解现代语音合成技术的主要方法。
(3)探讨语音合成技术的风险及其社会影响。

会说话的机器如今已十分常见了,比如送餐机器人能与人类对话,导航软件会实时播报路况(图1-26),新闻客户端还能朗读新闻,然而,如果将任何一种会说话的机器带回到200年前,都会让人无比震惊。这种让机器发声的技术称为语音合成。本节我们将讨论人工智能是如何实现语音合成,让机器开口说话的。

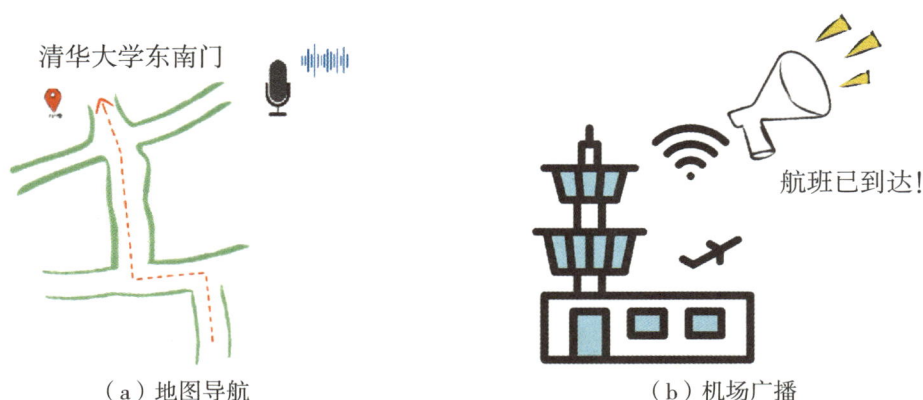

（a）地图导航　　　　　　（b）机场广播

图1-26　语音合成技术应用举例

1 早期的机械发声机器

让机器开口说话是人类长久以来的梦想。

真正的会说话的机器出现在1769年。那年，匈牙利发明家沃尔夫冈·冯·肯佩伦依据人类的发声机理，制作了一台机械发声器，这是让机器发声的早期尝试。人类是如何发声的呢？肺部的气流冲击喉部的声带，引起声带振动，振动经过口腔和鼻腔传导后从口唇传递出来，就形成了我们听到的声音。如果可以通过机械的方式把声带的振动以及口腔和鼻腔的传导过程模拟出来，就可以发出类似人的声音了。

肯佩伦的发声机器正是依据这一原理制造而成的。如图1-27所示，皮质的风箱用以模拟人的肺部；木质的空箱内置一个阀门，用以模拟人的喉部和口鼻。挤压

（a）外观

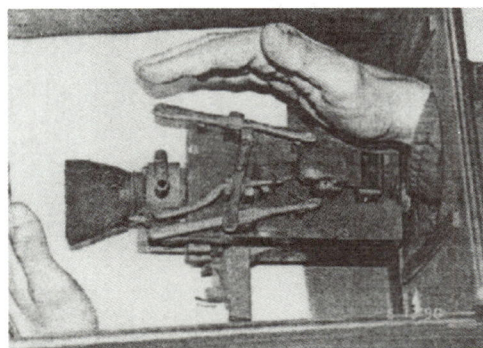

（b）内部构造

图1-27　肯佩伦发声器

风箱时，气流通过阀门进入空箱，从而模拟人类发音。实际操作中，通过调整阀门处的孔洞，即可模仿不同的发音。

后来，人们又依据类似的原理设计了很多机械发音装置。然而，这些机器只能发出一些简单的声音，如"爸爸""妈妈"，而且声音比较模糊，无法发出连贯清晰的声音。

② 声码器：现代语音学的开端

1939年，贝尔实验室的科学家荷马·达德利发明了声码器，标志着现代语音合成技术和现代语音学的开端。与之前的机械发声装置不同，达德利的声码器是一种电子发音设备，利用计算原理来合成声音。具体来说，它把人的声音拆解为两个环节的前后耦合：一是喉咙的振动，二是口腔和鼻腔组成的传递通道。关键在于，这一耦合可以通过计算实现，这样就可以利用电子电路来模拟声音的产生过程，并通过扬声器将声音播放出来。

1939年，基于声码器原理VoCoder发声器在纽约世界博览会上展出，引起轰动（图1-28）。操作人员通过键盘控制发音内容，用脚踏板调整音高，实现了让人震撼的连续发音效果。

图1-28 贝尔实验室在1939年纽约世界博览会上展出发声器的场景

③ 现代语音合成技术

现代语音合成技术的发展也经历了很多波折。早期的语音合成器完全基于达德利的声码器，它的发音过程是由计算机自动控制而非人为控制。如图1-29所示，它先将句子拆分成发音单元，再为每个发音单元计算出声码器的参数（包括声带振动的频率和口鼻传递声音的特性），最后再交由声码器合成出声音。

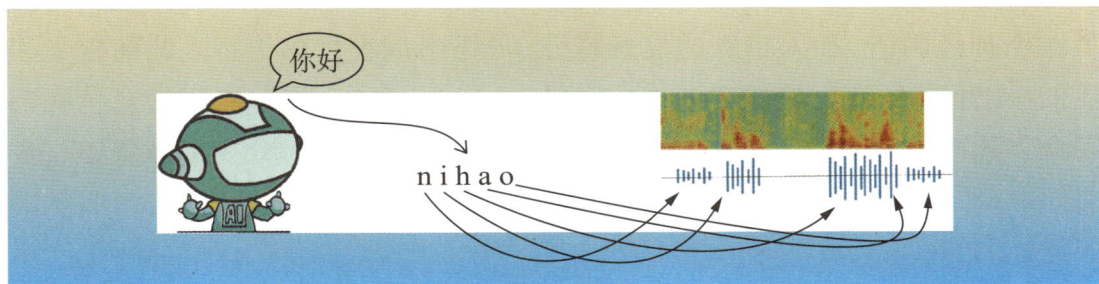

图1-29　现代语音合成技术的步骤

这种合成方法结构紧凑，声音质量也比较清晰，代表产品是DEC公司的DECtalk DTC01（图1-30）。这种发音有明显的机械感，常用于街机游戏。著名科学家霍金的轮椅也曾长期使用这种发音技术。

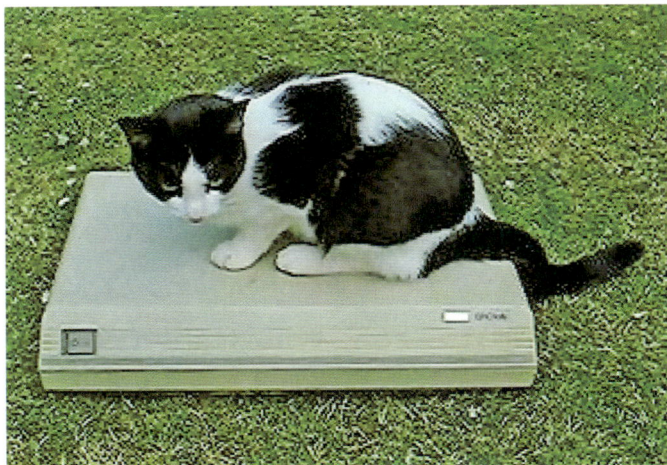

图1-30　加装共振峰的语音合成系统DECtalk DTC01

随着技术的进步，人们渐渐无法接受带有浓厚机械感的声音，希望合成的声音更加自然，最好和人的发音无异。为什么会有机器腔呢？这是因为发音模型过于简单，不能反映发音过程的复杂性。大规模神经网络出现以后，研究者利用神经网络强大的建模能力，基于大数据自动学习人类的发音过程，实现了高度逼真的模拟，发音质量得到极大提高，甚至达到了真假难辨的地步。比如导航软件中的声音自然流畅、风趣幽默，几乎和真人发音没有什么区别。

除了能从文本合成声音，目前的人工智能技术还可以对声音进行转换，比如在保证发音内容不变的前提下将小明的语音，转换成小红的语音。这一转换技术，是通过一个神经网络提取发音内容，去掉小明的发音特征，再经过另一个神经网络，加入小红的发音特征，最终生成小红的语音。此前备受关注的"AI孙燕姿"，就是基于该技术实现的。"AI孙燕姿"用孙燕姿的音色翻唱了众多歌曲，播放量极高，目前至少合成了1000首歌曲。除了"AI孙燕姿"，还有"AI 张雨生""AI周杰伦"等各路AI歌手，甚至普通人也可以体验当明星的感觉。

④ 语音合成技术的风险

越来越逼真的合成语音也带来了很大的风险。主要体现在两个方面：一是被用于欺诈，二是存在版权风险。

（1）欺诈风险方面。合成语音可能被不法分子利用，冒充他人进行诈骗，导致人们遭受财产损失。同时，语音合成技术还可能用来伪造司法证据，造成冤假错案。更进一步，逼真的合成语音还可能骗过声纹身份验证系统，带来恶意闯入的风险。

（2）版权风险方面。以"AI孙燕姿"为例，一首用AI合成的孙燕姿音色的歌曲上传到网上可能会带来极大流量，但同时，也产生了版权归属的法律难题：这首歌的版权到底应该属于谁？是转换之前的版权所有人，是孙燕姿，还是用AI技术制作歌曲的人？到目前为止这些问题还没有定论。

⑤ 总结

经过多年研究，机器已经可以开口说话了。早期的发声技术用机械模拟人的发音机理，无法生成连续的、可分辨的声音。进入计算机时代后，研究者们设计了人类发音的计算模型，并基于这一模型发明了声码器，使得机器可以发出清晰、连贯的声音，但仍带有明显的机械感，不够自然。得益于语音数据的积累和神经网络的学习能力，目前机器已经可以非常细致地模拟人的发声过程，从而发出自然、逼真的声音。可以说，能听会说的机器已经来到我们身边。

1.6

机器的"手"和"脚"

📖 学习目标

（1）理解实体机器人的定义及其主要类型（移动机器人与动作机器人）。

（2）了解扫地机器人、自动驾驶汽车和机械手的基本原理与实际应用。

（3）探讨机器人与人工智能的关系。

我们经常在电影里看到各种机器人的形象，比如《超能陆战队》里憨厚可爱的大白，《机器人总动员》里勇敢善良的瓦力。事实上，机器人是一个广义的概念，涉及的范围很广泛，其中既包括手机里的聊天机器人、电话客服机器人等虚拟形态，也包括拥有物理形态的并能通过行动影响周围环境的实体机器人。值得说明的是，机器人未必是人的形状，也可以是昆虫、小车、机械臂等，如图1-31所示。

（a）机器昆虫 　　　　　　（b）可吞入的手术机器人 　　　（c）波士顿动力公司的"大狗"

图1-31　各式各样的机器人

按照行为方式，机器人可以分为两种：一类是"移动机器人"，如自动驾驶汽车、无人机等；能够在不同位置间移动。另一类称为"动作机器人"，如工业生产中的机械臂，帮助医生进行手术的手术机器人等，通过肢体动作完成特定任务。移动机器人模拟的是人类的路径规划能力，而动作机器人模拟的是人类的肢体动作能力。在实际应用中，这两者往往结合在一起，比如一台火星车，既要想办法规划路径以接近目标，也需要执行一些抓取、采集任务（图1-32）。再比如波士顿动力公司推出的"大狗"机器人，它要完成一个爬山任务，需要确定好目标，规划好路线，再手脚并用地完成爬山动作。

目前，机器人已经走进了我们的日常生活，不论是家里勤勤恳恳的扫地机器人，还是宾馆里的送物机器人，或是从不违章的自动驾驶出租车，机器人正在成为人类各个领域中的亲密伙伴。本节将探讨人工智能在机器人方面的应用，重点是扫地机器人、自动驾驶汽车和工业机械手的人工智能技术。

（a）自动驾驶汽车 　　　　　　（b）机械手 　　　　　　（c）火星车

图1-32　不同行为方式的机器人

1 扫地机器人

扫地机器人是一种可以自动完成地板清洁工作的机器。1996年，伊莱克斯发布了第一款扫地机器人三叶虫（Trilobite）（图1-33），引发了大量关注，但因为价格昂贵没有得到广泛应用。直到2002年，iRobot的Roomba问世并实现大规模量产，扫地机器人才广为人知。

目前，市面上已经出现了各种类型的扫地机器人（图1-34），有的机器人甚至可以爬上墙去擦玻璃。

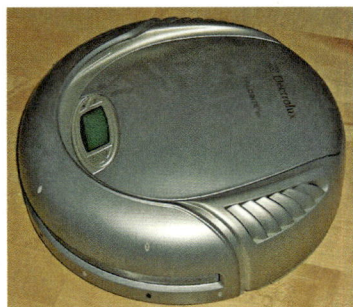

图1-33　三叶虫扫地机器人

图1-34　各种形态的扫地机器人

扫地机器人的运动和清扫部件并不复杂，实现高效清扫的关键在于如何做好路径规划。早期机器人缺乏路径规划能力，多采用随机碰撞法，即选定一个方向扫下去，发现障碍物后随机转向继续清扫。这种清扫方式的轨迹是凌乱的，而且有可能被困在某个位置无法脱身，如图1-35所示。

还有一种更有效的办法：把家里的地图告诉机器人，有了这幅地图，哪里有障碍，哪里有通路，就一目了然了。在此基础上，机器人就可以规划合理的清扫

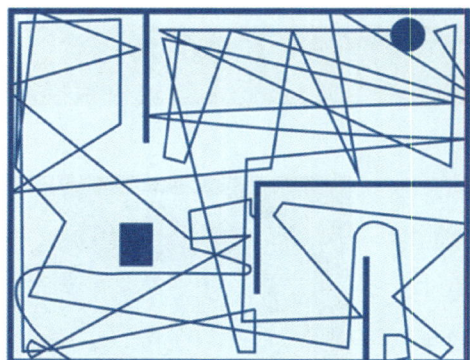

图1-35 采用随机碰撞法的扫地
机器人的清扫轨迹

路径,既避开障碍,也可以防止重复清扫。这种方法显然比随机碰撞法更高效,但也存在一个关键缺陷,那就是不可能为每一台售出的扫地机器人都勘测一份家居地图;就算真能做到,当家里的家具位置发生变化后,原来的地图也会失效。为了解决这一问题,研究人员开发出一种同步定位与地图构建(SLAM)技术(图1-36),这种方法可以让机器边探索环境边把地图构造出来。有了SLAM技术,扫地机器人终于变得更加智能,能够有序清扫,而不是盲目乱撞了,如图1-37所示。

图1-36 SLAM算法示意图

注:粗线为机器人的运动轨迹,机器人一边运动一边构造环境地图。

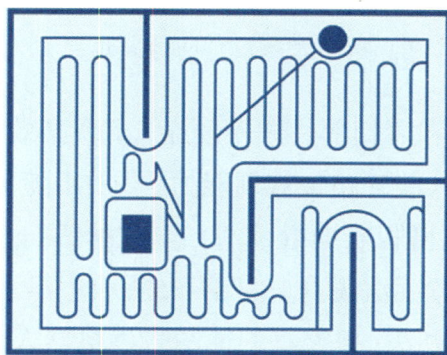

图1-37 具有路径规划能力的扫地机器人的清扫路径

② 自动驾驶汽车

自动驾驶指汽车能够在没有驾驶员直接操控的情况下自动行驶。汽车自动驾驶的探索可以追溯至20世纪20年代，当时被称为"高级驾驶辅助系统"。1977年，日本科学家开始了半自动驾驶路上试验。2017年，Waymo公司宣布完成完全无人驾驶测试，次年在美国的凤凰城推出无人出租车服务。

现代自动驾驶系统依靠各种传感器（如激光雷达、摄像头、毫米波雷达等）感应周围环境，并通过人工智能算法来控制车辆行驶。其核心技术包括环境感知、路径规划和车辆控制。环境感知系统通过传感器实时获取周围环境信息。路径规划系统则根据当前环境和目标位置，生成最优行驶路线。车辆控制系统负责控制车辆，如加速、转向和制动。可以说，路径规划是自动驾驶的核心"智能"，其方法和扫地机器人相似，都基于SLAM算法。从路径规划角度看，自动驾驶汽车和扫地机器人有相似的算法基础，但自动驾驶汽车需要应对复杂的公路环境、更高的速度和更多不可预测的因素，其复杂程度远超扫地机器人。

值得说明的是，自动驾驶是一个统称，其自动化的程度也是分级的。按照国际汽车工程师学会的定义，自动驾驶分为5级，级别越高，自动化程度越高：第1级只是简单辅助功能，而第5级则完全不需要人类干预，能够在任何环境下进行自主驾驶。目前，很多公司正致力于实现第5级自动驾驶技术，并已经取得了不错的进展，如特斯拉已经推出没有方向盘和脚踏板的新车型，理论上完全不用人来控制。

自动驾驶会对未来的社会生活产生显著影响。首先，它将极大改变人类的出行方式，提高交通安全性和效率，减少交通事故和拥堵。此外，自动驾驶技术还将对物流运输、公共交通等领域产生深远影响。例如，自动驾驶卡车可以24小时不间断运行，大幅提高物流效率，降低运输成本；大型园区可以使用无人驾驶小巴不断穿梭运送乘客（图1-38）。未来，自动驾驶汽车将改变城市规划和基础设施建设，促进智慧城市的发展。

图1-38　北京首钢园里的"阿波龙"无人驾驶小巴

③ 机械手

　　不论是扫地机器人还是自动驾驶汽车都属于移动机器人,目的是实现高效、安全的位置移动。另一类是动作机器人,通过肢体动作完成特定任务,典型的是用于工业生产中的机械手。第一台工业机械手是由美国人乔治·德沃尔发明的Unimate(图1-39),后来应用于通用汽车的生产线。从此以后,工业机器人迅速发展,如今已经成为自动化工业流水线的核心工具。图1-40所示为一群机械手协同完成工业产品组装任务的场景。

图1-39　Unimate机器人为人冲咖啡

图1-40   现代工厂里协同工作的机械手

　　传统机械手的动作遵循人为设计的固定流程。需要事先严格设定各道工序,对误差的容忍度较低。比如,焊接件的位置出现偏差,机械手就可能无法定位焊点,从而影响任务完成。此外,人为设计的程序难以快速适应新任务,升级成本较高。随着技术的进步,越来越多的机械手引入了人工智能技术。比如通过示教的方式,牵引着机械手完成一次任务,它就可以学会如何操作,这种机器人称为示教机器人。更先进的机器人可以通过自我探索学会操作技能。比如美国加州大学伯克利分校设计的自动抓取机器人(图1-41),通过尝试各种抓取动作,能够自主学会抓取物品的技能。

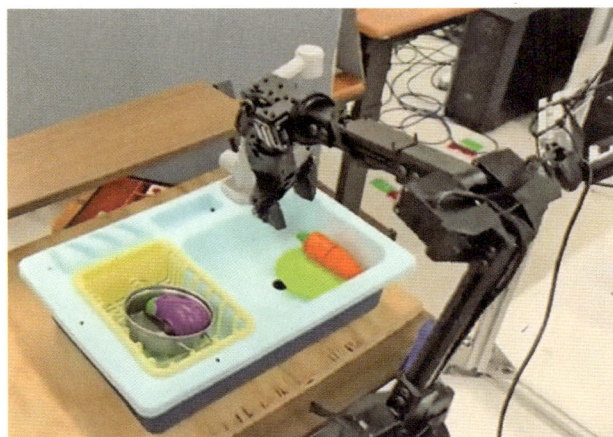

图1-41   美国加州大学伯克利分校设计的自动抓取机器人

工业机械手的广泛应用极大提高了生产效率和产品质量，降低了人力成本和劳动强度。例如，在汽车制造业中，机器人可以执行高精度的焊接和组装任务，大幅提高了生产线的效率和产品的一致性。此外，工业机器人在危险和高强度的工作环境中替代人类操作，提高了工作安全性。随着智能制造的普及，工业机械手将成为未来工厂的主力。

④ 总结

机器人是可以自主移动或执行动作的机器。并非所有机器人都具备智能，很多机器人执行的只是重复性动作。随着人工智能技术的进步，越来越多的机器人开始使用人工智能技术，从而变得越来越智能。例如，扫地机器人的移动本身并不智能，但具有规划能力的移动就具有了智能；对于工业机械手，按程序完成抓取动作智能性不高，但能手眼配合，可以抓取任意形状的物品就具有了极高的智能。未来，随着人工智能技术的不断进步，拥有了更高智能的机器人将在人类生活中扮演越来越重要的角色。

第 2 单元

人工智能的诞生

2.1

人类智能的起源

学习目标

（1）了解人类进化史和人类智能的阶跃之谜。

（2）理解合作对人类智能发展及文明形成的关键作用。

　　人类具有高于其他生物的智能，包括感知、记忆、决策、想象、情感等。虽然有些动物也有一定的基础智能，特别是人类的灵长类近亲们，它们同样可以观察环境，倾听声音，肢体协调地奔跑和跳跃，但没有任何一种动物能像人类一样进行深刻的理解和思考，更不用说发展出类似人类的文明社会。那么，是什么使人类从万千生物中脱颖而出，获得了如此高超的智能，并最终成为这个世界的主宰呢？

① 人类进化史

　　大约45亿年前，地球从环绕早期太阳旋转的吸积盘之中形成。42~40亿年前，地球表面温度逐渐降低，地壳逐渐固化，形成了大气和海洋，为生命的起源创造了条件。

　　蛋白质是生命的基本构件，它们通过复杂的化学过程，形成了早期的生命。38~35亿年前，单细胞生物出现，并逐渐分化出不同类型的细菌。这些早期生命逐渐演化，形成了今天多样化的生物世界（图2-1）。据估计，目前地球上有数百万种生物，其中650万种生活在陆地上，220万种生活在海洋中。这些生物各自演化出独特的生存策略和适应能力。这一漫长而复杂的过程充分展示了生命的多样性和适应性。

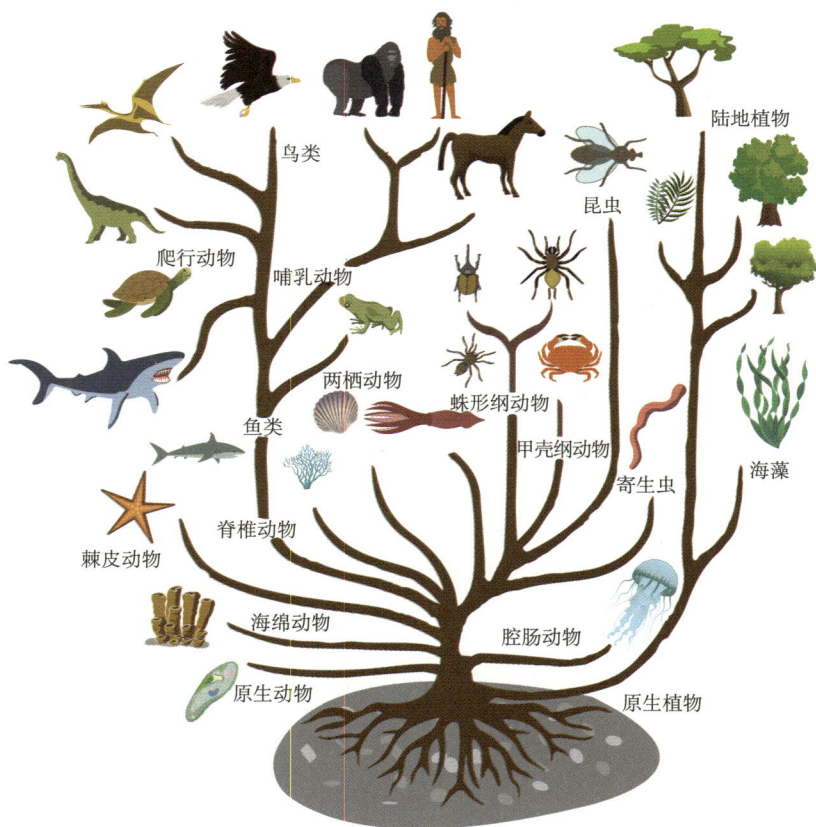

图2-1　生物进化树

退回约600万年前，在非洲某地，一群古猿在与自然的斗争中逐渐进化。由于环境变化，森林逐渐消退，古猿不得不习惯在地面上直立行走。这些进化后的灵长类动物称为"南方古猿"。200万年前，一支称为"能人"的古猿开始用双手制造石器，成为最早的人类。约20万年前，一个称为"智人"的人类种群在竞争中脱颖而出，成为现代人类的祖先（图2-2）。大约6万年前，部分智人开始离开非洲，经过中东、南亚等地区，逐渐迁徙到东亚，包括现在的中国地区。在迁徙过程中，现代人类可能与当地的早期人类（如直立人和尼安德特人）发生了基因交流，最终形成了中华民族的祖先。

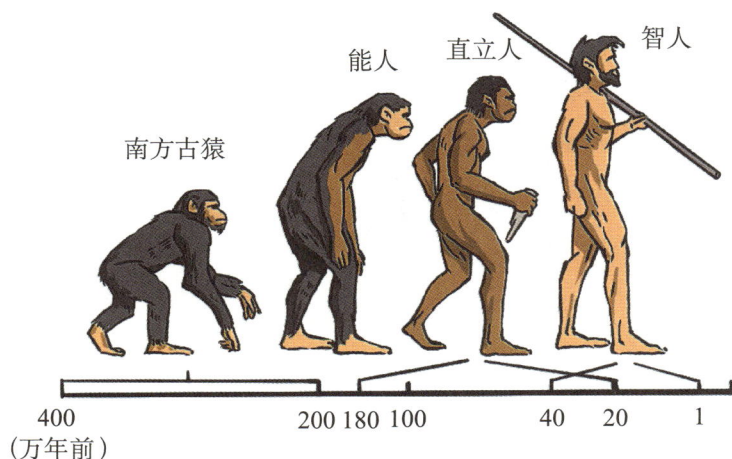

图2-2　人类的进化过程

② 人类智能的阶跃之谜

一个让人困惑的问题是，为什么人类的智能会在众多生物中一枝独秀？在800多万种生物中，唯有人类产生了高度复杂的智能。特别是人类的近亲，如黑猩猩、大猩猩、狒狒、长臂猿等，尽管与人类同源，但经过几十万年的进化，它们的智能并没有显著提高，这是为什么？不仅如此，人类智能的发展似乎已经远远超出了生存的需要，这与大多数动物不同，它们的智商仅能满足基本生活需求，只有人类不满足于此，人类不仅追求更好的生活，还开始思考行星的运行轨迹，创造文化与艺术，这些已经远远超出了生存的基本需求。这背后的原因是什么？

一个根本原因是人类拥有独特的大脑。研究表明，成年人的大脑约重1.4千克，占体重的2%，几乎是所有动物中脑体比最高的。人类大脑中包含超过一千亿个神经元，具备强大的信息处理能力。随着脑容量占比的增大，人类能够处理超出基本生存需求的智能任务。这一假设有一定依据，如图2-3所示，人类的脑化指数明显高于其他动物。

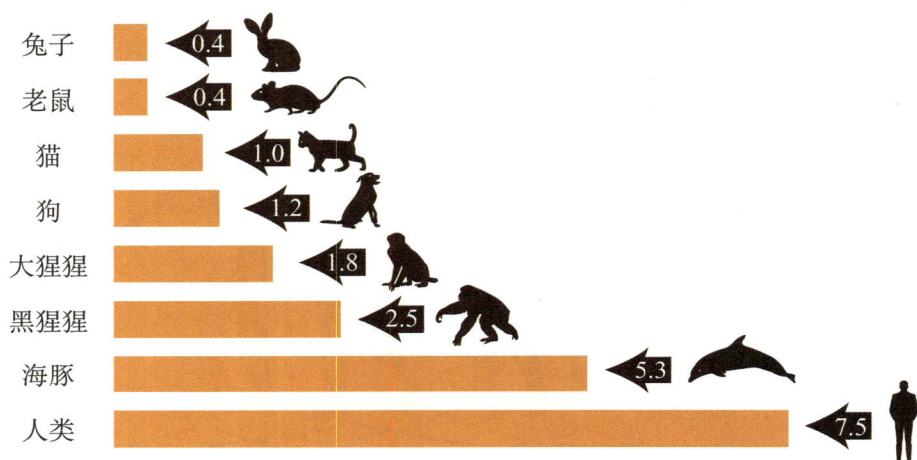

图2-3　不同动物的脑化指数（EQ）

注：脑化指数是描述动物大脑和身体比例关系的量，并以猫的计算结果为参考进行比例调整（因此猫的EQ=1.0）。

因此，人类是通过大脑而非四肢或牙齿来获得生存优势的。这一进化方向使人类头脑变得更加聪颖和强大。反过来，聪明的大脑也让我们的肢体更加灵巧，能够完成更复杂的创造性活动。如今看来，这一选择非常明智：许多庞然大物都消失在历史长河中，而人类成了这个星球的主宰。

那么，为什么人类可以进化出发达的大脑呢？一些关键的基因变异可能起到了重要作用。研究表明，现代人与黑猩猩在基因上有99%是相同的，但人类有些特殊基因可能促进了大脑的发育。比如，2015年科学家发现了一种人类特有的基因ARHGAP11B，可能在促进大脑发育方面起到了关键作用。

脑容量可以解释人类智能的物质基础，但无法解释人类相对其他动物的显著优势。例如，海豚的脑化指数也不低，但智商仍然无法与人类相提并论。从人类发展史来看,脑容量确实逐渐增加。但自智人以来,人类的脑容量未再增加,甚至有所下降,而智能却持续提升。这表明,人类智能不能仅用脑容量来解释。

③ 合作产生智能

科学家们对这个问题进行了长期研究。2014年6月,《科学》杂志介绍了德里克·比克顿的《超越自然的需求——语言、思维和进化》和迈克尔·托马塞洛的《人类思维的自然史》两本书。这两本书的作者共同认为:合作可能是人类智能开始飞跃的起点。合作不仅锻炼了个体智能,还促进了人类整体的知识积累和进步,这是人类智能远超其他动物的重要原因。

想象一下:由于环境变化,我们的祖先——古猿人,已经无法仅靠摘果子来填饱肚子了。为了生存,他们开始捕猎生活。与其他猿类不同,我们的祖先具有强烈的群体认同感和合作精神,他们共同捕捉小动物,甚至围猎比自身更强大的大型动物(图2-4)。在合作过程中,人们需要制定策略并进行交流。制定策略需要复杂的思维能力,而交流则推动了语言和社交技能的发展。这些行为不仅提高了捕猎效率,还锻炼了大脑能力,促进了智能的发展。

图2-4　人类捕猎过程中的合作锻炼了个体智能的发展

例如,捕猎大型动物时,人类需要进行详细的计划和分工。一些成员负责驱赶猎物,其他成员则负责伏击。这种合作模式极大地提高了狩猎的成功率。

在此过程中,驱赶猎物的成员需要观察猎物的动向,制定驱赶策略,而伏击的成员则需要隐蔽自己,选择最佳的伏击位置。通过这种协作,早期人类学会了利用环境优势、分配任务和通过交流协调行动。这些技能不仅在狩猎中有用,在日常生活中也促进了群体的稳定和繁荣。

④ 合作产生人类文明

　　人类的合作与其他动物有明显的区别。首先,人类的合作并非偶然或个别行为,而是贯穿于整个群体的行为准则。人类对自己同伴具有天然的认同感,互帮互助是基本的心理倾向。其次,人类的合作具有深度,不仅体现在共同捕猎,还包括共享食物、分享经验,甚至抚育他人的孩子,如图2-5所示。有些个体为了集体和他人的利益甚至会牺牲自己。这种深度和无私的合作精神在其他动物中是看不到的。

图2-5　人类的互相合作推动了文明的演进和人类社会的诞生

　　这种无私且深度的合作解释了为何人类智能远超个体生存需求。这是因为人类行为不仅是为了满足个体需求,还要与他人合作,为他人服务,甚至为整个群体服务。因此,人类有意愿去创造出更多的物质和精神财富,从而发展出了超过生存需求的强大智能。

　　此外,深度合作促进了群体共识的形成,而群体共识是语言和文字产生的先决条件。语言和文字使人类之间的经验得以传播和传承。例如，长辈通过示范和教导，向年轻一代传授生存技能和狩猎技巧。年轻人遵循长辈的经验和教导，从而提高了整个种群的生存能力。随着合作深化，逐渐形成了明确的社会角色分工和组织结构，如族群、部落等，最终催生了早期的人类社会，人类文明的齿轮开始转动。

⑤ 总结

人类个体具有极高的智力，整体发展出了高度发达的文明，远超其他生物，包括人类的近亲。人类能取得这样的地位，固然有基因方面的原因，但更重要的是人类互相认同与合作的行为方式。这种认同与合作使得人们共同发明了语言和文字，建立了群体共同遵守的行为标准，进而形成了复杂的人类社会。从个体角度来看，社会中的人需要应对各种复杂的场景，语言的使用锻炼了大脑，使其越来越发达。另外，前人积累的知识丰富了我们的知识背景，促进了个体智力水平的提高。从整个人类种群来看，认同感与合作精神使前人愿意传承经验，而后代也愿意相信前人的经验，从而形成经验的传承和演进，人类文明就此拉开了序幕。

2.2
人类思维规律的总结

🗣 学习目标

（1）认识亚里士多德形式逻辑对人类思维规律总结的意义。

（2）了解布尔代数和数理逻辑在思维数学化中的重要贡献。

（3）探讨"思维—逻辑—演算"关联链条对人工智能发展的基础作用。

人工智能的目标是让机器模拟人类的思维方式，从而具备类似人类的智能。

这是一种"授之以渔"的思路:与其由人类自己设计聪明的机器,不如让机器自主发展智能。关键在于,要想让机器模拟人类的思维方式,首先要理解人类是如何思考的。这是一个复杂的问题,因为人类大脑中包含超过1000亿个神经元,要想理解思维的具体过程非常困难。然而,从更高的层次看,人类的思维并不是散乱的,而是遵循一定规律的。因此,理解思维规律成为人工智能发展的第一步,而这一步是亚里士多德迈出的。

① 亚里士多德和他的三段论

亚里士多德(图2-6)是古希腊著名的哲学家和科学家,在很多领域做出了杰出贡献。他崇尚理性思考和严谨推理,尤其重视对自然现象的研究,通过对具体现象的深入探索来认识事物的本质。

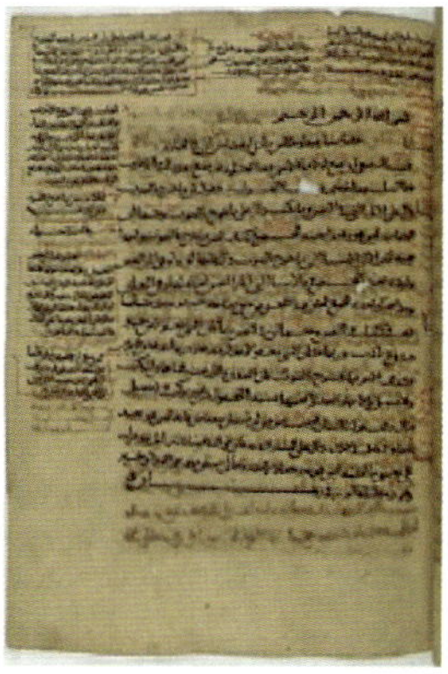

图2-6　亚里士多德(公元前384—前322)和他的逻辑学著作《工具论》

亚里士多德首次对人的思维过程进行了系统的研究。在他之前,已有人在哲学讨论中研究过辩论技巧,如苏格拉底就常用诘问的方式引导对方明确概念、总结知识,后人将这种方法称为"苏格拉底教学法"。亚里士多德的老师柏拉图同样重视理性思考,但是他更关注知识源头的重要性,即假设是否合理。亚里士多德认识到,即使假设是对的,有缺陷的或似是而非的说理过程仍可能带来错误的结果,因此他主张认真研究如何让思维过程保持可信性。亚里士多德将这一新学问称为"分析学",这标志着逻辑学的开端。

三段论是亚里士多德逻辑学的
代表性成果,也是最早被系统总结的
思维规律。简而言之,三段论的基本
结构包括三部分,如图2-7所示。

大前提:一个具有普遍性的陈述
或原则。

小前提:一个特定的陈述或
实例。

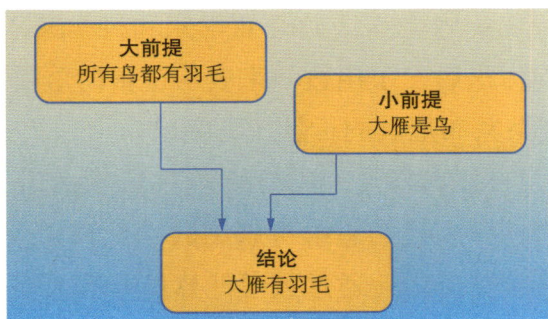

图2-7　三段论示意图

结论:从大前提和小前提推导出的结果。

亚里士多德发现,只要大前提和小前提是正确的,结论必然正确。因此,只
要遵循这一规律推理,不论推理步骤多少,最终的结论必然正确。他认为,三段
论是理性人类共同遵守的思维方式,人类之所以能够理性思考,正是因为遵循了
这样的思维过程。

值得说明的是,如果前提是错误的,那么按照三段论进行推理得到的结论
很可能是错误的。比如大前提是"所有名称中有鱼字的动物都属于鱼类",小前
提是"娃娃鱼的名称中有鱼字",依三段论可以推导出"娃娃鱼属于鱼类",但这
个结论显然是错误的。这一错误源于前提"所有名称中有鱼字的动物都属于鱼
类"本身的问题,而非三段论思维过程。换而言之,三段论首次将思维内容和思维
过程分离,这是人类对自身思维的首次深入剖析。

亚里士多德的逻辑学是人工智能最早的理论基础之一。首先,逻辑学总结
了人类的思维过程,这意味着机器若遵循同样的推理过程,就有可能模拟人类的
思维。其次,逻辑学区分了思维的内容和过程,只要前提是正确的,无论推理到
哪一步,结论都是正确的。这为机器模拟人类的思维提供了具体的方法:把正确
的知识传授给机器,它运用逻辑规律进行推理,就可以发现新的知识,甚至构建
整个知识体系。这一思路成为人工智能最初的设计方案之一。

② 思维的数学化

亚里士多德所开创的逻辑模式称为"形式逻辑",因其用自然语言来描述,

容易产生歧义。许多哲学家和科学家开始思考如何让逻辑学变得更加客观和严谨，这启发了用数学来表示逻辑的重要思想。其中，托马斯·霍布斯和戈特弗里德·莱布尼茨的贡献尤为突出。

霍布斯是一位英国哲学家，他在1651年出版的《利维坦》一书中提出了一个观点：人类的思维可以用数学计算来表示，即"推理即计算"。他认为推理和计算本质相同，通过数学计算可模拟人类的推理过程。莱布尼茨是一位哲学家和数学家，他也主张用数学来表达思维。在1685年出版的《发现的艺术》中，莱布尼茨写道："如果人们发生了争执，那么解决方法很简单：来，让我们来算算，看看谁是对的。"他认为，数学计算是解决争议的最客观、公平的办法。这些早期探讨都提出了将思维形式转化为数学计算的构想，但真正实现这一构想的是英国数学家乔治·布尔。

乔治·布尔（图2-8）于1815年出生在英格兰的林肯市，自幼对数学和科学就抱有浓厚的兴趣。尽管家庭贫困，布尔通过自学掌握了数学、拉丁语和希腊语等多种知识。布尔没有接受过正式的大学教育，但依靠自学掌握了高等数学，并在

图2-8　乔治·布尔

24岁时发表了第一篇数学论文。这篇论文引起了数学界的关注，使他在数学领域初露锋芒。1847年，布尔出版了《逻辑的数学分析》一书，研究逻辑的数学化。1854年，他进一步整理这一思路，并在《思维规律》中确立了用符号演算来描述思维过程的新体系，这一体系后来被称为布尔代数。

在这一体系中，布尔用符号表示事实，用一些运算符来表示事实之间的关系，这些符号包括"与"（×）、"或"（＋）、"非"（－）等。基于这一体系，推理过程可以表示成符号的演算过程，如图2-9所示。例如，用 p 表示"明天下雨"，用 q 表示"明天刮风"，用 r 表示"明天下雪"，那么推理过程"明天下雨且刮风，就会下雪"就可以表示为 $(p×q)=r$。

$$p×q=q×p$$
$$p+q=q+p$$
$$p×(q+(-q))=p$$
$$p+(q×(-q))=p$$
$$p×(q+r)=(p×q)+(p×r)$$
$$p+(q×r)=(p+q)×(p+r)$$

图2-9　布尔定义的逻辑演算公式

布尔代数的出现标志着思维数学化迈出了第一步，也是最重要的一步。它表明了人类的思维过程可以通过符号演算来表达，这使得逻辑推理变得精确化和系统化。布尔代数对人工智能的发展具有重要意义：正是因为有了思维的数学表达，机器才有了模拟人类思维的可能。

布尔是一位杰出的教育工作者，毕生热爱教育事业。1849年后，他在爱尔兰科克的女王学院（现为科克大学学院）担任数学教授，他编写的教材《微分方程导论》对数学教育产生了深远影响。

③ 数理逻辑的确立

布尔创建逻辑的代数理论之后，许多科学家参与了后续的研究，最终开创了数理逻辑这门新兴的学科。其中德国数学家和逻辑学家弗里德里希·弗雷格（图2-10）做出的贡献尤为重要。

弗雷格出生于1848年，当时关于逻辑和数学的关系争论已久，弗雷格认为逻辑学更为基础，数学应建立在坚实的逻辑语言之上。为此，他在1879年出版了《概念文字》一书，定义了数理逻辑的主要元素，包括带有变元的命题表示方法，以及"任意""存在"等，极大提高了逻辑演算的表达能力。例如，"所有的鸟都有羽毛"可以简

图2-10　弗里德里希·弗雷格

单表示为$\forall x p(x)$，其中$p(x)$代表"鸟x有羽毛"，而$\forall x$表示"所有的鸟x"。弗雷格是数理逻辑史上承前启后的人物，虽然他生前并未被太多人所知，但他的思想影响了众多哲学家和数学家，他的重要性在他去世后越来越为人所理解。

弗雷格之后，许多数学家继续推动数理逻辑的发展。其中，怀特黑德和罗素进一步完善了数理逻辑的理论基础。他们在1910—1913年共同出版的《数学原理》是数理逻辑的经典之作。在这部著作中，怀特黑德和罗素进一步讨论了数学的逻辑基础，试图将所有数学真理表述为逻辑演算。另一位数学

家希尔伯特也为数理逻辑的发展做出了重要贡献，他提出的数学公理化思想以及数学系统的一致性问题都启发了后续研究。此外，奥地利裔美国数学家库尔特·哥德尔于1931年发现了不完备定理，指出了逻辑系统的局限性，进一步加深了人类对逻辑系统的理解。经过这些数学家（图2-11）的努力，数理逻辑在20世纪初奠定了基础，当年霍布斯"推理即计算"的思想也终于得到了验证。

（a）怀特黑德　　　　（b）罗素　　　　（c）希尔伯特　　　　（d）哥德尔

图2-11　为数理逻辑的建立做出突出贡献的数学家

④ 总结

　　人工智能希望通过模拟人类思维来构建具备类似人类智能的机器，实现这一理想的第一步是理解人类的思维过程。亚里士多德是首位对这一问题进行深入思考的人，他所创立的形式逻辑是对人类思维过程的抽象。这种抽象使人类的思维过程脱离个体，成为一种可被转移和复制的普遍规则。这意味着机器有望在这一抽象层次模拟人类的思维过程，而无须涉及人类智能的生理机制。

　　亚里士多德的工作是重要的，但还需要进一步抽象化才能被机器理解，这正是数理逻辑的作用：将逻辑过程形式化为符号演算，从而通过可计算的机器实现。这种"思维—逻辑—演算"的关联链条非常重要：它意味着只要机器能够完成演算，就可以复现人类的逻辑过程，进而复现人类的思维。这就是人工智能

"用计算模拟人类思维"的核心思想。

🔖 思考与讨论

有一种观点认为,虽然数理逻辑可以复现人类的思维过程,但人类的思维有多种形式,可以用数理逻辑表达只是其中很少一部分,很多潜意识的思维过程是无法用逻辑来表示的。因此,基于逻辑来构建人工智能并不能完全复现人的智能。你对此有何看法?

🗄 课程实践

生活中有很多辩论的例子,有些是符合逻辑的,有些是不符合逻辑的。逻辑学可以帮助我们发现一些看似合理,但其实违反逻辑的诡辩。下面是《庄子·秋水》篇中的一段辩论。

庄子曰:"鲦鱼出游从容,是鱼之乐也。"

惠子曰:"子非鱼,安知鱼之乐?"

庄子曰:"子非我,安知我不知鱼之乐?"

上述内容可写成三段论的形式如下。

庄子曰:"鲦鱼出游从容,是鱼之乐也。"

大前提:游得从容欢快的鱼是很快乐的。小前提:河里的鱼游得从容欢快。结论:鱼很快乐。

惠子曰:"子非鱼,安知鱼之乐?"

大前提:只有鱼才知道自己是否快乐。小前提:你并不是鱼。结论:你并不知道鱼是否快乐。

庄子曰:"子非我,安知我不知鱼之乐?"

大前提:只有我能了解自己。小前提:你不是我。结论:你并不了解我。

把这些大前提和小前提写出来之后,就可以发现一些逻辑上的漏洞。比如"只有鱼才知道自己是否快乐"这个大前提就未必是对的,因为"快乐"

是可以通过外在表现显露出来,从而被别人察觉到的。

逻辑学可以帮助人明辨是非,免受误导。组成攻防小组,设计一些逻辑上存在漏洞的"诡辩",让对方小组把漏洞找出来。先找出对方漏洞者获胜。

2.3
计算机的诞生

学习目标

(1)了解从机械计算器到电子计算机的演进及代表事件。
(2)理解图灵机模型、二进制逻辑运算和存储程序结构的核心概念。
(3)探讨计算机的诞生对人工智能发展的深远影响。

数理逻辑的诞生为人工智能奠定了理论基础。这一理论表明,只要遵循数理逻辑的计算规则,就可以模拟人类的思维过程,从而实现类似人类的智能。然而,如何进行计算,尤其是如何高效地计算,成为人工智能能否实现的关键问题。20世纪初,科学家们研制出了电子计算机,解决了计算问题,从而奠定了人工智能的第二块基石。

① 计算机器

用机器来辅助计算可以追溯到很久以前,例如中国的算盘可能是最早的计算机器,但其自动化程度不高,只能算是辅助性的计算工具。

真正的自动化计算机器是法国数学家布莱兹·帕斯卡在1642年发明的帕斯卡计算器(Pascaline)。如图2-12所示,它利用齿轮和杠杆来进行加法和减法操作，极大提高了计算效率。当时帕斯卡的父亲担任税务监督员，这台计算器就是帕斯卡为了帮父亲应付税务工作中烦琐的计算而设计的。

图2-12　帕斯卡计算器

19世纪20年代，英国数学家查尔斯·巴贝奇设计了差分机（difference engine）（图2-13）。差分机旨在自动计算多项式函数的值，并通用这种方法来近似任意函数。巴贝奇大约在1819年开始设计一台小型差分机，并于1822年研制成功。这台机器采用十进制系统，通过摇动手柄来驱动。由于当时制作表格耗时且成本高昂，英国政府对此很感兴趣，希望差分机能够更高效地完成这一任务。这一工作取得了部分成功，但最终因为过于复杂而未能完全实现。后来，巴贝奇在差分机的基础上进一步改进，提出了一种称为"分析机"的计算机器。这台分析机比差分机更通用，包含了算术逻辑单元、内存和控制流程，这几乎就是现代计算机的雏形了。由于资金和技术限制，分析机在当时未能真正实现其功能。

图2-13　查尔斯·巴贝奇设计的差分机

② 图灵机的诞生

历史上的这些计算机器都不具有通用性,而且结构复杂,难以实现。如何设计一个简单的计算机器呢? 英国数学家艾伦·图灵(图2-14)在1936年提出了一个后来被称为"图灵机"的计算模型(图2-15)。这一模型非常简单,仅包含三个部分。

纸带:一条无限长的纸带,上面可以记录符号(如0和1)。

读写头:一个可以在纸带上读写符号的装置。

控制器:定义了在不同状态下如何读写符号和移动读写头。

图2-14 艾伦·图灵

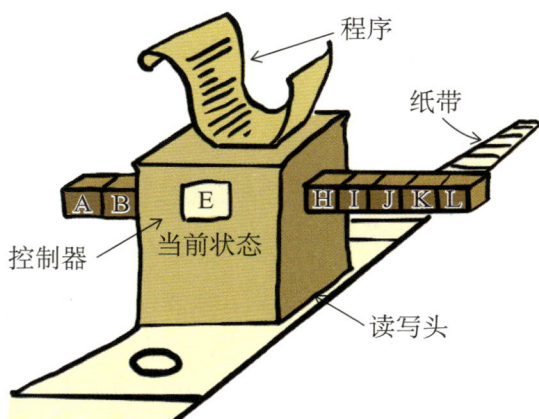

图2-15 图灵机模型

实际运行时,控制器根据程序指令和当前状态读写纸带上的符号,并将读写头在纸带上左右移动。事实上,图灵机并不是真实的机器,而是描述了一种计算过程,它所能完成的计算组成了一个庞大的可计算函数集合。图灵和其导师美国数学家阿隆佐·邱奇等研究者相继证明,很多看似很复杂的计算过程都可以由图灵机模拟。换言之,图灵机具备足够的能力,可以用来作为一种通用的计算工具。至今,人们普遍认为任何可有效计算的函数都能用图灵机来模拟,这一结论被称为"邱奇-图灵论题"。

图灵机的出现具有重要意义,只要实现它,就可以获得强大的计算能力,而无须探索其他计算方式。另一方面,因为图灵机可以计算任意可计算函数,因此也能计算逻辑过程，这相当于为数理逻辑提供了强大的计算工具。图灵机的出现为人工智能的诞生奠定了重要基础。

③ 香农的贡献

克劳德·香农（图2-16）是一位美国电气工程师和数学家，他在1937年提出了用电子开关实现二进制逻辑的理论，标志着现代电子计算机设计的开端。二进制逻辑是一种使用两个状态（如0和1）来表示和处理信息的逻辑系统。通过电子开关的开关状态，电子电路可实现二进制的加减法等基本运算。

图2-16　克劳德·艾尔伍德·香农（1916—2001）

香农的工作为数字电路设计奠定了理论基础。利用电子开关，科学家们可以设计出复杂的数字电路，如图2-17所示，实现各种逻辑运算和数学计算任务。数字电路为现代计算机的硬件实现奠定了理论基础。

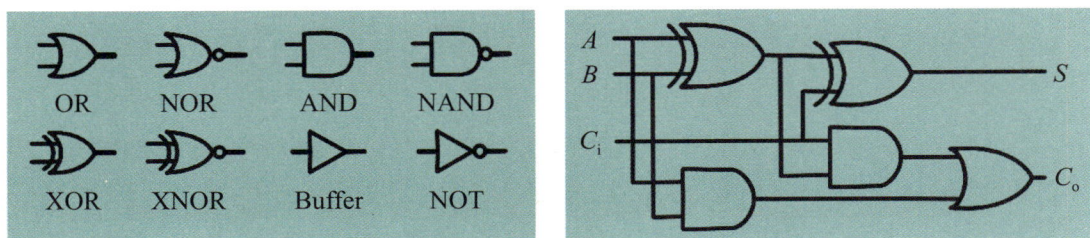

图2-17　逻辑门（左）和用逻辑门组成的数字电路（右）

④ ENIAC：第一台通用电子计算机

1946年，ENIAC（electronic numerical integrator and computer）作为第一台

通用电子计算机(图2-18)诞生。ENIAC由美国陆军资助,由约翰·莫克利和约翰·普雷斯珀·埃克特在宾夕法尼亚大学设计并建造。它最初的设计是用于计算炮弹的弹道,也可以用于通用计算任务。

ENIAC包含了17468个电子管、7200个金属整流器、1500个继电器、10000个电容器,以及大约500万个手工焊接点。它的质量达27吨,占地167平方米,耗电150千瓦时。它的输入采用IBM的卡片阅读器,输出为一个打卡器。ENIAC包含大量电缆,通过插拔不同的电缆和开关来配置计算任务。这是一种非常耗时的手动"编程"方法,但确实实现了通用计算,这是一项了不起的成就。ENIAC的出现具有划时代的意义,标志着计算机时代的到来。

图2-18　第一台通用电子计算机ENIAC

⑤ 存储程序结构

1945年前后,包括约翰·冯·诺依曼在内的科学家们逐渐确立了计算机设计的基础原则,明确使用二进制计算,将程序和数据存储在同一个存储器中,并将计算机分成运算器、控制器、存储器、输入设备和输出设备五大组件,如图2-19所示。这一结构称为存储程序结构。存储程序结构的提出确立了计算机的基本架构,其模块化思想也极大地推动了计算机的发展和普及。直到今天,我们的计算机依然遵循着这一存储程序结构。

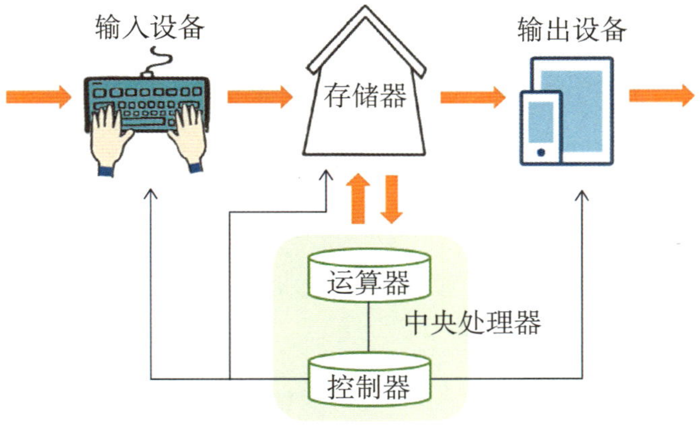

图2-19　现代计算机体系结构

约翰·冯·诺依曼（1903—1957），美籍匈牙利裔数学家、计算机科学家、物理学家，在泛函分析、遍历理论、几何学、拓扑学和数值分析等众多数学领域及计算机科学、量子力学和经济学中都有重大贡献，是博弈论的奠基者。1990年，国际电子电气工程师学会设立冯·诺依曼奖，用以表彰在计算机科学与技术领域取得杰出成就的科学家。

⑥ 总结

人们很早就开始使用机械手段辅助计算，但这些机械都只针对特定的计算任务。图灵机的出现带来了革命性变化，它设计了一个统一的计算模型，不仅可以完成各种复杂的计算，而且概念简单、实现方便。图灵机还带来了思想上的解放，计算机不再局限于简单的计算任务，而是能够处理包括人工智能在内的各种复杂任务。这是因为许多任务都可以通过算法转化为计算问题，从而用图灵机来解决。图灵机不仅奠定了计算机科学的基础，还为人工智能的诞生铺平了道路。

思考与讨论

有人说，从早期专用计算机器到现代的通用电子计算机，只不过是让一个机器可以完成多个专用计算机器的工作，本质上还是计算机器，并不是什么重要的进步。你认同这种说法吗？说说你的理由。

课程实践

（1）下面是逻辑运算的真值表，据此写出图2-17右侧图所示电路在 $A=0$，$B=1$，$C_i=0$ 时的输出 S 和 C_o。

输入		输出					
A	B	AND	OR	XOR	NAND	NOR	XNOR
0	0	0	0	0	3	3	3
0	1	0	1	1	3	2	2
0	2	0	2	2	3	1	1
0	3	0	3	3	3	0	0
1	0	0	1	1	3	2	2
1	1	1	1	0	2	2	3
1	2	0	3	3	3	0	0

（2）使用上题中的真值表，用二进制逻辑电路设计简单的加法。

提示：用二进制表示两个加数的和；对每一位设计独立的加法电路，但会接收前一位的进位，并向下一位输出进位。

（3）组成兴趣小组，利用在线图灵机模拟器（http://corelab.ntua.gr/tm）设计二进制加法的图灵机程序。

2.4

伟大的图灵

学习目标

（1）了解图灵的生平与其在计算机科学和人工智能领域的深远影响。

（2）掌握图灵在人工智能领域的三大贡献：图灵机模型、机器智能设想和图灵测试。

20世纪初是一个科学巨匠辈出的年代，先有爱因斯坦开创了相对论，普朗克、波尔等奠定了量子力学的基础，而希尔伯特等数学家对整个数学体系进行了系统性整理。艾伦·图灵就诞生在这个伟大的时代，他的使命是开创一门以计算为核心的科学，这门新科学引领人类进入信息时代。

在图灵之前，数学和逻辑学已经经历了漫长的发展历程。这两门学科在自然科学领域和哲学界分别占据基础性地位，同时它们也在互相渗透，既用数学来表达逻辑，也用逻辑解释数学。数理逻辑是数学和逻辑学深度融合的产物。数理逻辑让人们意识到计算的巨大潜力，包括对智能的模拟。在这样的历史背景下，图灵提出了图灵机模型，使通用计算机器成为可能；他探索了用计算来模拟人类智能的方法，为人工智能奠定了思想基础；他还提出了图灵测试，定义了智能的标准，为人工智能的发展指明了方向。这一节我们一起回顾图灵的生平和他的伟大贡献。

① 图灵生平

1）少年天才

艾伦·图灵于1912年6月23日出生在英国伦敦的帕丁顿。他从小就展现出超凡的天赋和智力。在读小学时，他的老师就曾写道："我见过不少聪明勤奋的孩子，然而，艾伦是个天才。"图灵的家庭环境也对他的成长影响较大。他的父亲朱利叶斯·图灵是一名公务员，母亲埃塞尔则是一个非常有文化修养的女性，图灵从小就受到了良好的教育。

1926年，图灵进入伦敦谢伯恩公学，在这里他对古典教育课程不感兴趣，但对科学产生了极大的热情。他特别喜欢数学和物理，甚至在16岁时就开始研究爱因斯坦的著作。

1931年，图灵考入剑桥大学国王学院，并于1934年以优异的成绩毕业。

1935年，他发表了第一篇数学论文《左右殆周期性的等价》，同一年，他还写出《论高斯误差函数》一文。这篇论文使他当选为国王学院的研究员，并于次年荣获英国著名的史密斯数学奖，成为国王学院最杰出的毕业生之一。这一阶段的学习和研究，为图灵奠定了扎实的数学基础，也为他后来取得的伟大成就打下了坚实的基础。

2）初露头角

1936年，年仅24岁的图灵发表了一篇划时代的论文《论可计算数及其在判定问题上的应用》。这篇论文回答了一个关键的数学问题：是否存在一个通用算法可以为一个"判定问题"给出答案。所谓判定问题，就是回答"是"或"否"的问题，比如"一个偶数是否可以表示成两个质数的和？""给定两个整数x和y，x是否可以被y整除？"都是判定问题。图灵提出了图灵机这一计算模型，并证明了不存在一个解决所有判定问题的通用算法。后来，很多研究者发现，许多看似复杂的计算模型都可以用图灵机来描述，很多试图突破图灵机计算能力的努力也都以失败告终。基于此，斯蒂芬·克莱恩于1952年提出了著名的邱奇-图灵论题："一切直觉上可计算的函数都可以用图灵机计算。"这不是一个定理，因为"直觉上可计算"本身并没有明确定义，只能靠直觉理解。尽管无法证明，大部分研究者相信邱奇-图灵论题是正确的。这一论题的重要意义在于它确立了一个简单而强大的计算模型，从此人们无须寻找其他计算工具，只需实现图灵机即可完成所有可计算任务。图灵机模型为现代计算机的诞生准备好了理论基础。因为这一伟大贡献，图灵被称为"计算机科学之父"。

图灵机（图2-20）的提出不仅解决了计算理论中的关键问题，还对实际计算机的设计和实现产生了深远影响。例如，现代计算机的中央处理器（CPU）就包含了图灵所设计的状态寄存器和控制单元，而计算机的存储器和输入输出设备则类似于图灵机的纸带和读写头。这种基于图灵机的设计方案使得计算机能够执行各种计算，进而模拟任何可以表达为计算的任务。这是计算机强大的基本原因：不是因为它算得快，而是因为它可以完成所有可由计算表示的任务，具有广泛的通用性。

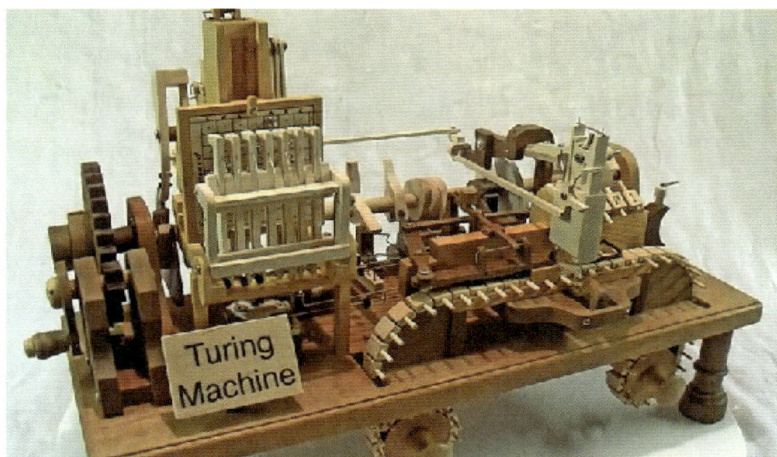

图2-20   木制的图灵机（可以通过摇动手柄进行计算）

3）密码破译专家

1936年9月，图灵进入美国普林斯顿大学攻读博士学位，师从著名数学家阿隆佐·邱奇，1938年6月获博士学位。冯·诺依曼为他提供了一个博士后研究助理的机会，但是图灵拒绝了，回到了英国。

回国后不久，图灵便参与到了政府的密码破译项目。在二战期间，图灵和其他顶尖数学家一起，在布莱切利公馆破译德国的Enigma密码机。图灵成功破解了加强版的Enigma密码机（图2-21），并设计出了一套高效算法。据战争历史学家哈里·欣斯利估计，图灵和其团队的工作将欧洲的战争缩短了两年多，挽救了超过1400万人的生命。可惜，因保密的需要，图灵的这些工作在战后并没有广为人知。

图2-21   Enigma密码机和图灵设计的密码破译机Bombe

4）奠基人工智能

战争结束以后,图灵得以全身心地投入他所热爱的计算机研究中。1948年,他成为曼彻斯特大学的讲师,并参与了世界上第一台存储程序计算机——曼彻斯特小型实验机（Manchester small-scale experimental machine, SSEM）的开发工作。同时,图灵也开始思考关于机器智能的实现路径。他本身是逻辑学家,用计算来实现人类的逻辑过程从而模拟智能行为是很自然的事。1948年,图灵发表了一篇题为《智能机器》的报告,首次系统地提出了用机器实现智能的可能性,并探讨了若干实现方法。这篇报告成为人工智能登上历史舞台的号角。

图2-22 《智能机器》中提出像教小孩子一样 "教"机器学习知识

图灵在他的报告中提出,机器可以像小孩子一样通过不断学习来提高自己的能力（图2-22）。通过给机器设定任务,并在其完成任务时给予奖励或惩罚,机器能够逐渐学习如何更好地完成这些任务。这一思想与今天的强化学习方法非常相似。强化学习是一种机器学习方法,通过试错和奖励机制,使计算机在复杂的环境中可以自主地学习完成任务的技能,而它所探索出的实现路径可能与人完全不同,从而可能获得超过人类的能力。

图灵还提到了模拟生物进化过程实现智能机器的途径,这为后来的演化算法和群体智能的研究奠定了基础。演化算法通过模拟生物界自然选择和遗传变异的过程,寻找复杂问题的解决方案;而群体智能则研究如何通过模拟动物群体的行为（如蚁群和蜂群）,实现优化求解。这些思想在现代人工智能研究中仍然重要。

1950年,图灵发表了《计算机器与智能》一文。在这篇文章中,图灵提出了后来被称为"图灵测试"的假想实验。图灵测试的核心思想是:如果一台机器能够通过对话让人类无法辨别它是机器还是人,那么就可以认为这台机器具备了智能。图灵测试通过这一思想实验定义了机器智能,让研究者摆脱了"智能"在概念上的争执，为人工智能研究提供了明确的目标和方向。尽管图灵测试在今天仍有争议，但它为人工智能研究提供了一个评判标准。

图灵测试（图2-23）的具体操作是：把人和计算机分别关在两个封闭的房间里，由一个人类测试员通过键盘分别与人和计算机进行自然语言对话。5分钟以后，如果机器可以让超过30%的测试者误以为它是人，则认为该机器拥有了智能。这种方法强调了智能的行为表现，而不是智能的内在机制，为人工智能研究提供了一种实用的评判标准。

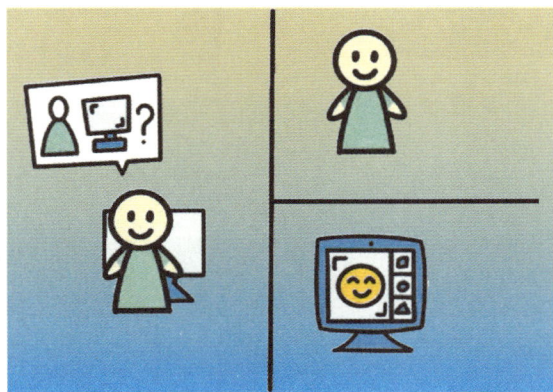

图2-23　图灵测试示意图

② 百年纪念

2012年，在图灵百年诞辰之际，人们自发祭奠这位伟人，《自然》杂志也盛赞他是有史以来最具科学思想的人物之一。2022年，英国将图灵的头像印在50英镑纸币上，以纪念他的伟大贡献。

为了纪念这位伟人，美国计算机协会（ACM）于1966年设立了图灵奖，这个奖项被誉为计算机界的诺贝尔奖，颁发给在计算机领域做出杰出贡献的学者。1966—2023年，共有77位科学家获得了图灵奖，获奖领域包括编译原理、程序设计语言、计算复杂性理论、人工智能等。图灵奖的设立不仅是对图灵个人贡献的纪念，也激励了无数计算机科学家追求卓越，推动了计算机科学和技术的不断进步。

2000年，清华大学教授姚期智（图2-24）因在计算理论、密码学等方面的基础性贡献获得图灵奖。这是目前唯一获此殊荣的中国科学家。

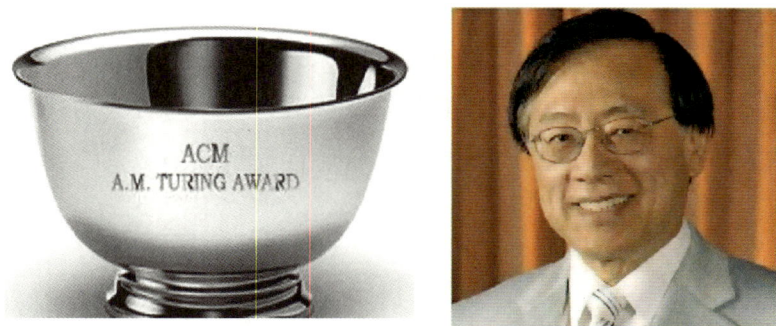

图2-24　图灵奖奖杯（左）和2000年图灵奖得主姚期智（右）

③ 总结

图灵是计算机科学和人工智能的奠基人，他开创了计算时代，我们今天所享受的很多科技成就都源于他的贡献。自图灵以后，我们意识到许多任务都可以转化为计算问题，从而通过计算机来完成。比如播放音乐、控制车床、变换红绿灯。这是人类思想的一个飞跃，而图灵正是计算时代的揭幕人。对人工智能来说，图灵做出了三大贡献：提出了图灵机模型，为计算机的出现奠定了基础，从而为人工智能准备了工具；提出了机器智能的设想，为人工智能的发展奠定了思想基础；提出了图灵测试，为人工智能的研究指明了方向。因此，图灵被公认为人工智能的开创者和奠基人。

？思考与讨论

关于图灵测试，有人认为即使机器表现得和人类一样，也不能说机器真的拥有了智能，因为机器只是按照预设的程序运行，缺乏人类的思维方式和情感。你是否同意这种观点？为什么？

课程实践

结合现代人工智能技术，例如ChatGLM大模型，组织一场图灵测试实验，看看现代人工智能系统是否能够通过测试，表现出类似人类的智能。

2.5
达特茅斯会议

学习目标

（1）了解达特茅斯会议的历史背景和主要讨论内容。
（2）理解达特茅斯会议对人工智能学科确立及未来发展的奠基性作用。

图灵提出了"机器智能"的新思路，为人工智能的发展奠定了基础。遗憾的是，图灵于1954年英年早逝，未能进一步完善智能机器的理论体系。然而，他天才的思想激励了一大批年轻的学者勇往直前，最终推动了人工智能的诞生，而达特茅斯会议正是这一革命的起点。

① 历史背景

在达特茅斯会议之前，很多科学家已经在尝试用计算机来模拟人类智能，并在一些领域取得了初步成果。以下是几个重要的例子。

1）克劳德·香农的对弈算法

克劳德·香农是一位杰出的科学家，他在1937年的硕士论文中就提出了用电子开关模拟布尔代数的思路，为数字电路的研究奠定了基础。1948年，香农提出了通信的数学理论，开创了信息论。香农对下棋也很着迷，他在1950的一篇论文

图2-25　克劳德·香农设计的走棋机器

中提出了后来被称为Minimax的对弈算法（图2-25）。这一算法的基本思路是在假设对方不犯错误的前提下选择最优走棋，这是以后众多对弈机器的基本方案。

2）赫伯特·西蒙和艾伦·纽厄尔的"逻辑理论家"

赫伯特·西蒙和艾伦·纽厄尔（图2-26）在1955年开发了名为"逻辑理论家"的计算机程序，这个程序可以自动证明数学定理。这个程序从最基本的公理开始，基于基础的推理原则进行逻辑演算，最终推导出待证明的定理。基于这一方案，逻辑理论家成功证明了《数学原理》第二章52条定理中的38条。

（a）赫伯特·西蒙（1916—2001）　　　（b）艾伦·纽厄尔（1927—1992）

图2-26　自动定理证明的开创者

3）马文·闵斯基的SNARC神经网络学习机

1951年，当时还是普林斯顿大学数学系研究生的马文·闵斯基设计了一种名为SNARC的神经网络学习机（图2-27）。这台机器模仿了人类大脑的工作方式，通过学习来完成任务。SNARC展示了机器通过学习进行自我改进的可能性。这项研究为后来的神经网络和机器学习奠定了基础。

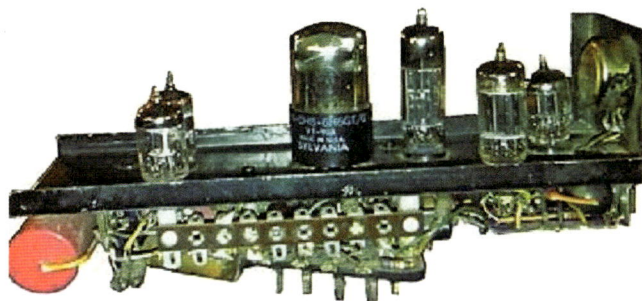

图2-27 马文·闵斯基设计的SNARC神经网络学习机

这些前期工作展示了计算机在模拟人类智能方面的潜力,极大激励了研究者,尤其是年轻的科学家们,为人工智能的诞生奠定了坚实的基础。

② 会议筹备

1955年,约翰·麦卡锡与克劳德·香农、马文·闵斯基和纳撒尼尔·罗切斯特共同向洛克菲勒基金会提出申请,计划举办一次关于智能机器的讨论会。他们希望通过这次会议,探讨如何实现图灵关于机器智能的设想。当时,麦卡锡是达特茅斯学院的助理教授,克劳德·香农是贝尔实验室的数学家,马文·闵斯基是哈佛大学的数学与神经学初级研究员,纳撒尼尔·罗切斯特是IBM信息研究经理。他们的背景各异,但都对利用计算机实现智能抱有浓厚的兴趣。

在提交给洛克菲勒基金会的申请(图2-28)中,麦卡锡等人首次提出了人工智能(Artificial Intelligence)这一概念。他们希望通过为期两个月的讨论会,共同探讨如何利用计算机实现

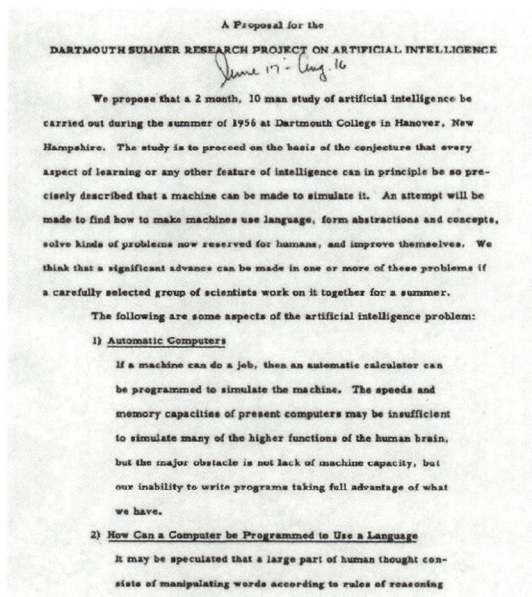

图2-28 约翰·麦卡锡等人向洛克菲勒基金会提交的达特茅斯会议赞助申请

人类智能。麦卡锡在申请中写道："我们提议研究如何让机器像人类一样使用语言，形成抽象概念，并解决目前只有人类才能解决的问题。"

申请书中列出了会议的主要议题，包括"如何对计算机进行编程""如何让计算机理解和使用语言""如何用神经网络来表达概念""如何定义计算效率和复杂性""如何实现随机性和创造性"等。可以看到一些主题在今天看来和人工智能并没有直接关系，但当时计算机刚刚出现，人工智能的研究者们不得不首先完成大量的基础性工作。

③ 会议过程

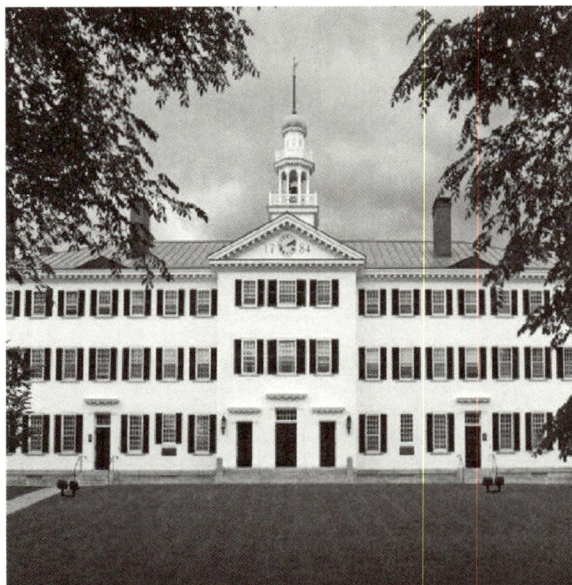

图2-29　美国新罕布什尔州达特茅斯学院旧址

幸运的是，麦卡锡等人的申请获得了批准。会议从1956年6月18日开始，在美国新罕布什尔州的达特茅斯学院（图2-29）举行，史称达特茅斯会议。达特茅斯学院成立于1769年，是美国的九所殖民地学院之一，同时也是常青藤盟校成员。它的校区坐落在康涅狄格河河谷之中。达特茅斯学院数百年来培育了许多知名校友，包括100多位美国参议院和众议院议员、22位美国州长、3位诺贝尔奖得主以及其他许多学界、政界和商界领军人物。

会议在达特茅斯学院数学系的一座教学楼内举行，形式多样，既有深入的主题报告，也有开放的自由讨论。会议氛围轻松自由，前后持续了两个月，共有约47人参加，包括赫伯特·西蒙、艾伦·纽厄尔、阿瑟·塞缪尔、雷·所罗门诺夫、约翰·纳什（图2-30）等。这些人在接下来的几十年里成为人工智能领域的领军人物，推动了人工智能的不断发展。赫伯特·西蒙和艾伦·纽厄尔是卡内基-梅隆大学的教授，他们开发的"逻辑理论家"是人工智能研究的重要里程碑。阿瑟·塞缪尔是IBM的科学家,他开发了早期的机器学习算法,用于计算机下棋。雷·所罗门诺夫提出了贝叶斯推理方法,为处理不确定性问题提供了理论基础。约翰·纳什是普林斯顿大学的数学家,以其在博弈论方面的贡献而闻名。在这次会议上,由麦卡锡提议的"Artificial Intelligence"被确定为这一新科学的名称,人工智能由此正式登上了历史舞台。

图2-30　达特茅斯会议的部分参会者
注:左起塞费里奇、罗切斯特、纽厄尔、闵斯基、西蒙、麦卡锡、香农

④ 总结

　　达特茅斯会议确立了人工智能研究的核心问题和实现路径。会议上的讨论涉及许多基础性问题,这些问题为未来的人工智能研究提供了基础性指导。例如,会议提出了"如何实现机器的自我改进"这一问题,这成为后来机器学习研究的基础。科学家们认为,计算机不仅能执行预设的指令,还应当能够通过学习和数据分析自我优化,从而逐步提升其智能水平。在这一思路的指导下,才有了今天人工智能的辉煌成果。

　　达特茅斯会议标志着人工智能作为一门独立学科登上了历史舞台。从此以后,越来越多的科学家团结在这面旗帜下,努力钻研,深入探索,最终推动人类社会进入了智能时代。

思考与讨论

很有趣的一点是,达特茅斯会议的与会者,也是人工智能的先驱者们,很多都不是学计算机的,比如麦卡锡和所罗门诺夫是学数学的,闵斯基是学数学和神经学的,塞费里奇是学数学和认知学的。思考一下,为什么这些不同学科背景的人会齐聚达特茅斯?这种多学科背景对人工智能的诞生有什么意义?

课程实践

组成话剧小组,以本节所介绍的达特茅斯会议的历史背景和讨论内容为指导,查找更多相关资料,以小剧场的形式复现人工智能的先驱者们自由讨论的场景。

第 3 单元

人工智能发展史

3.1

梦想与失落

学习目标

（1）了解人工智能发展过程中的高潮与低谷，以及各个时期的代表性成果。

（2）探讨人工智能科学家在困境中的探索精神及其对学科发展的推动作用。

达特茅斯会议以后，年轻的人工智能学者们满怀信心地踏上了探索之旅。他们一度认为，智能机器的梦想即将实现。然而，现实远比预想的复杂，人工智能的研究在探索过程中遇到了许多困难和挑战。回顾历史，人工智能的发展经历了多次高潮和低谷，一些人选择放弃，转向其他领域；而另一些人则坚持探索，最终在历史上留下深远的影响。本章将带领大家回顾早期人工智能的曲折探索，并讨论科学发展的曲折性和科学家们坚持不懈的探索精神。

① 达特茅斯会议与黄金十年（1956—1974）

1956年，达特茅斯会议的召开标志着人工智能作为一门学科的正式诞生。1956—1974年，人工智能研究迅速推进，取得了很多重要成果。科学家们对未来充满信心。例如，赫伯特·西蒙曾预言："20年内，机器人将完成人类所能完成的所有工作。"马文·闵斯基也表示："在3到8年的时间里我们将能造出一台具有人类平均智能的机器。"

这一时期的研究主要采用符号主义方法，通过符号逻辑和规则进行推理。代表性的成果包括定理证明、基于模板的对话机器人ELIZA和感知器模型等。

在定理证明方面，自西蒙和纽厄尔提出"逻辑理论家"定理证明程序之后，美籍华人科学家王浩于1959年提出了一种更高效的算法，能够在9分钟内证明《数学原理》中的所有定理。1965年，罗宾逊提出了归结法，进一步拓展了定理证明的适用领域。定理证明成为人工智能的第一个重要成果。

约瑟夫·维森鲍姆在1966年开发了一个名为ELIZA的对话机器人（图3-1），这个机器人可以模仿心理学家与病人交流的方式来引导对话。尽管ELIZA仅基于简单的问答模板，但其对话引导能力确实让人感到它具备一定的智能。

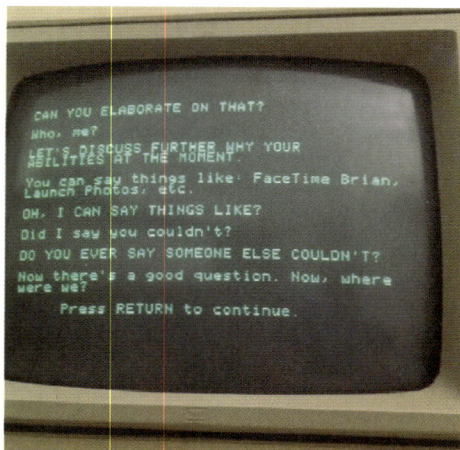

图3-1 对话机器人ELIZA

弗兰克·罗森布拉特设计的感知器模型（perceptron）也是这一时期的重要成果（图3-2）。感知器是一种单层神经网络，通过学习神经元间的连接权重完成简

图3-2　弗兰克·罗森布拉特（1928—1971）和Mark 1感知器

注：罗森布拉特设计的感知机接收图片作为输入，可以识别图片中的
字母或数字。右图是识别字母C的例子。

单的图像识别任务。感知器模型在当时引起了广泛关注，人们乐观地认为，通过
类似的学习，许多复杂的任务都能得到解决。

② 第一次低谷（1974—1980）

到了20世纪70年代，人们发现对AI的预期过于乐观，很多预想中的成果
未能实现，人工智能的发展进入低谷。首先，加拿大计算机学家斯蒂芬·库克
（图3-3）和美国计算机学家理查德·卡普（图3-4）对计算复杂性进行了大量研究，
揭示了人工智能中的很多实际问题难以在合理的时间内找到确切的解答。换言

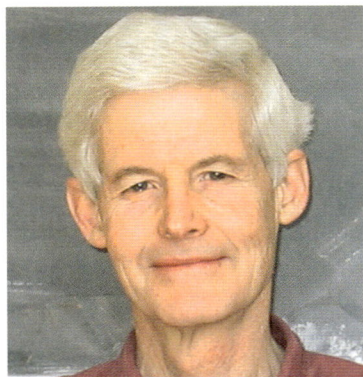

图3-3　斯蒂芬·亚瑟·库克

注：加拿大计算机科学家和数学家，因提出
"NP完全性"概念获得1982年的图灵奖。

图3-4　理查德·曼宁·卡普

注：计算机科学家和计算理论家，因在算法理论
方面有卓越的贡献获得1985年的图灵奖。

图3-5　马文·闵斯基

之，除了一些简单的情况外，大部分问题在合理时间内无法完成计算。这使人们对人工智能的实用性产生了怀疑。

此外，被人们寄予厚望的感知器模型受到质疑。1969年，马文·闵斯基（图3-5）和西摩·帕普特在《感知器》一书中指出，感知器模型只能解决线性可分问题，而现实中的许多问题是非线性的，这限制了它的应用范围。这些质疑进一步打击了人们对人工智能的信心。

③ 短暂回暖（1980—1987）

20世纪80年代初，人们渐渐意识到实现通用人工智能过于遥远，因此将研究重点转向了解决特定领域的受限任务。受此思潮影响，以专家系统为代表的基于经验知识的人工智能登上历史舞台。专家系统的概念最早可以追溯到1965年，当时美国计算机学家爱德华·阿尔伯特·费根鲍姆（图3-6）和遗传学家约书亚·莱德伯格合作，开发了世界上第一个专家系统程序DENDRAL。DENDRAL中保存着化学家的知识和质谱仪的知识，可以根据给定的有机化合物的分子式和质谱图，从几千种可能的分子结构中挑选出一个正确的分子结构。

图3-6　爱德华·阿尔伯特·
　　　　费根鲍姆（1936—　）
注：计算机科学家，被人称为专家系统之父。1994年获图灵奖。

在大约20世纪80年代，专家系统得到了广泛应用和快速发展。例如，1976年，斯坦福大学开发的MYCIN系统能够诊断血液感染疾病并推荐抗生素治疗方案；1980年，XCON系统在数字设备公司（DEC）投入使用，用于配置计算机系统订单。这些成功案例推动了专家系统在医疗诊断、工程设计和商业决策等领域的应用，使人工智能研究在经历第一次低谷后出现了短暂的回暖。

④ 第二次低谷（1987—1993）

　　尽管专家系统在20世纪80年代取得了巨大成功，但其局限性也逐渐显露出来。一个关键问题是知识库的构建和维护相当困难，不仅收集知识费时费力，知识之间还可能发生冲突。例如，由匹兹堡大学设计的疾病诊断系统CADUCEUS，仅建立知识库就耗费了近十年时间。

　　日本第五代计算机计划的失败也是人工智能再次进入低谷的重要原因之一。1978年，日本通产省委托时任东京大学计算机中心主任的元冈达研究下一代计算机系统。1981年，元冈达提交报告，提出构建第五代计算机的雄伟计划。与前四代计算机（电子管、晶体管、集成电路、大规模集成电路）相比，第五代计算机的核心是智能。受日本的影响，欧美各国也相继推出了智能计算机的庞大计划。然而，声势浩大的第五代计算机计划最终未能带来预期的效果，再次打击了人们的信心，人工智能再次进入低谷。

　　这一时期，科学家们进一步反思传统人工智能中的符号逻辑方法。代表人物是罗德尼·布鲁克斯（图3-7），他在文章《大象不下棋》中提出，实现感知、移动、交互等基础能力是更现实、更迫切的任务，而这些任务与符号逻辑并没有必然联系。他用了一个生动的比喻：大象虽不会下棋，但这并不代表它不智能，因为它能感知、行动、觅食，这些都是支撑其生存的智能表现。这一思潮后来被称为行为主义，代表工作是大量的仿生昆虫的研究（图3-8）。

图3-7　罗德尼·布鲁克斯

图3-8　仿生昆虫

⑤ 务实与复苏（1993—2010）

经过20世纪80年代末和90年代初的反思，许多脚踏实地的研究者开始专注于特定问题的解决方法，在语音识别、图像识别、自然语言处理等领域取得了一系列突破。这一时期，研究者逐渐意识到数据的重要性和统计模型的价值，机器学习成为AI的主流方法。

1997年，IBM深蓝战胜国际象棋世界冠军卡斯帕罗夫。2011年，IBM的Watson在《危险边缘》节目中战胜人类选手（图3-9），这些事件标志着人工智能的复苏。

图3-9　2011年IBM的Watson在《危险边缘》节目中战胜人类选手

注：《危险边缘》（*Jeopardy!*）是一档经典的美国电视问答竞赛节目，首次播出于1964年，并在之后成为全球范围内广受欢迎的益智类节目。在节目中，参赛选手需要回答主持人提出的问题，题目包括历史、地理、科学等多个类别。选手按抢答器争取回答权，回答正确得分，回答错误扣分。

⑥ 迅猛发展（2011至今）

2011年以后，随着大数据的积累和计算能力的提升，以深度神经网络为代表的机器学习方法取得了巨大成功，推动人工智能进入了以大数据为核心的新时代。2012年，Geoffrey Hinton团队利用深度神经网络模型，在ImageNet图像识别任务上取得了重大突破，将错误率一举降低了10%，降到了15.3%。

2016年，DeepMind的AlphaGo在围棋对弈中取得辉煌胜利，进一步激发起人们对人工智能的热情。2017年，AlphaGo以3∶0战胜柯洁，并被中国围棋协会授予职业围棋九段称号。

2022年底，OpenAI发布ChatGPT，这一突破性进展将人工智能推向了基于大规模预训练模型的新时代，展示了通用人工智能的潜力。通过学习大量人类知识，ChatGPT拥有了对语言的理解能力，展示了通向通用人工智能的潜在路径。如今，人工智能不仅能与人流畅地对话，还可以帮助设计方案，提供创新思路，理解图片内容，生成逼真的图像和视频。更令人激动的是，人工智能已经渗透到物理、材料、化学、医学、天文学、地质学、生物学等各个学科，在这些领域正在引发一场深刻的智能革命。今天的人工智能已经不仅是一门技术，更成为人类探索和改造自然的重要工具，深刻影响着各个领域的发展。

⑦ 总结

人工智能自达特茅斯会议以来已经发展了近70年，这是一段充满了曲折的历程，历经几次高潮和低谷。每到发展低谷时，总有一些科学家坚守理想，勇于探索，寻找新的方向，推动人工智能不断取得新的突破。专家系统的突破是如此，深度学习的复兴亦是如此。我们应该学习科学家们勇于探索、不断创新的精神，在未来的科学道路上不断前行。

从人工智能的发展历程可以看出，它经历了从符号主义的知识表征到数据驱动的表征学习转变。这是方法论上的变化，人的角色越来越弱，数据的角色越来越强。人工智能正是沿着这样的方向，一步步迈向了今天的智能时代。

❓ 思考与讨论

讨论一下，人工智能的发展为什么这样曲折？是人工智能学科本身的问题，还是所有学科发展的必然？

![课程实践]

人工智能的发展起起伏伏,有高潮也有低谷。每到发展遇到瓶颈时,总有一些伟大的科学家坚守智能机器的理想,为人工智能带来新的思路。组成兴趣小组,选择一位你敬仰的科学家,把他的故事做成海报,向同学们宣讲。

3.2
深度学习时代

学习目标

(1)了解深度学习的历史背景、基本思想和发展历程。
(2)探讨深度学习在推动人工智能技术发展和应用中的关键作用。

2006年,麦卡锡、闵斯基等老一辈人工智能学者重返达特茅斯学院,纪念50年前那场具有里程碑意义的暑期研讨会。他们在昔日的教学楼前合影,纪念他们共同点燃了机器智能的火种,也纪念那些为了这一理想而勇敢前行的科学家。就在这些人工智能的前辈缅怀过去时,有一位叫杰弗里·辛顿的科学家正在加拿大多伦多大学的实验室里与学生们热烈讨论着他的最新发现:增加神经网络的层数,可以显著提高手写体数字的识别性能。这一年,他的研究成果发表在著名的《科学》杂志,标志着深度学习(图3-10)的正式诞生。或许连辛顿自己也没有意识到,他的发现将在不久的将来改变这个世界科学技术的发展方向。

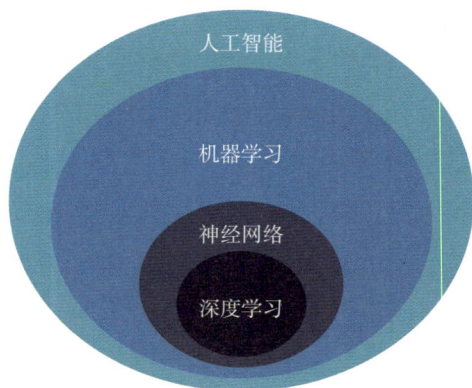

图3-10 深度学习与人工智能的关系

① 深度学习之前

21世纪的最初十年，人工智能领域呈现出一种独特的发展态势：研究者们从事的工作属于人工智能领域，但他们很少自称为"人工智能"研究者。例如，机器学习的学者会自称是研究机器学习的，语音识别的学者会自称是研究语音识别的。此时，人们不再热衷于描绘智能时代的宏大愿景，而是在各个领域脚踏实地地开展研究。

机器学习逐渐成为人工智能研究的主流领域，统计机器学习成为最主要的工具，特别是概率模型取得了显著成功。比如我们通过观察，发现如果天上的云比较多而且空气湿度比较大，经常会下雨，如图3-11所示。反过来，如果看到下雨了，可以反推出空气湿度比较大。

云量 70%　湿度 90%

降雨 98%

图3-11　一个用于描述天气的简单概率模型

统计机器学习的研究者们将问题描述为概率关系，并设计了一套严谨的推理方法来保证推理结果的正确性。为了获得更精确的推理结果，研究者会提取各种具有代表性的"特征"，并基于先验知识建立特征之间的相关性。这些手动设计的特征提取和复杂的相关性建模推动了人工智能的进步。然而，随着研究的深入，概率模型的性能提升空间逐渐缩小，研究者渐渐陷入了迷茫。

当人工智能的学者们在各个领域设计各种概率模型时，互联网时代悄然到来，人们逐渐习惯在网络上分享与交流，一些资源网站开始建立，如优酷土豆视频平台和维基百科。这些网站上的海量内容成为宝贵的知识财富。同时，计算机硬件开始快速发展，不仅中央处理器（CPU）的运算能力越来越强，还出现了处理密集计算的图形计算单元（GPU）。这些发展为即将到来的深度学习革命奠定了基础。

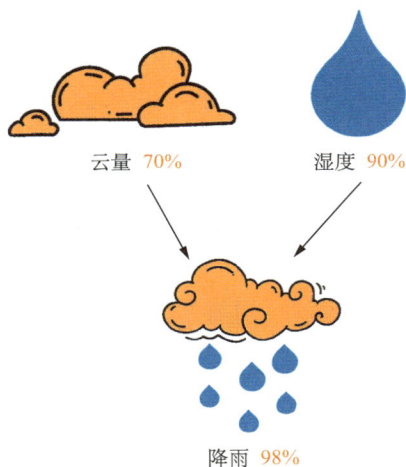

② 模拟人脑的梦想

生理学家们很早就对人类智能的生理基础——神经系统（特别是大脑）有所了解。他们发现人脑由近1000亿个神经元组成，神经元细胞形态相似，功能相对简单。然而，神经元之间可以互相连接，当大量神经元通过复杂的方式连接时，便能产生复杂的功能。这是人类智能的物质基础。很自然地，科学家们开始设想，如果让机器模拟人类神经元的互连方式，是不是也可以产生类似人的智能？

这一想法早在20世纪40年代就已萌芽。1943年，美国计算神经学家沃伦·麦卡洛克和沃尔特·皮茨提出了人工神经元模型。20世纪50年代末，弗兰克·罗森布拉特设计的感知器模型，成为第一个会学习的神经网络。1986年，辛顿等人将反向传播算法引入神经网络训练，使得多层神经网络的实现成为可能。然而，发展并非一帆风顺，人们很快发现神经网络的一个致命弱点：尽管在理论层面具备强大潜力，但在实际训练中，几乎所有的训练都会陷入局部最优解，难以达到理论预期的最优状态。这导致神经网络在实际应用中表现不佳。特别是当支持向量机这一学习模型出现后，神经网络再一次陷入低谷，人们仅将其视为众多机器学习工具中的一种，偶尔尝试，大部分时间束之高阁。相关研究者被边缘化，只能在困境中寻找出路。

辛顿是神经网络的坚定支持者。当感知器遇到困境时，正是他和同事们提出了多层网络的训练方法，使神经网络再次得到关注。尽管研究再次陷入低潮，辛顿始终相信神经网络不仅是一个机器学习的工具，更是模拟人类智能的基础框架，只是尚未找到发挥其能力的方法。

③ 深度学习革命

2006年，辛顿发现了一种预训练方法，可用于训练多层神经网络。事实上，反向传播算法本身就可以训练多层神经网络，但在实际训练中获得高质量的多层神经网络很困难，甚至不如简单网络。这类似于一个包含七八层镜片的望远镜,理论上可调节的镜片越多,成像效果越好,但每调整一个镜片,其他镜片都需要跟着调整,反而得不到更好的成像。辛顿的方法采用逐层训练策略,先训练一个两层小网络,然后将该网络的输出作为数据,继续训练另一个两层小网络。通过这样的方式,逐层训练,待所有小网络训练完成后,将它们依次拼接,再进行统一训练(微调),得到一个高质量的多层网络(图3-12)。类比多镜片望远镜的例子,这种方法相当于先调前面两层镜片,然后固定住,再调第三层,以此类推,最后再统一做个微调,比同时调整所有镜片更为有效。

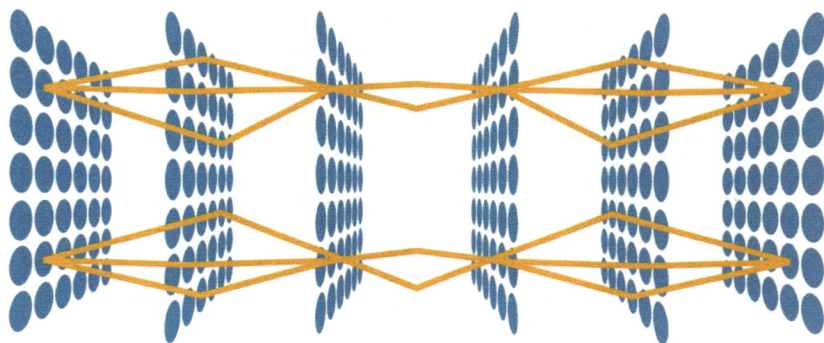

图3-12　深度神经网络是包含多个隐藏层的神经网络

辛顿的方法打开了深度学习的大门,人们发现随着层数的增加,神经网络展现出许多强大的能力。其中最重要的就是实现了对数据的层次性特征的学习。如图3-13所示,多层神经网络在不同层次上学习到了不同尺度的特征:在前面几层学到的是一些横纹、斜框等小范围模式,在中间层学到的是鼻子、眼睛等局部特征,在高层学到的是不同的人脸。这种层次性特征提取能力是深度学习的基础,表明机器通过自己的学习机制理解了数据的基础特性,这与人类对自然的理解过程极为相似。

在辛顿以后,包括本吉奥、杨立昆等众多科学家加入深度学习的研究中,深度学习成为人工智能领域最重要的方向。人们发现,几乎在所有领域,深度学习方法几乎在所有领域都优于传统方法。此外,深度学习极大地简化了人工智能系统的设计,只要确定任务目标,提供足够多的数据,深度神经网络便可通过反向传播算法自动学习出优秀的系统。这和需要各种复杂设计的传统人工智能方法有很大不同,对于促进人工智能技术的产业化推广具有重要意义。2018年,辛顿、本吉奥、杨立昆共同获得图灵奖(图3-14),以表彰他们对深度学习的重要贡献。

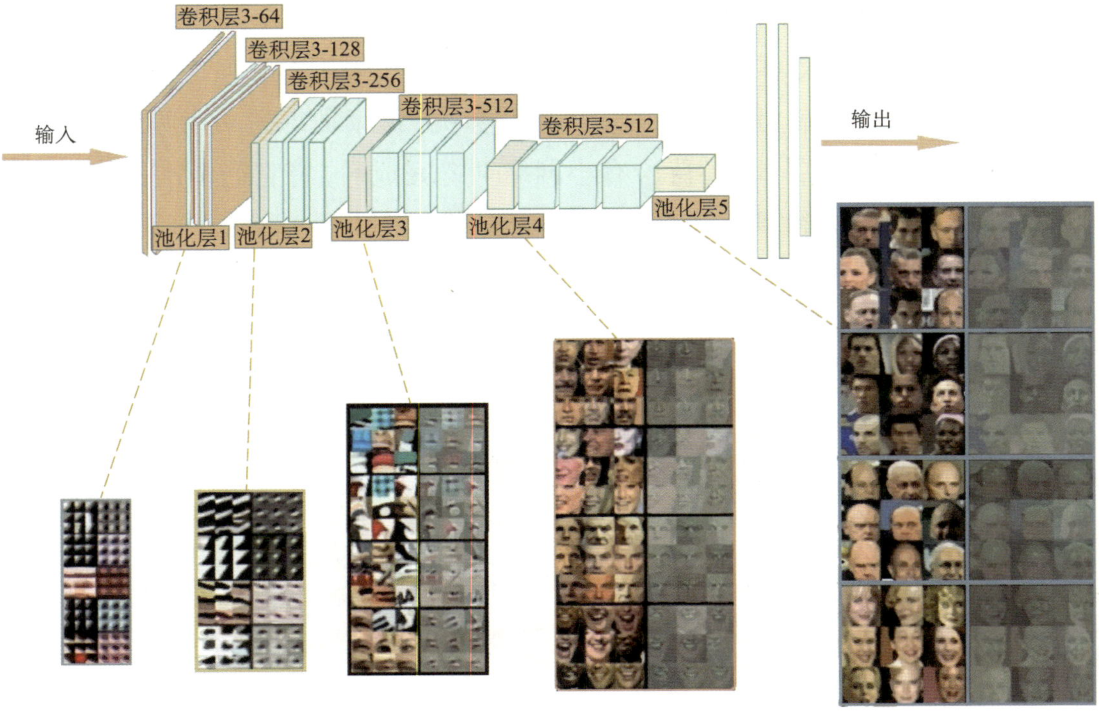

图3-13 一个典型的深层卷积网络

图3-14 2018年图灵奖得主

　　如今，我们越来越清楚地认识到辛顿2006年工作的重要意义。事实上，辛顿不仅提出一种神经网络的训练方案，更重要的是他揭示了复杂神经网络的巨大潜力：神经网络具有超强的学习能力，因此可以作为人工智能系统的整体骨架。幸运的是，当时数据的积累已经达到了一定程度，而计算硬件，特别是GPU

的出现,满足了大数据计算的需求。庞大的数据积累遇上了拥有强大学习能力的深度神经网络,在高性能硬件的加持下,终于掀起了一场振奋人心的智能革命。今天我们看到几乎所有的人工智能成就,都与深度学习密切相关。

④ 总结

回顾过去,深度学习在2006年的诞生具有深刻的历史背景。首先,基于统计学习的传统机器学习方法显现出疲态,失去了进一步发展的动力,科学家们迫切寻找新的方案。而以辛顿为代表的连接学派科学家们一直没有放弃模拟人类大脑的梦想,一直在默默寻找突破口,直到预训练方法的出现,带来了希望。其次,数据的大规模积累为深度学习的应用提供了更广阔的空间。当人们发现深度学习方法可以对大数据进行更有效的学习时,传统方法快速被边缘化。最后,GPU等强大计算硬件的出现进一步推动了深度学习革命。大数据学习需要高强度计算,这种计算本身并不复杂,但需要的计算量大且并行度高。GPU等专用硬件特别适合神经网络这种同质化、大规模并行的计算任务,可将训练速度提高几十倍甚至上百倍,极大地推动了深度学习的进步。

如今,深度学习不仅在对弈、图像、语音等传统人工智能领域取得了突破,还在生物、化学、天文学等学科中展现出了巨大潜力。例如,DeepMind的AlphaFold系统使用深度神经网络预测蛋白质结构,精度达到原子级别,极大地推动了分子生物学的发展。

深度学习以后,人工智能的发展进入了快车道,并持续迅猛发展至今。基于历史经验,人们也不禁会问,是否这一次人工智能的浪潮也会有落幕之时?答案是否定的,因为这次浪潮已经把人类社会带入了智能时代,图灵机器智能的理想已经慢慢成为现实,这本身就是成功。未来人们可能会逐渐对身边的智能机器习以为常,甚至对人工智能的关注有所下降,但这本身就是人工智能的成功,是新征程的开始。

3.3
大模型时代

学习目标

（1）理解大模型的时代背景、基本原理及其代表性技术。

（2）认识大模型时代的人工智能的特征。

（3）探讨大模型技术带来的社会影响和潜在挑战。

深度学习强大的学习能力使其能够从海量数据中学习知识。人们发现，当模型的规模和数据量达到一定程度时，深度神经网络会表现出非常强大的能力，甚至在某些方面超越人类。人工智能已经进入大模型时代。

① 大语言模型的兴起

理解和使用语言一直被视为是智能的象征，语言理解也是人工智能领域公认的难题。人们很早就提出用语言模型来表示语言规律。什么是语言模型呢？简单地说，是一串词后应该接什么词。比如，"我想吃"后面可以接"苹果""香蕉"等可食用的东西，而不能接"电话""太阳"等。这类似于一个简单的"词语接龙"游戏（图3-15）。显然，前面的历史词串越长，预测越准确。但在此之前，人们在一直没有找到一种能考虑成千上万个前序词的合适模型，所以也没有人想过，如果前序词长到成千上万个时，会有什么样的效果。

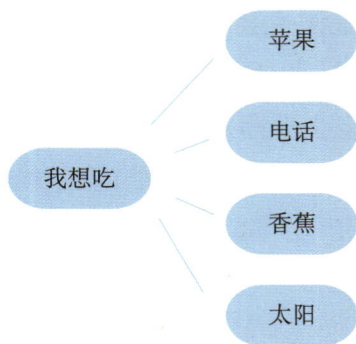

苹果

电话

我想吃

香蕉

太阳

图3-15　语音模型举例

深度学习兴起以后，基于深度神经网络的长序列建模成为研究重点。2017年，谷歌的研究者提出了一种名为Transformer的新架构，能够无限制地引入前序词信息。这意味着只要内存和计算资源允许，超长序列建模就成为可能。这一成果在2018年被OpenAI的研究者用于构建大规模语言模型，并将其命名为Generative Pretrained Transformer（GPT）。最初的模型包含1.17亿参数，用于对各种自然语言处理任务进行预训练。2019年，OpenAI将GPT模型的参数增加到15亿，推出了GPT-2，这一次，他们发现了一个神奇的现象：只需用自然语言描述任务，GPT模型就会通过"词语接龙"的方式生成答案，就仿佛机器理解了人类的语言一样！这一发现令研究者极为震惊，如果真是这样，将意味着一个极为简单的语言模型，仅因模型足够大且历史信息丰富，就能理解人类语言，并基于这种理解完成各种任务。

受此启发，OpenAI和其他研究机构立即展开进一步研究，使用更大的数据训练更庞大的模型（图3-16）。到GPT-3，模型参数达到1750亿，历史信息为2048个token（1个英文单词大约相当于1.25个token）；GPT-4的模型参数达到了惊人的1.8万亿，历史信息为12.8万个token。人们将这些规模庞大的神经网络语言模型统称为"大语言模型"（LLM）。

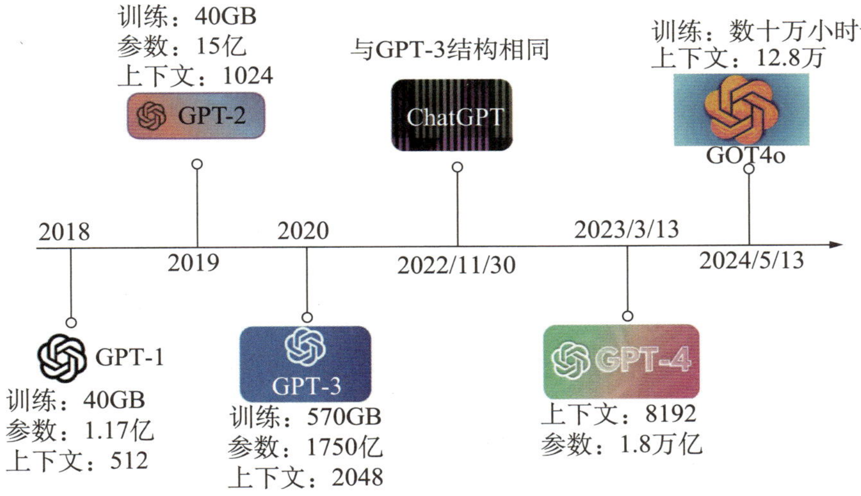

图3-16　GPT的"进化"过程

注：包括用于训练的文本数据量、模型参数量大小、上下文历史信息所包含的token个数。黄色数据代表估计值。

随着模型规模和训练数据的增加，大语言模型表现出越来越强大的能力。以GPT模型为例，它可以完成如下工作。

（1）文本生成。GPT模型能够根据给定的主题生成高质量的文章、故事、诗歌和技术文档。在市场营销、新闻撰写和社交媒体管理中，GPT模型被广泛用于生成创意内容,提高了工作效率和创意质量。

(2)翻译:GPT模型能够在多种语言之间进行高质量的翻译,提供准确的翻译结果。这对于跨语言交流具有重要意义。

(3)对话系统:GPT模型在对话任务中表现出色,能够与人进行自然流畅的对话,广泛应用于智能客服和聊天机器人中,提升了用户体验和服务效率。

(4)编程辅助:GPT-4推出以后,大语言模型拥有了生成和理解代码的能力,可以帮助程序员编写代码、调试错误,显著提高了编程效率。通过与IDE(集成开发环境)的集成,GPT模型可以提供代码建议、自动补全和文档生成等功能。

(5)医疗和法律:在医疗领域,GPT模型能够帮助医生生成诊断报告和治疗建议。在法律领域,它可以协助律师撰写法律文件和合同,提供法律咨询。

大语言模型的强大能力超出了所有人的预期。研究者并未教给模型如何完成特定任务,也没有告诉它如何思考,模型训练的准则仅是如何从历史词串预测下一个词。"预测下一个词"这一看似简单的学习任务为什么可以产生如此惊艳的智能,到目前为止人们还没有充分理解。特别是大模型中的"涌现"现象尤其值得关注。所谓涌现,是指当模型规模达到一定程度后,就好像忽然"开窍"了一样,学会了融会贯通,能够生成训练数据中不存在的思路和方案。特别是,当引导大语言模型更深入地思考问题时表现出了让人惊讶的推理能力。目前关于大语言模型的研究方兴未艾,是人工智能领域最活跃的研究领域之一。

> 我:小明爸爸的爸爸的孙子也叫小明,有这么巧合的事吗?
>
> ChatGPT:小明爸爸的爸爸是小明的爷爷,爷爷的孙子就是小明自己。因此,这不是巧合。
>
> 我:那么,小明的爸爸的爸爸的孙子一定叫小明吗?
>
> ChatGPT:不一定。小明的爸爸的爸爸的孙子未必一定叫小明。小明如果有兄弟,也一样是小明的爸爸的爸爸的孙子,不一定都叫小明。

首个推理大语言模型是OpenAI的o1。这一模型模仿人类解决复杂问题的方式,生成答案之前首先输出一系列推理步骤,使答案有理有据。OpenAI的内部测试表明,o1在解决物理、化学等专业问题上达到了博士生水平。2025年1月,DeepSeek推出了强大的推理模型DeepSeek R1,达到OpenAI o1的水平,但价格却只有后者的1/50。更重要的是，DeepSeek R1是一个开源模型，所有人都可以下载使用。这极大地推动了大模型的研究和应用，是中国人工智能研究者对世界的重要贡献。

② 视觉大模型

除了大语言模型，Transformer超长的上下文建模能力也被应用于图像生成领域，其中OpenAI的DALL-E1模型是一个代表性的例子。这一模型对图像的像素建立序列模型，类似对文本中的字和词建立序列模型。后续版本DALL-E2采用了扩散模型（diffusion model）技术，从纯噪声图片中逐步恢复出清晰的图像。值得一提的是，DALL-E系列模型可以用文本指定生成的内容，从而生成奇幻的图像。图3-17所示为让DALL-E2生成"七彩咖啡"得到的图片。

图3-17　DALL-E2生成的图片

2024年初，OpenAI推出了一款可以生成逼真视频的工具Sora（图3-18）。Sora的工作原理与DALL-E2很相似，都是从噪声中恢复真实数据，但图像是二维的，而视频是三维的。

Sora的视频生成能力表明机器已经开始理解我们周围物理世界的规律。在Sora中,这种规律通过Transformer所表达的空间和时间依赖性来体现。目前,这种规律还仅表现为相关性规律,随着技术进步,机器或许有一天会学到更底层的因果关系。

图3-18　Sora 生成的逼真而奇幻的视频(截图)

Sora有许多应用。在教育领域,Sora能够将枯燥的教学内容转化为视频,帮助学生更好地理解复杂概念。例如,它可以生成科学实验的过程或再现历史事件,从而提高学生的学习兴趣和效率。在医疗领域,Sora可以通过分析患者的病历和检查结果生成视频,辅助医生进行疾病诊断。Sora还可用来生成各种创意视频内容,包括动态广告、游戏开发中的定制视觉效果和根据用户描述生成的短片。

③ 大模型时代

我们确确实实进入了大模型时代,这是自2016年AlphaGo战胜李世石后人工智能带来的又一次让人震撼的变革,而这场变革可能比上一次更加深刻。大模型时代的人工智能具有以下鲜明特征。

首先,大数据、大计算、大模型成为人工智能的新范式,人们正在尽可能收集更多数据来训练更庞大的模型,也需要更强大的计算资源。

第二,我们似乎比以往任何时候都更接近通用人工智能。所谓通用人工智能,是指类似人类的智能体,可以执行各种任务,具备全方位的智能。大语言模型已经部分拥有了这种能力,至少在语言理解和运用方面表现出了一定的通用性。

第三,我们似乎更接近"超级智能"。以往的人工智能虽然表现不俗,但与人相比仍有较大差距,特别是在推理、决策、创造等任务上。大模型的出现彻底改变了这种状况,人们忽然发现GPT写的文章比绝大多数人写的文章更好,Sora生成的视频比绝大多数人拍的视频更有意境。机器在智力上超越人类曾只是科幻故事,如今看来却成为必然的趋势。

大模型时代是一个激动人心的时代,谁也无法预料明天会有怎样强大的智能机器出现。人们不得不开始深入思考拥有强大智能的机器对我们生活的影响。积极的影响包括提高工作效率,辅助学习知识,代替人类去完成危险任务;负面影响包括隐私泄露风险、道德与法律问题、人与机器的伦理关系问题,以及人工智能武器对人类的威胁等。

④ 总结

大模型在人工智能领域引领了一场革命,推动了各个学科的快速发展。GPT、DALL-E和Sora是大模型时代的代表性成果,展示了新一代人工智能技术在文本生成、翻译、对话系统、编程辅助、教育和医疗等多个领域的应用前景。

尽管大模型具有强大的能力和广泛的应用前景,但它们也面临诸多挑战,包括数据隐私和安全问题、计算资源和能耗问题、伦理和社会影响以及模型的可解释性和鲁棒性等技术可靠性问题。这些挑战需要在未来的研究中逐一解决,以确保大模型技术的安全、可靠和可持续发展。

从人工智能发展的角度看,大模型时代是一个新的里程碑,把机器学习的强大能力展现得淋漓尽致。大模型时代是真正的智能时代,充满惊喜和挑战。

思考与讨论

讨论一下，为什么说大模型带来了通用人工智能的曙光？

课程实践

绘本是一种结合了丰富视觉艺术和文字故事的书本形式，这种图书通过精美的图画和适量的文字，共同讲述一个连贯的故事，或传达某种知识和概念。绘本中的图画不仅是辅助性的，还是表达故事情节和传达情感的重要元素，有时甚至可以独立于文字存在，让读者通过图像就能理解故事内容。

使用ChatGPT、ChatGLM等大模型工具完成一个绘本。先确定一个主题，使用大模型生成故事情节，再使用这些模型生成绘本。以小组方式完成，并进行作品展示。

3.4
交叉与融合

学习目标

（1）了解人工智能与生物、化学、天文、医学等学科交叉融合的典型案例。
（2）理解人工智能在传统学科中带来革命性突破的原因。
（3）探讨人工智能与传统学科融合对社会和科技发展的深远影响。

随着人工智能的能力越来越强，AI逐渐渗透传统学科，产生了许多开创性成果。这种交叉与融合所产生的推动力可能比AI本身的进步还要重要。目前，人工智能已在生物学、化学、天文学、医学、艺术等领域取得了重大突破。本节介绍几个代表性的成果，并探讨这些突破背后的逻辑。

① 人工智能与生物学

1）蛋白质结构预测

DeepMind开发的AlphaFold系统使用深度神经网络技术，可以快速预测蛋白质分子的三维结构（图3-19）。蛋白质是生命的基础，理解其结构是研究生命过程的前提，同时也是研究各种疾病并寻找有效药物的基础。传统上，蛋白质结构解析需要复杂的实验过程，效率低下，解析一种蛋白质结构需要数年甚至数十年的努力。AlphaFold的出现使研究人员可以通过计算的方式快速预测已知序列的蛋白质三维结构，大幅缩短研究周期，从根本上改变了分子生物学的研究范式。

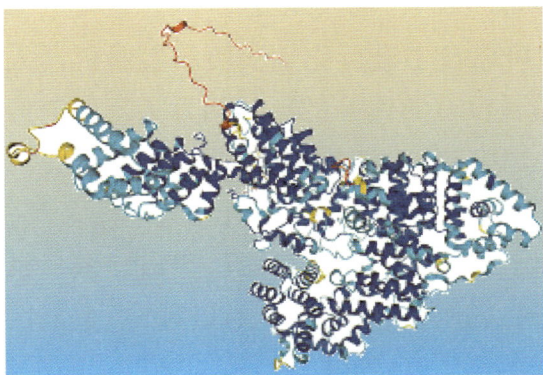

图3-19　蛋白质分子的三维结构

目前，DeepMind的研究人员已解析了地球上几乎所有已知的蛋白质，小到真菌，大到哺乳动物的组织。他们将这些蛋白质结构数据公开，供全球研究者使用。可以预期，未来的新药研发会显著加快，人类对抗疾病的能力会显著增强。

2）AI显微镜

清华大学和其他机构的研究者使用人工智能技术增强了显微镜的能力，使得科学家能够更加清晰地观察细胞的生长过程和疾病的发展。AI显微镜通过学习光学图像的底层构造规律，从模糊图像中重建高清图像。尽管重建过程中可能存在一些误差，但它能揭示大量真实细节。这种AI显微镜技术使科学家能够观察细胞的动态变化（图3-20），通过AI算法增强图像处理效果，使输出图像的细

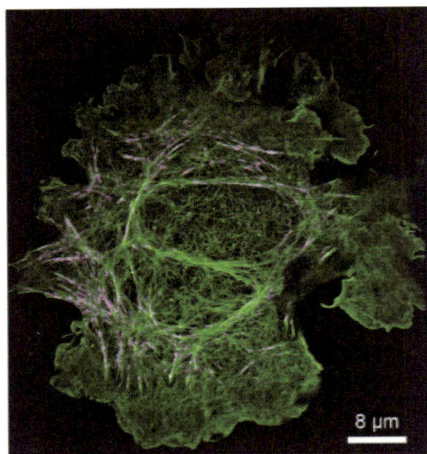

图3-20　AI增强显微镜呈现的
细胞结构

节表现显著优于传统显微镜的原始成像，在细胞生物学和疾病研究中具有重要应用价值。

② 人工智能与化学

1）自动化化学实验

利物浦大学的研究团队开发了一种可以自主进行化学实验的实验机器人（图3-21）。这种机器人具有很多人类实验员没有的优势：第一，机器人不知道劳累，可以二十四小时不眠不休地工作，不会因为精力不集中而出差错。第二，机器人对化学试剂的称量和化学过程的控制极为精确。第三，机器人不怕危险，能够在放射性、毒性的环境下工作。第四，机器人的可复制性强，可以让多个机器人同时做实验，提高效率。第五，机器做实验会自动记录实验过程，可重复性强，便于事后分析重现。

图3-21　利物浦大学开发的自动实验机器人

2）分子性能预测

通过分析大量科研论文，人工智能能够协助化学家分析分子结构，激发灵感。例如，清华大学的研究者利用AI技术来预测分子性能（图3-22）。他们首先将分子结构编码为SMILES字符串等表示形式，再利用深度学习模型分析，从而了解分子特性，如是否具有抗炎效果。这一技术在药物研发中具有重要意义，能够加速新药的发现和优化过程。

图3-22 人工智能通过阅读化学分子判断化学物质的特性

③ 人工智能与天文学

1）大数据分析

天文学家们正在用越来越大的望远镜来观测星空，这些望远镜每天都会产生海量数据，如果没有人工智能技术，研究人员难以处理这些数据。以世界上最大的射电望远镜"中国天眼"（图3-23）为例，它每天最高可产生150TB的数据，只有借助AI技术才能有效整理这些数据，发现那些掩藏在大量噪声背后的宇宙奥秘。例如，AI可以帮助天文学家发现未知星体、分析星系的类型、检测新星和超新星的出现。

图3-23 坐落在贵州省平塘县群山之中的"中国天眼"

2）宇宙模拟

科学家正在利用AI技术模拟宇宙的演化过程，如星系的生成和暗物质的分布等。这些模拟可以帮助天文学家验证宇宙演化理论，更直观地理解宇宙的形成和发展，激发研究思路。除了模拟宇宙的演化，类似工具还可模拟恒星和星系的产生与发展，特别是模拟太阳系的动态演化，预测潜在的天体碰撞或轨道扰动风险。

④ 人工智能与医学

1）疾病诊断

AI技术在医学影像分析领域得到了广泛应用。例如，谷歌公司开发了一种眼科疾病诊断系统（图3-24），能够通过分析视网膜图像准确诊断多种眼科疾病。该系统利用深度学习算法识别视网膜图像中的病变区域，从而帮助医生做出准确的诊断。目前，他们使用这一系统为分布在印度和欧洲的糖尿病患者们进行眼部筛查，通过早期筛查预防糖尿病视网膜病变导致的失明。

图3-24　谷歌公司开发的眼科疾病智能诊断系统

此外，AI在癌症检测中也得到广泛应用。例如，AI可以分析乳腺X射线照片，及时发现早期乳腺癌。这些技术不仅提高了医生的诊断效率，还在某些情况下提供比传统方法更高的准确性。

2）健康管理

AI能够分析个人的健康数据,应用于健康管理和疾病预测。例如,智能健康管理系统可以监测心率、血压等生理指标(图3-25),及时发现异常并提出健康建议。这些系统利用穿戴式设备和移动应用程序实时收集用户健康数据,并通过AI算法进行分析,提供个性化的健康建议和健康预警。

图3-25 人工智能检测健康

AI还可以预测慢性病的风险,如糖尿病和心脏病。通过分析大量健康数据和生活方式信息,AI模型可以识别出潜在的健康风险,确定重点人群,进行有针对性的医疗干预,从而提高整体健康水平。

⑤ 交叉融合的原因

一个值得探讨的问题是,历史上AI曾多次兴起,但从未像今天这样对其他学科产生如此深远的影响,这背后的原因是什么?

首先,各个学科的发展已经非常成熟,传统方法遇到了瓶颈。无论是数学、物理还是化学等学科都已发展数百年。传统上,这些学科通过天才人物引领学科突破,后来通过团队合作共同发现新知识,最终发展到跨地区、跨国家的广域合作。然而,随着学科的发展,目前大多数学科所面临的问题在复杂度上已经逐渐超出了人类及其集体所能处理的上限,必须寻找新的发展途径,而人工智能目前看来是最有价值的方向。

其次,随着科技的进步,各个领域已经积累了大量的数据。这些数据规模庞大,已超出人类处理能力的极限,但对人工智能来说却是宝贵的资料。例如,在生物学中,基因组测序技术生成了大量的基因数据;在天文学中,天文望远镜每天捕捉到海量宇宙信息。这些数据是人工智能发展的宝贵资源。通过分析这些数据，人工智能可以发现隐藏在数据背后的规律，从而提供新的洞见和解决方案。

最后，人工智能算法的进步让AI系统的能力不断增强，特别是深度学习的发展和大模型的出现，使AI在逻辑推理等方面的能力越来越强，甚至超越了人类的推理能力。比如OpenAI于2024年推出的o1大模型，通过多步推理可以获得极强的推理能力，在数学、生物、物理等诸多领域达到了博士生水平。预计随着技术的进一步发展，AI的推理能力越来越强，解决学科问题的能力也会随之提高。这使AI具备了和人类科学家一样进行科学研究的能力。

⑥ 总结

人工智能与传统科学的融合带来了令人瞩目的革命性变化。通过丰富的数据积累和AI算法的不断进步，人工智能在各领域取得了重大突破。一个有力的证据是，2024年的诺贝尔物理学奖和化学奖都颁给了人工智能的研究者，其中物理学奖颁给了深度学习之父杰弗里·辛顿和循环神经网络的提出者约翰·霍普菲尔德，化学奖颁给了用计算方法设计蛋白质的大卫·贝克、AlphaFold的主要贡献者德米斯·哈萨比斯和约翰·朱默。人工智能与各个学科的交叉融合充分说明，人工智能已不再是一门具体的技术，而是推动整个技术进步的基础设施。随着人工智能技术的不断进步，AI与基础学科的融合必将带来更多的创新和突破，推动人类社会进入科技大爆炸的新纪元。

❓ 思考与讨论

（1）随着人工智能的进步，越来越多的科研工作可以由人工智能来完成，这是否意味着未来AI科学家有可能取代人类科学家？

（2）随着人工智能与各门基础学科的交叉融合，我们当前所面临的很多问题将有希望得到解决，比如大气污染问题、癌症治疗问题。这是否意味着未来我们面临的问题会越来越少？

> **课程实践**
>
> 选择本节中出现的或通过其他途径了解到的AI在基础科学领域的应用，查找资料，了解该技术的背景、意义和未来前景，以小组海报的形式进行展示。

3.5
走向未来

学习目标

（1）认识人工智能未来的发展方向，包括通用人工智能和跨学科融合等趋势。

（2）了解类脑计算、具身智能、价值观对齐和超级智能等前沿研究方向及其面临的挑战。

当前人工智能已经取得了重大进展。那么未来将如何发展？有哪些新技术值得我们关注？对未来会产生什么样的影响？本节将对这些问题进行探讨。

① 人工智能发展方向

从当前发展趋势看，人工智能可能会越来越强大，对社会产生持续、深远的影响。总结起来，在可以预期的将来，人工智能将向两个方向发展：一是通用人工智能，二是与基础学科的交叉融合。

1）通用人工智能

通用人工智能（artificial general intelligence，AGI）是指在多种任务上达到或超过人类的智能。通用人工智能有时也叫"强人工智能"（注意有些科学家把强人工智能定义为拥有类似人的情感和意识的人工智能）。与通用人工智能对应的是窄人工智能（narrow AI），即面对特定任务的人工智能。研究者们对AGI的兴趣早在人工智能诞生之初就开始了，并认为可能很快实现。比如人工智能的创立者之一的马文·闵斯基曾说过："在一代人的时间里，构造人工智能这件事将基本解决。"1968年，他作为科学顾问参与了一部科幻电影的拍摄，名字叫《2001：太空漫游》（图3-26）。电影设定的时间是2001年，其中有一个具有全方位智能的HAL9000系统，可以与人用语言自由交流，帮助人进行决策，甚至可以感知人的情绪。显然，这些人工智能的开创者过于乐观了，2001年到来时，语音识别、人脸识别这些基础智能还远未达到可以实用的精度，更别说分析和决策这些高级智能。事实上，直到2019年，人们还很难相信通用人工智能真的会到来。

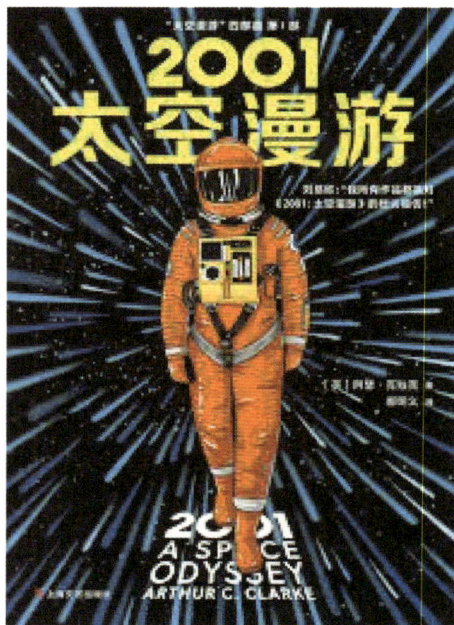

图3-26 《2001：太空漫游》海报

GPT等大语言模型的出现改变了人们对AGI的认知。特别是ChatGPT出现以后，人们看到了通用人工智能的曙光。首先，ChatGPT确实可以完成多种任务，如问答聊天、文档分类、翻译、写作，而这些在以前是需要单独训练模型的。其次，ChatGPT的任务可以由用户用自然语言的方式定义，说明机器可以理解人的意图并做出合理的应对，这种能力的出现是可以理解和完成通用任务的前提。最后，ChatGPT和后续的各种大模型已经具备了一定的推理能力，而且这种能力一直在增强。这种推理能力对于通用智能非常重要，因为这种能力可以脱离知识之外，对新环境、新场景、新任务进行分析和研判。

大语言模型最终能否实现AGI，目前还很难判断。不过可以预期的是，随着大模型的能力越来越强，它可以解决的问题也会越来越多。

2）人工智能与其他学科融合

人工智能发展的另一个方向是和其他学科进行学科融合。传统学科在实际应用过程中积累了大量数据，这些数据数量庞大，结构上也非常复杂。以天文学为例，为了观察更遥远的星光，人们设计了各种望远镜，在不同光波频道上观测天空，有的还设计了大型望远镜组。这些望远镜每天接收到大量信息，已经超出了人所能处理的极限。人工智能系统处理数据的速度比人类快很多，可以注意到数据中容易忽略的细节，可以基于不同望远镜得到的信息进行图像增强（图3-27），放大微弱信息，可以对某一块天区进行长期跟踪监控，甚至可以对不同天文台历史上的观测结果进行综合分析，从中发现新的天文事件和天文规律。如果没有人工智能，这种分析几乎是不可能的。

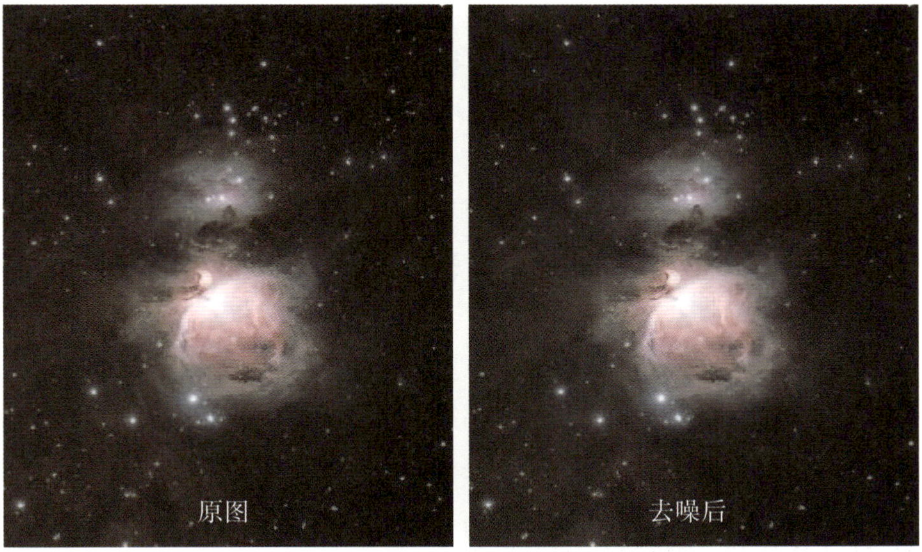

原图　　　　　　　　　　去噪后

图3-27　人工智能用于天文图片去噪

　　类似的情况在生物学、医学、物理学、化学、材料等各个领域都存在。人工智能进入这些领域后，通过快速学习历史上积累的数据，可以具备领域专家能力，帮助各个学科的研究者分析问题，提出建议，甚至直接代替领域专家完成工作。随着AI的进一步发展，人工智能还有可能直接发现各个学科的新知识、新规律。这种趋势在数学领域已经开始显现：AI可以帮助数学家提出猜想，供数学家来证明，还可以证明或证伪猜想，从而获得新的数学结论。如果AI能够在更广阔的领域里发现新知识，那将会对人类社会的发展产生巨大的推动作用。

② 人工智能的研究方向

人工智能未来有很多重要的研究方向,我们选择几个已经开始,且在不远的未来有望产生突破的方向来讨论。

1)类脑计算

目前人工智能的进展大部分是基于计算机的,通过计算机内存里的神经网络模型来完成推理过程。这种方案的优点在于训练、部署都有成熟的硬件架构,缺点在于能耗过高。OpenAI的CEO萨姆·奥尔特曼曾公开表示,AI的发展需要大量的能源支持,核聚变的成功对于实现人工智能的广泛应用至关重要。相对来说,人脑的能耗低得多,和一个电灯泡的能耗差不多。如此低的能耗却能产生强大的智能,这启发研究者通过模拟人脑的工作机制来提高计算效率,这一研究方向称为"类脑计算"。类脑计算突破了冯·诺依曼架构,直接在芯片上模拟神经网络结构,以实现减能增效的目的。

最近类脑计算取得了长足进展。例如,IBM开发的类脑芯片TrueNorth和清华大学的"天机"类脑芯片(图3-28),利用神经形态工程学原理,大幅提升了计算效率和能效。例如,TrueNorth芯片以模拟神经元和突触的方式处理信息,具

图3-28　清华大学"天机"类脑芯片(左)和用"天机"芯片实现自主平衡的自行车(右)

有低功耗和高并行处理能力,适用于需要高效处理复杂任务的场景。然而,类脑芯片只能完成特定任务,通用性还有待提高。另外,目前的大模型体积过于庞大,能否用神经元电路来实现还需要探索。

2)具身智能

具身智能,顾名思义,指具有身体的智能。为什么要具有身体呢?首先一个原因是有了身体,可以做更多事。比如火场救灾、战场救援、深海潜航、星际探索,这些都需要有实实在在的硬件。目前人工智能的进展主要体现在软件上,特别是推理能力的提高,但这些能力还没有和硬件很好结合。具身智能的一个目的就是把当前强大的AI能力用硬件的方式实现出来,让人工智能对物理世界产生直接影响。

具身智能让机器拥有自我探索能力。目前人工智能的发展,特别是大模型的进展,是人把数据收集起来让机器来学习,机器没有和环境交互的能力,既不会对环境产生直接影响,也不能从环境中接收反馈,因而无法自主学习。有了身体以后,机器可以通过和环境互动来获得学习信号,从而具有了自主学习、自主探索的能力。一个例子是实验机器人,如果机器人拥有了一定的观察和总结能力之后,它就有可能通过实验来验证假设,从而获得真实世界的反馈。当然这只是一种可能性,要真正实现在环境中自我学习和成长的机器还需要较长的时间。

3)价值观对齐

随着人工智能的进步,AI在大多数任务上超过人类是必然的事(图3-29)。那么,如何保证AI与人站在同一个角度上思考问题,就成了一个非常关键的事情。一方面,我们需要对机器的决策过程有所了解,这涉及可解释性方面的工作;另一方面,需要对机器进行指导,让它的行为符合人类的价值观。ChatGPT和很多大模型采用一种"基于人类反馈的强化学习"方法,这种方法让机器生成答案,人类来判断答案对或不对,好还是不好,从而让机器符合人类的判断。问题是,随着AI越来越强大,它所产生的答案人类可能已经无法分辨好坏,在这种情况下如何指导机器进行学习?学习的信号来自哪里?这些困难已经摆在了研究者面前。例如让机器生成一篇文章,如果不是特别专业的学者,很难判断这篇文章的优劣。如何提供有价值的学习信号，让人工智能继续提高"智商"，是个重要的研究方向。

图3-29　未来是人与机器协作的时代

4）超级智能

所谓超级智能，是指在几乎所有领域都超越人类的人工智能系统。它不仅能够完成复杂的计算任务，还具有自主学习和决策的能力。随着近年来人工智能的进步，一些研究者开始认真思考超级智能出现的可能性，并开始讨论人与超级智能如何相处的问题。

一些研究者认为，超级智能可能会给人类带来不可预知的风险。例如，在电影《终结者》和《黑客帝国》中，超级智能对人类社会造成了巨大威胁，这些情节引发了人们对超级智能潜在风险的思考。现实中，科学家们担心如果AI的发展超出了人类控制，可能会带来无法预测的后果。因此，研究者们强调在开发AI技术时必须考虑其安全性和可控性。

为了确保超级智能的发展是安全和可控的，研究者和政策制定者需要制定相应的法规和管理措施。例如，欧盟在2021年首次提出了《人工智能法案》，其中包括对高风险AI系统做出了严格要求，以确保这些系统的透明性，防止潜在的滥用和危险。

③ 总结

　　人工智能技术正在深刻地改变着我们的生活,并将在未来继续带来让人激动的变革。未来,人工智能会逐渐走向通用智能,也会与各个基础学科深度融合,从根本上推动社会生产力的发展。未来,人们会研究如何降低AI的能耗,如何以硬件的形态与环境交互,如何让AI与人类的价值观对齐。在这一过程中,我们需要关注AI的伦理问题和社会影响,确保AI技术的安全性和可控性,为人类社会带来更多的福祉。

第 4 单元

人工智能前沿

4.1

人工智能与游戏

学习目标

（1）了解人工智能在棋类和电子游戏中的发展历程及重要突破。

（2）理解人工智能在游戏中展现的学习能力与策略优化方法。

（3）探讨人工智能通过游戏推动技术进步的逻辑及其影响。

　　下棋一向被认为是需要极高智商才能完成的活动，因此早在人工智能的萌芽之初，让机器下棋就是AI先驱者们热衷追求的目标。例如，早在1948年，计算机科学之父、人工智能的奠基人艾伦·图灵就兴致勃勃地设计了一款国际象棋模拟程序，可惜当时缺乏可用的计算机，他只能通过手工计算来模拟，这也能从侧面反映出这位人工智能的先驱者对于机器对弈是多么迷恋。图灵应该也不会想到，在70多年后机器竟然能在各种棋牌游戏中全面战胜人类。本节介绍人工智能与游戏的故事。

① 历史上的游戏对战

1956年召开的达特茅斯会议标志着人工智能正式登上历史舞台，而机器在对弈上的成功是这次会议召开的重要推动力之一。当时的两位主要组织者，约翰·麦卡锡和克劳德·香农，都对机器对弈有深入思考，约翰·麦卡锡后来还在会上讨论了大名鼎鼎的Alpha-Beta剪枝算法。亚瑟·塞缪尔（图4-1）在1959年发表了一篇论文，报告了机器通过8～10小时的学习后掌握了下西洋跳棋的技巧，并可以战胜程序的设计者。这一成就展现了机器学习的巨大潜力。

图4-1　亚瑟·塞缪尔和他的西洋跳棋程序

② 深蓝与国际象棋

国际象棋（图4-2）的起源众说纷纭，主流观点认为它起源于古印度，经阿拉伯传入欧洲后风靡全球。国际象棋的棋盘是一个8×8的方格阵列，双方各有16个棋子，包括王、后、车、马、象和兵，每个棋子都有其独特的走法和战略价值。在漫长的历史长河中，国际象棋不仅是一种深受人们喜爱的智力游戏，更因其考验棋手的战略思维、计算能力和心理

图4-2　国际象棋

素质而备受推崇。

1996年，IBM开发了一台名叫深蓝的超级计算机，专攻国际象棋对弈。它的目标是战胜人类最强的国际象棋选手。1996年，IBM挑战当时的国际象棋冠军加里·卡斯帕罗夫，可惜没有成功。1997年，经过升级的深蓝再次挑战卡斯帕罗夫（图4-3），并在六局比赛中取得了决定性的胜利。这一壮举震惊了世界，也充分展现了AI的非凡实力。

图4-3　深蓝对战卡斯帕罗夫

深蓝背后的算法是Minimax算法与Alpha-Beta剪枝。Minimax算法的基本思路是假设对手是理性的，即对手会用最优方式来走棋，然后基于此来决定我方的应对策略。换句话说，绝不轻视对手。在实际走棋时，深蓝会往前模拟走若干步，看哪种走法会让己方获得更大的优势。Alpha-Beta剪枝在此基础上对不必要的模拟路径进行删减，以提高算法的效率。

③ AlphaGo 与围棋

围棋是一款源自中国的古老棋类游戏，相传为尧帝所创，用来教导他的儿子丹朱。围棋的棋盘是一个19×19的方格阵列（图4-4），黑白双方通过交替在棋盘上落子来争夺地盘。围棋局面千变万化，围棋经典著作《棋经十三篇》中将之称为"势"。人类围棋高手往往把对"势"的把握看作对事物的洞察力和对全局的把控力。因此,围棋经常被神秘化,与攻伐、理政、怡情、处世等高级智慧联系起来。

深蓝战胜卡斯帕罗夫以后,很多人工智能研究者致力于研究机器围棋,希望有朝一日机器可以战胜人类顶尖棋手。然而,这个愿望迟迟未能实现。一个重要的原因是围棋中对棋局形势的判断要比国际象棋困难很多。这是因为围棋的棋局太过复杂,即便是人类棋手都只能靠直觉来判断。由于围棋复杂而难以把握,人

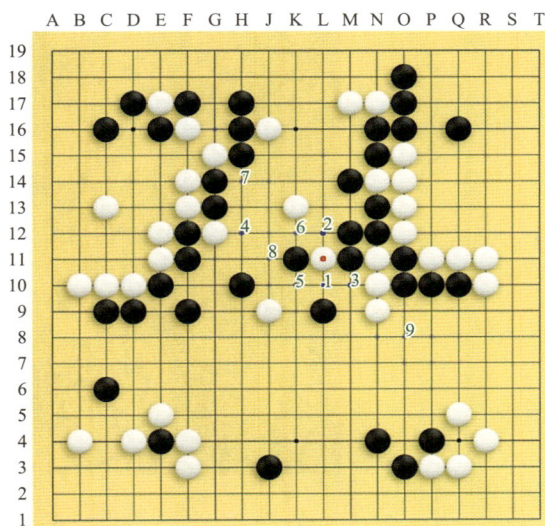

图4-4 围棋棋盘(19×19)

们常常不自觉地将围棋神秘化,认为其中蕴含着各种人生哲理。

2016年,DeepMind公司推出AlphaGo,这是一款基于深度神经网络的围棋AI程序,基本原理是用一个卷积神经网络对盘面进行分析,综合局部模式和全局情况判断棋局形势,并基于此做出走棋判断。

2016年3月,AlphaGo与韩国棋手李世石九段开展了一场具有里程碑意义的对决。在五局比赛中,AlphaGo以4比1的总成绩战胜李世石。第一局比赛中,李世石起初占据优势,然而在中盘阶段,AlphaGo成功扭转局势,最终赢得比赛。第二局比赛,尽管李世石尝试了多种策略,但还是被AlphaGo超越。第三局比赛,李世石行棋不到二十手,局面就落入下风,后面虽极力抵抗,但最后还是投子认输。第四局比赛李世石一度处于较为不利的局面,但他凭借一手妙招成功逆转局势,击败了AlphaGo,这一步走棋被誉为"神之一手"。然而,在第五局比赛中,AlphaGo再次展示了其强大的能力,没有悬念地战胜了李世石。这场比赛让全世界见证了AI的强大。

在此之后,AlphaGo以Master为名在网上横扫中日韩顶级棋手,无一败绩。2017年,AlphaGo击败中国棋手柯洁九段,此后再无对手,宣布退役。AlphaGo的强大让人震撼,以至于一向不看好AI围棋的聂卫平九段也改变了看法,称AlphaGo的水平"至少二十段"。中国围棋协会也授予AlphaGo职业九段称号(图4-5)。

图4-5　中国围棋协会授予AlphaGo职业九段证书

④ 游戏霸主

现在我们已经知道，国际象棋、围棋这种确定规则下的棋类游戏正是计算机所擅长的，因为它比人算得快、记得清、看得远。真正困难的是那些规则不明确的游戏，比如闯古墓、打怪兽等。事实上，在AlphaGo对战李世石的前一年，DeepMind就训练了一个会打街机游戏的AI（图4-6），在Atari 2600对战中达到了人类玩家的水平。

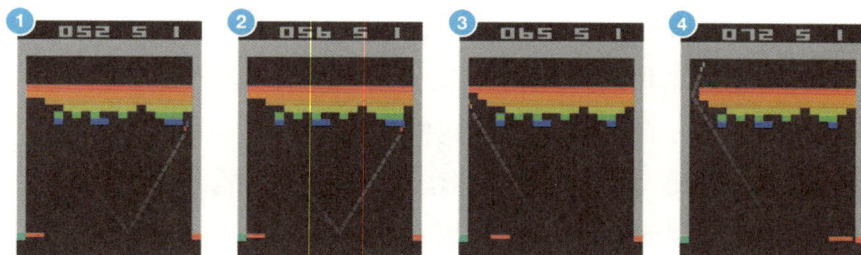

图4-6　DeepMind训练的会玩接球游戏的人工智能系统

学会了Atari游戏对战之后，机器打游戏的能力越来越强。2017年CMU的Libratus系统在德州扑克游戏中战胜了人类玩家。2019年，OpenAI的OpenAI Five系统在学习了相当于180年的战斗技巧后在Dota 2中战胜人类。同年

DeepMind的AlphaStar（图4-7）在《星际争霸Ⅱ》中战胜99.8%的人类玩家。

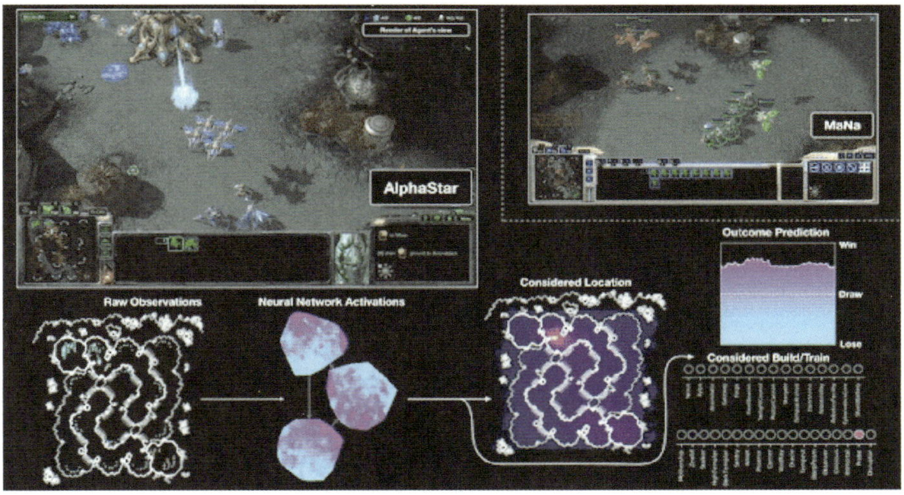

图4-7　AlphaStar与人类玩家MaNa对战

人工智能在游戏领域不断取得突破，带给人们极大震撼，特别是在《星际争霸》这样的即时策略游戏中，AI需要观察和理解当前局势，分析判断敌我双方的优势和劣势，再根据资源、环境以及对方的行为特点制定己方的行为策略。这已经不仅仅是一个简单的游戏问题，而是一个涉及分析、推理和决策的复杂控制系统。这种强大的学习决策引起了人们的极大关注，一些研究者开始尝试用类似的方法进行量化交易、训练机器人甚至进行军事战术模拟。人工智能通过在游戏领域的不断突破，展现出了超乎寻常的能力，这恐怕是图灵等先驱者们无论如何也想不到的。

⑤ 总结

从图灵1948年设计的国际象棋程序Turochamp到2017年AlphaGo战胜围棋世界冠军柯洁，在人工智能与游戏领域，人们已经探索了约70年。事实上，人工智能历史上每一次重大飞跃，往往都与游戏有着紧密的联系，游戏在人工智能发展过程中起到了重要的推动作用。直到今天，很多时候人们仍然借助类似游戏的方式来推动人工智能的进步，例如各种航天飞行器的驾驶模拟和类似游戏的军事对战演习。即便是作为人工智能动力源头的图形显示卡，最初也是为了游戏而开发的。人工智能在游戏中成长，但从中锻炼出的本领却可以移山填海，改变世界。

思考与讨论

　　思考一下，为什么人工智能学者们对游戏，特别是棋牌对弈游戏如此钟爱？

课程实践

　　深蓝战胜卡斯帕罗夫所采用的基础算法是Alpha-Beta剪枝，这是一个对弈游戏中的经典算法。查找资料，理解这一算法的基本思想。让ChatGLM生成一个基于Alpha-Beta剪枝的五子棋程序，理解代码的内容，并检查生成的代码是否正确。

4.2
人工智能与语言

学习目标

　　（1）了解人工智能在语言理解和生成领域的发展历程及重要突破。
　　（2）认识大语言模型对通用人工智能发展的推动作用。

　　语言是人类交流的重要手段，也是描述和记录知识的主要工具。能够理解和运用语言是人类与其他动物最重要的区别之一。自图灵测试提出以来，关于机器是否能像人类一样理解和使用语言的探讨就从未停止（图4-8）。如今，人工智能技术在理解人类语言方面取得了巨大进步，特别是ChatGPT出现以后，使机器在语言理解方面实现了质的飞跃，不仅能与人类自由对话，还能回答各种复杂问题。让人惊奇的是，这种强大的语言理解能力背后的机制却出人意料地简洁。本节将讨论人工智能在语言理解上的最新进展。

图4-8　会使用语言是智能机器的重要标准

① 语言与智能

　　人工智能的定义和标准在历史上一直是科学家和哲学家讨论的热点。其中，图灵测试是最早也是最著名的机器智能标准之一。1950年，艾伦·图灵在其论文《计算机器与智能》中提出了图灵测试，旨在回答"机器能思考吗？"这一问题。

　　图灵测试的基本思想是，如果一台机器能够在自然语言对话中表现得与人类无异，并且使对话的另一方无法辨别出其是机器还是人，那么这台机器就可以被认为具有智能。图灵测试强调了语言在人类智能中的核心地位，现在看起来是非常有远见的。事实上，在很长一段时间内只有人类才能发展出复杂的语言系统，这本身就说明语言理解和生成是一种高级智力活动。对于人工智能而言，理解和掌握人类的语言不仅可以让机器与人类进行自然的交流，更重要的在于语言承载了人类的全部知识，还包含了人类进行思考、创造的过程。掌握语言运用能力，意味着机器通过语言获取人类积累的知识，并学习人类的思考和创作方式。

（1）语言作为知识的载体：人类的知识绝大部分是通过语言传递和保存的。从科学文献到文学作品，语言记录了我们对世界的理解和探索。人工智能通过语言理解可以访问和使用这些知识（图4-9）。例如，AI系统可以通过对医学文献的理解与知识提取，协助医生找到最新的研究成果和治疗方法；可以对法律文本和过去的判例进行分析，辅助律师进行案件分析。

图4-9　机器通过各种文献获取人类丰富的知识

（2）抽象思考和推理：语言的使用本身包含了复杂的抽象思考和推理能力。哲学、数学和自然科学等领域的知识都通过语言表达，涉及高度抽象的概念和逻辑推理。AI系统通过理解这些语言内容，能够学习这些推理方式，从而学会人类的推理能力。例如，GPT所展现出来的推理能力可能源于训练数据中包含了类似的推理方式和过程。

（3）创造力的体现：语言是人类创意表达的重要形式，集中展现在诗歌、小说、戏剧等文学作品中。通过学习和掌握人的语言，AI可以获得类似的能力，进行艺术创作，生成新的故事、诗歌或音乐作品。当前人工智能在艺术领域所展现的能力已经充分证实了这一点。

也可以说，如果机器可以理解和使用语言，就相当于突破了一道屏障，从此机器就可以理解、使用人类长期积累的知识，从而表现出卓越的智能，这正是ChatGPT和其他大语言模型拥有强大能力的原因。

② 语言的秘密

人类的语言具有明显的规律性,这些规律既包括语法规则,也包括语义规则。语法规则解决句子"如何说"的问题,确保句子结构的正确性;语义规则解决句子"说什么"的问题,确保句子的意义合乎逻辑。历史上,人们曾经希望通过构建语法和语义规则来理解语言,但效果都极为有限。后来,人们发现词与词之间的关联更能代表语言规律。一句话看起来合不合理,主要看其中的词语搭配是否正常。

例如,"我看电视"是合理的,因为"我"和"看"经常前后搭配在一起,"看"和"电视"也是如此。相反,"我吃电视""我打电视"等都不太合理,因为在日常语言使用习惯中,"吃"和"打"很少与"电视"这个词形成合理的语义搭配,违背了语言中词与词之间的关联规律。

"常说的就是合理的",这是一条重要的结论,也是语言最大的秘密。有了这样的结论,就可以通过词的前后搭配关系来理解和生成语言。比如"妈妈去菜市场给我们买了苹果"这句话,"苹果"这个词本来是不清晰的,我们并不知道是吃的苹果,还是苹果手机,但因为句子中有了"菜市场"这个词,我们就知道句中的"苹果"肯定是那个能吃的苹果,如图4-10所示。

图4-10　通过词的前后搭配关系来理解和生成语言举例

再比如,做下面的填空题。

妈妈去菜市场给我们买了( )。

A. 太阳 B. 风筝 C. 苹果 D. 一头雾水

毫无疑问,所有人都会选C。虽然很简单,但如果按这样的规则一个词一个词地填下去,就会生成一个完整的句子、一个合理的段落、一篇像样的文章。这就是语言生成的秘密。

③ 大语言模型

基于历史词序列预测下一个词的模型,被称为语言模型。语言模型的概念早已存在,比如手机输入法会根据输入的句子片段提示下一个可能输入的词,这就是最简单的语言模型。然而,传统的语言模型仅能看到不超过10个词的历史信息,无法生成流畅的句子。

2019年,OpenAI的研究者发现,用一种称为Transformer的神经网络结构可以保留更长的历史信息,从而使语言模型表现出强大的能力,生成流畅的句子和段落。他们把这个具有强大语言生成能力的语言模型称为GPT。下面是用GPT生成的小说段落。

> 一日,天界与人间的界限之处,云雾缭绕,风云突变。孙悟空与李逵在一座荒芜的古战场上偶然相遇,这座战场见证了无数古代英雄的较量,今日又将上演一场史诗对决。孙悟空把如意金箍棒一挥,声势浩大,天空中雷声大作。他的眼中闪烁着战斗的兴奋,因为他知道李逵力大无穷,绝非等闲之辈。而李逵,手持双斧,身体魁梧,眼神中透露着野性的光芒,他对孙悟空的出现既惊讶又兴奋,这正是他期待的挑战。

不仅如此,OpenAI的研究者还发现GPT不仅可以写文章,与人聊天,还具有各种强大的智能,仿佛理解了人类的语言一样。比如可以让他对一篇文章进行总结,写一首诗,翻译一篇英文文献。2022年11月,OpenAI发布了他们最新的GPT-3.5模型,对外取名ChatGPT。该模型参数量达1750亿,使用了约45TB的文本数据进行训练(经过清洗后得到约570GB高质量语料)。人工智能从此进入大语言模型时代。

大语言模型的出现以一种令人惊叹的方式在很大程度上攻克了数十年来困

扰人工智能领域的语言理解和生成难题。最让人激动的是,解决了语言理解问题就相当于找到了机器学习和理解人类知识宝库的钥匙,也找到了学习人类思维方式的钥匙。从此以后,机器的智能程度快速提高,不仅成为人们查找知识的助手,还可以提出解决问题的方法和思路。今天我们看到大模型所展现的各种能力,都来源于它解锁了语言理解能力之后对知识的大规模学习和融会贯通。

④ 通用人工智能的曙光

大语言模型的突破性进展为通用人工智能的发展提供了现实可能性。这是因为当人工智能理解、学习了人类语言以后,就可以学习、运用人类的知识,成为一位无所不知的博学者。进一步,人工智能通过理解语言学习到了人类的思维方式和推理方法,因此可以完成各种需要思考的任务。这意味着大语言模型将来可能成为类似人类大脑的处理和控制中心,在应对各种复杂情况方面发挥关键作用,从而把机器智能推向新高度。

需要说明的是,对于大语言模型的具体工作方式,我们还不是完全清楚,例如它如何学习知识、如何进行推理、如何从既有知识中产生新的知识,这些都还在探索之中。另外,如何寻找更优化的模型结构,也是当前的研究热点。

⑤ 总结

从图灵测试开始,人们一直梦想着机器可以理解和使用人类的语言。以ChatGPT为代表的大语言模型的出现实现了这一梦想,这是人工智能领域的跨越式进步。让人震惊的是,ChatGPT的基础原理看似简单,即基于单词预测。但正是这种基础原理与复杂的大数据学习相结合,展现出了强大的语言理解能力。更重要的是,机器在获得了这种语言理解能力之后对人类的千年积累进行了高效率的学习,不仅掌握了大量知识,还掌握了类似人类的思维模式。可以预期,随着大语言模型越来越强大,人工智能将带给我们更高远的想象空间。

4.3
人工智能与艺术

📖 **学习目标**

（1）了解人工智能在诗歌创作、谱曲和绘画中的技术发展与重要成果。

（2）探讨人工智能对艺术创作的影响及其带来的挑战与机遇。

近年来，人工智能不仅在科学计算、数据分析等传统领域大放异彩，在艺术创作中也展现出了巨大潜力。目前，人工智能已经能够创作赏心悦目的画作（图4-11）、优美的诗歌、动人的乐章等。如今，人工智能正在艺术创作领域引发一场革命，深刻地改变着艺术家们的创作模式。本节将讨论人工智能与艺术相结合之后所迸发出的智慧火花。

图4-11　AI设计的艺术作品

① AI 诗人：用文字书写情感

诗词是中华民族的文化瑰宝，它以独特的韵律和情感表达，陪伴着中华文明走过了五千年的风雨历程。诗词中既有"长风破浪会有时，直挂云帆济沧海"的豪迈，也有"月上柳梢头，人约黄昏后"的婉约；既有"衣带渐宽终不悔，为伊消得人憔悴"的深情，也有"肝胆洞，毛发耸。立谈中，死生同，一诺千金重"的义气。让机器生成类似这样的精美诗句，是人工智能研究者的梦想。

AI作诗技术的发展经历了几个阶段。早期的方法为机械式拼凑，虽能生成新诗，但语义不清晰、词句不连贯，艺术价值有限。为了提高诗句的流畅度，研究者们转而探索基于统计模型的方法，如统计机器翻译模型（SMT），这在一定程度上提高了诗词生成的质量，但仍缺乏对语义的深刻理解。

近年来，深度神经网络的崛起为诗词生成带来了突破性进展。这一技术通过对用户意图进行分析，并将其转化为语义空间中的相应表示，然后基于该语义表示来生成有意义的诗句。下面是清华大学的作诗机器人"薇薇"在2016年所创作的一首七言诗。

> 红霞淡艳媚妆水，万朵千峰映碧垂。一夜东风吹雨过，满城春色在天辉。

从技术角度看，这首诗在词句的搭配和韵律的把握上还有一些瑕疵，但整体上已经比较流畅，也颇有意境。

进入大语言模型时代，学习了大量经典著作的大模型们也可以写诗了。下面是让GPT"以海棠花为题写一首七言绝句"得到的结果。

> 春风拂面绽嫣红，玉露轻盈染晓空。只羡芳华无限意，不随凡草逐秋风。

这首诗的格调比前一首更胜一筹，特别是"不随凡草逐秋风"一句，颇具风骨。虽然在细节表达上依然经不起推敲（比如什么叫"染晓空"），但已经可以给诗人足够的启发，稍作修改即可得到一首优秀的作品。

② AI 谱曲：用旋律奏响乐章

在艺术创作领域，AI谱曲是人工智能的另一个典型应用。回溯历史，AI谱曲的起源充满了趣味性。1956年，在人工智能的开创者们聚在一起召开达特茅斯会议的同时，伊利诺伊大学厄巴纳-香槟分校的两位学者勒哈伦·希勒和伦纳德·艾萨克森尝试着用一台名为ILLIAC I的计算机生成了人工智能第一曲（图4-12），并定名为《伊利亚克组曲》。

图4-12　勒哈伦·希勒和伦纳德·艾萨克森用计算机作曲

有趣的是，希勒原本是化学博士，还开发出了第一个有效的腈纶染色工艺。不过，他从小热爱音乐，擅长钢琴、双簧管、萨克斯管。《伊利亚克组曲》之后，希勒走上了音乐之路，培养出了一大批作曲家。一名化学家帮艺术家谱写了第一首AI音乐，从此走上了AI艺术之路，成为美谈。

近年来，深度神经网络在机器谱曲方面取得了很大成功，成为当前的主流方法。与传统方法相比，深度神经网络能够通过对大量音乐数据的学习，捕捉到音乐中复杂时序关系，并对其进行更为精准的建模和刻画，从而生成更流畅自然的音乐。谷歌公司的MusicLM模型是一个典型成果，它基于Transformer模型的长序列建模能力，学习音符之间的时序关系和音乐语法规则。最近，一款名为Suno的音乐生成系统引起广泛关注。与之前的音乐生成系统相比，Suno可以生成一首完整的音乐作品，包括引子、主歌、副歌、桥接部和结尾，而且可以为歌词谱曲。

③ AI 绘画：用色彩描绘世界

AI也可用于绘画。和生成真实图片不同，AI作画需要有艺术性，让人感觉艺术的美感。目前常用的方法是将艺术作品的风格分离出来，用这个风格去修改另一幅图片。所谓风格，是指在艺术作品中，通过特定的表现手法、色彩运用、构图方式等将内容呈现出来的独特方式，它体现了艺术家的创作个性和审美取向。以图4-13为例，很容易看出所有图片都是椅子，但椅子的样式不同。这里的"椅子"就是内容，而椅子的样式则是风格。

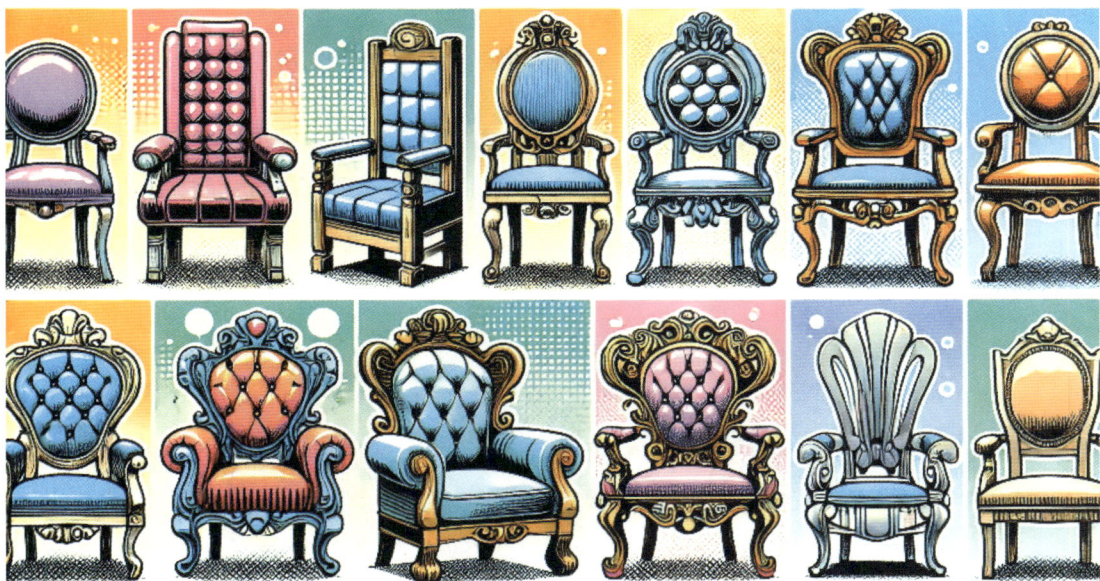

图4-13　人工智能生成的各种风格的椅子

研究人员发现，卷积神经网络通过学习大量画作，能够实现内容和风格的特征分离，在这个过程中，神经元的激活在一定程度上反映了图片的内容信息，而神经元之间的相互关系则有助于体现图片的风格特征，两者共同作用于对图片的理解和生成。这样就可以提取出一幅图的风格向量和内容向量：风格向量决定了绘画的风格，比如是浪漫、写实还是抽象；而内容向量则决定了绘画的内容，比如是山川、人物还是花鸟。现在有两幅图，一幅图用来提取内容向量（如一只猫），一幅图用来提取风格向量（如凡·高的一幅作品），将这两个向量组合起来让AI重新生成图片,就可以得到凡·高风格的一只猫,如图4-14所示。

图4-14 人工智能将两幅图组合重新生成图片

除了艺术风格转换,使用DALL-E、Stable Diffusion等视觉大模型也可以生成具有艺术性的图片。这些模型可以接收用户的文本指令,如果用户的指令具有创新性,那么就可能生成具有一定艺术感的图片。图4-15是用ChatGPT生成的一只长了翅膀的猪。

图4-15 用AI生成的长了翅膀的猪

④ 总结

本节介绍了人工智能在写诗、谱曲、作画等艺术创作上的成就。可以预见，随着算法的不断优化和数据的日益丰富，AI有望更深入地理解人类的情感和审美，逐渐成为艺术家们的重要创作工具，为他们提供灵感和帮助。

然而，人工智能与艺术创作的结合也带来了挑战。如何确保AI创作的艺术作品的原创性和独特性，避免误用和滥用，是我们需要深入思考的问题。在未来的发展中，我们应积极拥抱这一变革，同时也要建立相应的规范和标准，确保AI创作的艺术作品符合人类的审美和价值观，为我们带来更加丰富多彩的艺术体验。

思考与讨论

人工智能在一天内可以生成大量艺术作品，这些艺术作品真的有艺术价值吗？

课程实践

分成兴趣小组，讨论确定本组的图腾动物，用ChatGLM作为工具将它画出来，分组展示你们的设计理念。

4.4
人工智能与天文学

学习目标

（1）了解天文学发展历程及人工智能在处理天文大数据中的重要作用。

（2）认识人工智能在天文学中的应用场景和技术方法。

天文学是一门研究宇宙天体的科学。随着观测手段的不断进步，天文学家能够获取越来越多的天文数据。然而，面对这些海量数据，传统的分析方法已经显得力不从心。面对这些挑战，人工智能在天文学中的应用日益重要。本节将介绍人工智能在天文学中的具体应用。

① 天文学的发展与面临的挑战

"上下未形，何由考之？冥昭瞢暗，谁能极之？"两千多年前，屈原在《天问》中就表达了对宇宙无尽的好奇与探索的渴望。自古以来，人类对我们头顶这片天空的探索就从未停歇。在古代，由于缺乏先进的观测工具，人们只能依靠肉眼观察星象，并将观察到的星辰变化刻在石壁、竹签等载体上。这些早期的观测和记录行为，可以看作是天文学的起源。随着观测经验的积累，人们将这些观察结果进行整理和归纳，编制出了比较系统的星图。在我国，春秋时期齐国的天文学家甘德著《天文星占》八卷，魏国的天文学家石申著《天文》八卷，后人将二人著作合编为《甘石星经》（图4-16），这是世界上最早的天文学著作之一。在西方，古希腊的天文学家希帕克斯（公元前190—前120）被称为"方位天文学之父"，他通过精确的观测和计算，记录了太阳和月球运动规律，并编制出西方世界第一个综合性的星表，为后来的天文学研究奠定了坚实的基础。

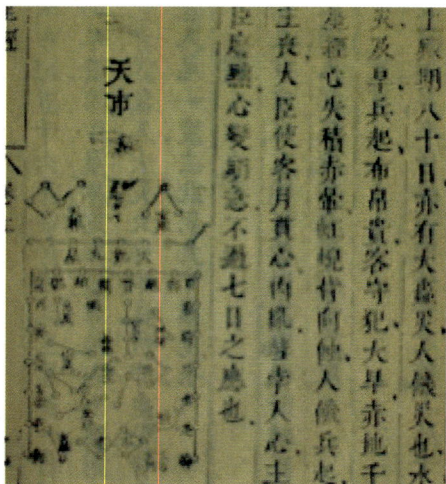

图4-16 《甘石星经》片段

1608年，荷兰人发明了望远镜。次年，伽利略在此基础上进行了改进（图4-17）并将其用于天文观测，极大拓展了人类观测太空的能力。他首次使用望远镜观测月球，发现了月球表面的山脉和陨石坑，这一发现打破了人们认为月球完美无瑕的传统观念。自此，望远镜就成了天文学家探索宇宙的重要工具。

图4-17　伽利略和他的天文望远镜

后来，人们发现基于可见光的传统望远镜还不够。为了提高观测能力，人们设计了射电望远镜、红外望远镜和紫外望远镜等，在各种波段上观测太空。为了捕捉到更遥远、更微弱的信号，人们制造的望远镜越来越大。例如，位于智利阿塔卡马沙漠的欧洲极大望远镜（ELT）主镜直径达到39米，是目前全球最大的可见光望远镜。中国的500米口径球面射电望远镜（FAST，俗称"天眼"）是世界上最大的单口径射电望远镜。不仅如此，人们还把望远镜送入了太空，以避开大气等因素的干扰，最著名的是美国的哈勃望远镜（图4-18）及其继任者詹姆斯·韦伯望远镜。

随着望远镜越来越复杂，天文学进入了大数据时代。以哈勃望远镜为例，它每年能产生约10TB的数据，相当于数百万本普通书籍所包含的信息量。这些数据中蕴含着丰富的宇宙信息，但也给天文学家们带来了巨

图4-18　哈勃望远镜

大的挑战。因为传统的数据分析方法在处理如此庞大的数据时，往往存在效率低下或准确性不足的问题。为了应对这一挑战，天文学家开始应用人工智能来分析和解读这些数据。人工智能可以快速、准确地处理和分析海量数据，帮助天文学家发现其中的规律，从而揭示宇宙的更多秘密。

② 人工智能在天文学中的应用

1）监控天文望远镜工作状态

由于现代天文望远镜产生的数据量极其庞大，使得设备发生异常时也难以察觉。为了解决这个问题，荷兰科学家使用神经网络来监控射电望远镜的工作状态。他们采用了一种称为"变分自编码器"的神经网络，将望远镜观察到的数据映射到一个二维空间，如果设备发生异常，数据将在这个二维空间中产生偏移，从而能够及早发现问题，帮助天文学家及时采取措施。

再比如，为了探测来自遥远太空的微弱信号，射电望远镜变得越来越灵敏，但人类产生的信号会严重干扰望远镜的运行，这称为"射电频率干扰"。这种干扰几乎一直在发生，如果不能检测并滤除这些干扰，太空观测几乎无法进行。2019年7月，英国《皇家天文学会月报》发表了一篇文章，文章提出利用深度卷积神经网络来检测射电频率干扰（图4-19）。他们将望远镜采集到的数据送入一个称为"全卷积网络"的神经网络模型，当某一频段出现射电频率干扰时，该干扰信号会在网络的输出端表现为特定的模式或者特征，从而可以被检测出来。

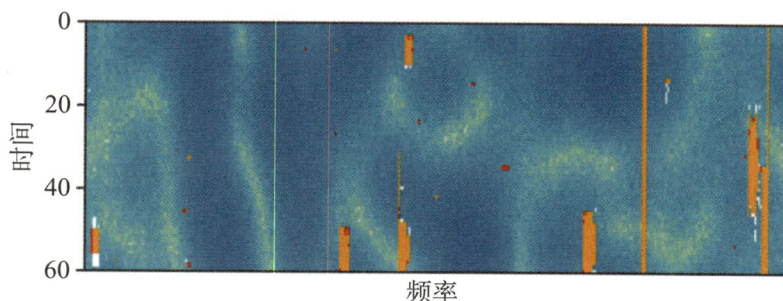

图4-19　用深度卷积神经网络检测射电频率干扰

注：黄色部分为正确检出，白色部分为错误检出（即没有干扰检测成有干扰），红色部分为未检出的干扰。

2）天文台选址与观测规划

人工智能可以帮助天文学家选择观测台站（图4-20）的位置。比如，科学家可以使用人工智能综合考虑地理、气象等复杂因素，对不同的台站位置进行预测和评估，从而选择最佳的观测地点。此外，人工智能还能协助科学家设计观测计划。它可以根据目标任务、地球公转位置、天文现象周期及环境干扰等多种因素，为科学家制定合理的观测方案。比如，当科学家想要观测某个特定的星系时，人工智能可以帮助他们计算出最佳的观测时间和角度，确保观测可以顺利进行。这就像有一个智能助手，能够根据天文学家的需求，量身定制出最佳的观测计划。

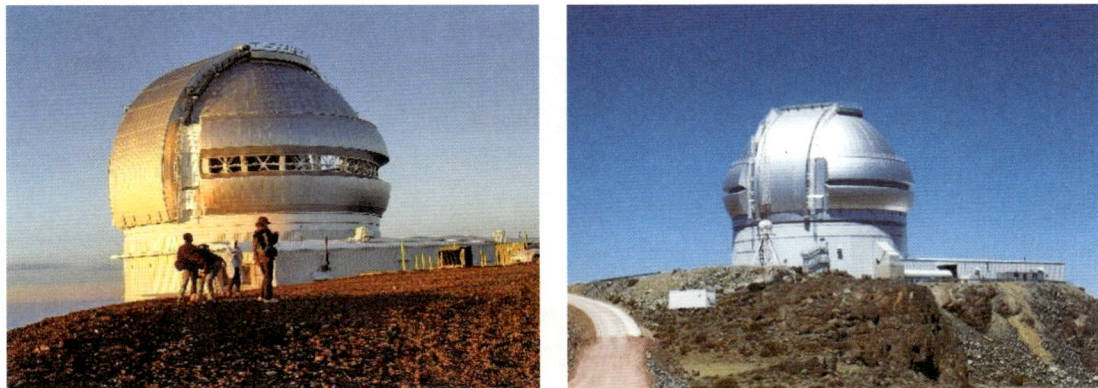

图4-20　天文台举例：位于夏威夷和智利的双子星天文台
注：双子星天文台分别位于南北两个半球，采用相同的望远镜，覆盖整个天区。

3）天文信息挖掘

人工智能技术，特别是深度学习技术，能够高效地处理和分析海量的天文数据。例如，哈勃空间望远镜每天传回的大量图像数据，通过应用神经网络，科学家能够自动定位和分类这些天体，提高了数据分析的效率。再比如，中国科学院上海天文台等单位的科学家们利用人工智能技术发现了五颗直径小于地球、轨道周期短于1天的超短周期行星（图4-21），其中四颗，是迄今为止发现的距其主星最近的最小行星。该研究成果发表在国际知名的天文学期刊《皇家天文学会月报》上。

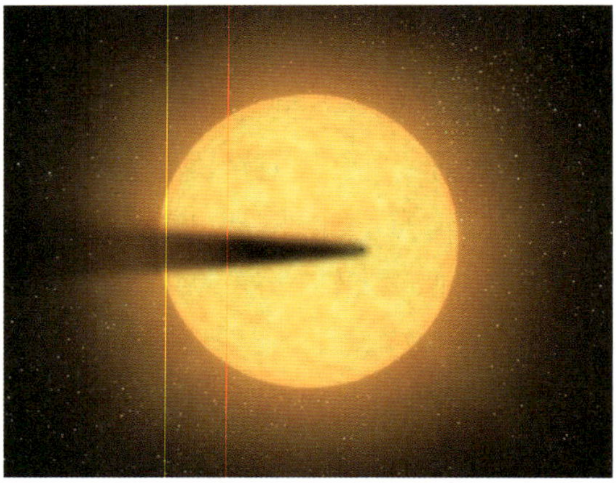

图4-21　超短周期行星艺术概念图

③ 总结

　　随着人工智能技术的不断发展和完善,其在天文学中的应用将更加深入和广泛。未来,我们有望看到更多由人工智能发现的天体和宇宙秘密。比如,人工智能可以帮助我们更好地了解黑洞、暗物质等神秘的天体现象;它还可以帮助我们预测天文事件,如彗星撞击、超新星爆发等;它甚至可以帮助我们发现未知的宇宙规律等。未来,人工智能将在天文学领域发挥越来越重要的作用,推动天文学开启新的时代。

4.5
人工智能与生物学

学习目标

　　(1)了解人工智能在分子生物学和进化生物学中的典型应用及突破成果。

　　(2)探讨人工智能技术如何通过大数据分析推动生物学研究的发展与创新。

生物学是一门研究生命现象的科学,研究范围从微小的细胞到庞大的生态系统。生物学包含很多细分领域,如研究细胞结构和功能的细胞生物学,在分子层次上研究生命过程的分子生物学,研究生物遗传规律的遗传学,研究物种起源和演进的进化生物学,研究生物与环境之间关系的生态学等。人工智能正在对生物学产生深远的影响,很多影响是革命性的。本节选择两个典型例子来展示人工智能对生物学的贡献:一个是分子生物学中用于预测蛋白质结构的AlphaFold,一个是进化生物学中用来分析穆氏拟态的ButterflyNet。

① AlphaFold

2020年11月30日,英国的DeepMind公司在《自然》杂志上公布了一个称为AlphaFold 2的人工智能系统,这个系统可以预测蛋白质分子结构,比传统方法的效率高了数百倍。《自然》杂志的评论文章称:"It will change everything"(所有事情将为之改变)。

AlphaFold 2为什么引起了这么大的轰动呢?我们知道,蛋白质是所有生命活动的基础,要深入了解生命过程,就必须掌握参与生命活动的蛋白质的特性和功能,而蛋白质的功能是由其结构决定,因此解析蛋白质的结构是了解其功能的关键。

然而,解析蛋白质的结构是件非常困难的事。这是因为蛋白质是由氨基酸序列经过多重折叠形成的,其结构的多样性和复杂性类似于将一个弹簧进行多次折叠。可以形成各种不同的形状(图4-22)。为了解析蛋白质的结构,科学家们研发了一系列极其昂贵的设备,如核磁共振仪、X射线、冷冻电镜等,但仍需耗费大量时间和精力。例如,解析一种膜蛋白结构就曾

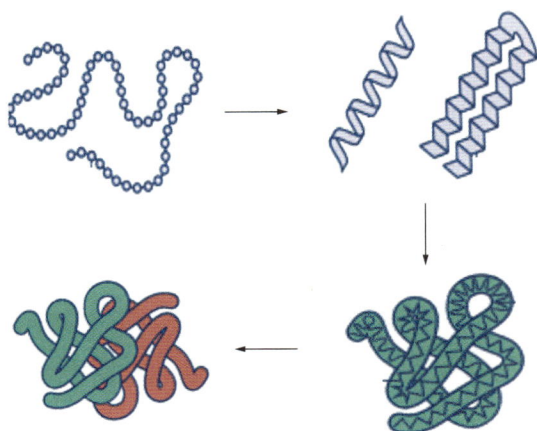

图4-22　蛋白质的四级结构

注:一级结构是氨基酸序列,二级结构是氨基酸的基础折叠(形成弹簧),三级结构是二级结构上的再折叠(对弹簧进行折叠),四级结构是多个三级结构的组合(多个弹簧纠缠在一起)。

图4-23　克里斯蒂安·安芬森

耗费科学家们数年的时间。经过60年的艰苦奋战，17万种蛋白质的结构已经被确定，但还有2亿种已知蛋白质等待解析，这是个让人绝望的数字。

1972年，诺贝尔化学奖得主克里斯蒂安·安芬森（图4-23）提出了一个理论，认为蛋白质的稳定结构可以由氨基酸序列来确定。这一理论对生物学家们是一个极大的启发，因为氨基酸序列相对容易确定，只是不知道这些序列怎么左折右叠地形成了蛋白质。那么，如何将这一理论应用到实践中呢？全球众多科学家纷纷行动起来，尝试用计算方法来预测蛋白质结构，并为此专门举办了一项名为"蛋白质结构预测技术的关键测试"（CASP）的赛事，从1994年开始，每两年举办一次。然而，初期的结果并不理想，预测的精度远低于仪器测量的实际值。

2018年，DeepMind基于深度神经网络研发了AlphaFold，这是一款能够预测蛋白质结构的AI系统，并在当年的CASP竞赛夺得冠军。2020年，改进后的版本AlphaFold 2性能得到极大提升，预测误差降低到1.6埃（即0.16纳米），相当于一个原子的尺度，达到了接近实验测量的精度。安芬森的理论得到了验证，困扰科学界50多年的蛋白质结构预测难题得以解决。如今，科学家们只需要在电脑前输入一个氨基酸序列，即可快速获得相应蛋白质的结构预测结果。不久以后，DeepMind用AlphaFold 2预测了约2亿种蛋白质结构，几乎囊括了人类已知的所有蛋白质。不仅如此，DeepMind还将这些蛋白质的预测结果公开在网上，供全球研究者免费使用，极大地推动了分子生物学的研究进程。毫不夸张地说，AlphaFold开启了分子生物学的新时代。

2024年5月8日，DeepMind再次对AlphaFold进行升级，推出了AlphaFold 3版本。与AlphaFold 2相比，AlphaFold 3不仅可以预测蛋白质、核酸等生物分子的空间结构，还能预测它们之间相互作用（图4-24）的结果，比如蛋白质与核酸的结合方式，药物分子与离子对蛋白质的作用机制等。生物分子作用预测的准确性具有革命性的意义。首先，我们的生命活动本质上是蛋白质、核酸、离子等相互作用的过程,如果理解了这些过程,相当于探知到了生命的秘密。其次,很多疾病都是因为上述生物过程出现异常所导致的,要治疗这些疾病,就需要找出问题所在,并设计针对性的治疗方案。

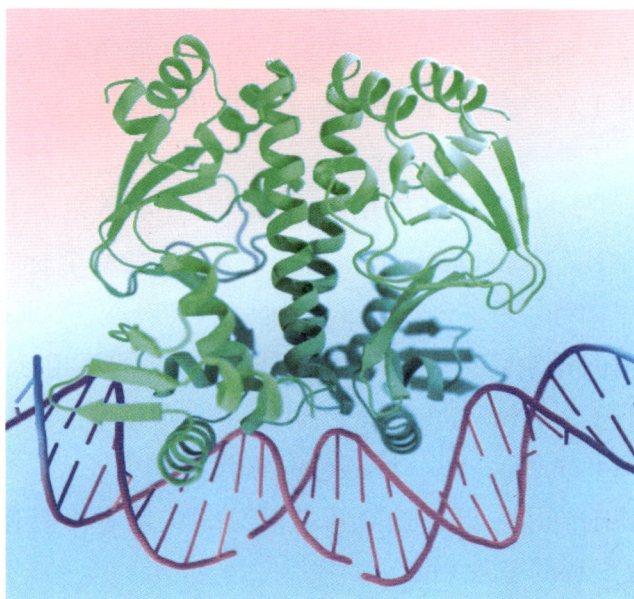

图4-24　Alpha Fold 3预测核酸与蛋白质分子的相互作用

AlphaFold 3为新药开发提供了一条"高速公路",有望极大缩短新药的研发周期。不仅如此,研究者正在利用AlphaFold进行更多探索,比如寻找可以快速降解塑料的酶,解决抗生素耐药性等。可以预见,随着人工智能技术在生物医学领域的深入应用,许多疑难杂症有望得到攻克,人类的生活质量将迎来显著提升。

2024年,AlphaFold的两位主要贡献者德米斯·哈萨比斯和约翰·朱默被授予诺贝尔化学奖,充分肯定了AlphaFold的历史性贡献。

② ButterflyNet

穆氏拟态是德国自然学家弗里茨·穆勒于1878年提出的一个理论,认为生活在同一个地区的不同物种之间会通过互相模仿实现协同进化。例如,生活在同一个环境下的蝴蝶会互相模仿，进化出相似的花纹，以警告捕食者它们都有不好的味道。同样的模仿也发生在毒蛙和珊瑚蛇身上。

穆氏拟态是进化生物学中的重要理论之一，被生物学家们广泛认同，但一直没有量化证明。一个主要原因是判断两只蝴蝶或两只毒蛙是否相似缺乏客观标准，主要依靠人眼的观察和判断，这显然存在主观性。2019年8月发表在《自然·通讯》杂志上的一篇论文通过人工智能的方法给出了一个有趣的解决方案。

在这篇文章中，科学家们选用两类蝴蝶（图4-25），分别称为艺神袖蝶（H.erato）和诗神袖蝶（H.melpomene），共38个亚类、1234个标本、2468张照片。他们用1500张照片训练了一个称为ButterflyNet的神经网络，训练的目标很明确：同一亚类的图片在向量空间中距离趋近，不同亚类的则互相远离。训练完成后，这一网络可以将任意一个蝴蝶的照片映射到一个向量空间中，从而计算蝴蝶之间的相似性。如图4-26所示，每一种颜色的点代表一个亚类。可以看到，同一亚类的标本确实被映射到了一起。这意味着两只蝴蝶是否相似有了精确的度量方法，从而摆脱了观察者的主观判断。

基于这一个客观的相似性度量方法，可以分析不同亚类之间的相似性距离。科学家们发现，即便是不同种类的蝴蝶，在存在穆氏拟态的情况下，它们的外观也可能变得非常相似。这一结果证明了拟态使物种的外观互相接近，从而为协同进化提供了量化证据。

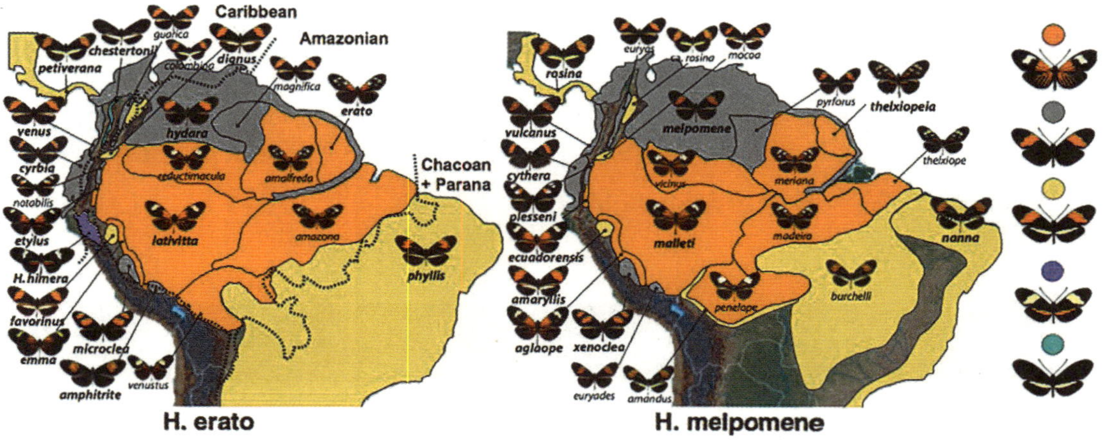

图4-25　艺神袖蝶和诗神袖蝶

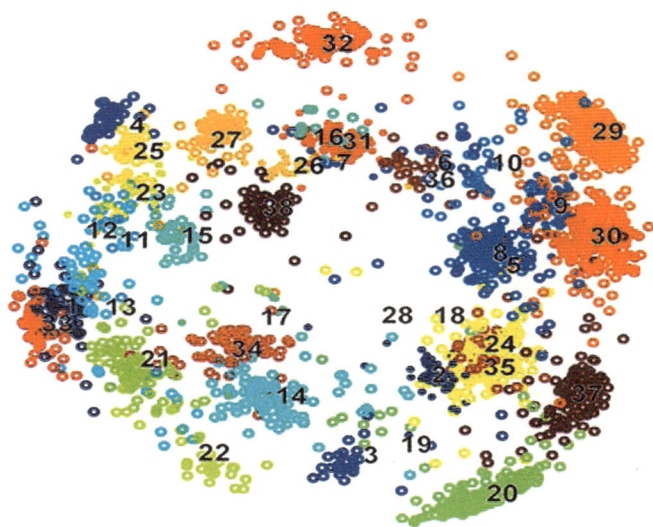

图4-26　蝴蝶的映射空间

③ 总结

　　人工智能技术在生物学领域的应用正在产生持续而深远的影响。一个重要的原因是生物学已经进入了大数据时代。特别是最近几十年国际合作的快速推进，生物学在各个领域都积累了大量数据，大量的规律就隐藏在这些数据中。受限于人类自身的信息处理能力，专家很难从这些海量数据中发现新规律，而人工智能的优势在于可以通过学习从这些数据中挖掘出隐藏的规律，为生物学研究带来新的推动力。

　　比如在基因组学方面，AI可以帮助科学家分析大量的基因数据，从中找到导致某些遗传疾病的基因，为设计针对性治疗方案提供了可能性。在细胞生物学方面，基于人工智能的显微图像分析技术可以快速识别和分类细胞类型，检测细胞的内部结构，如细胞核、线粒体等，这不仅提高了分析速度，还减少了人工分析的误差。在保护生物学方面，AI通过自动分析摄像机或卫星图像，能够快速发现并跟踪动物的活动情况，为理解野生动物的生活习性和完善动物保护方案提供重要信息。可以预期，未来人工智能会在生物学领域有更广泛的应用，成为生物学发展的新兴动力。

思考与讨论

（1）AlphaFold 2已经给出了大量的蛋白质结构预测结果，你认为是否有必要继续通过实验进行蛋白质结构解析工作，为什么？

（2）新发布的AlphaFold 3已经可以对其他生物大分子结构及其相互作用结构进行预测，你认为这一模型最可能在哪个领域带来突破性进展？

课程实践

蛋白质结构解析如下。

（1）分组选择两三种生活中听过的蛋白质。

（2）在AlphaFold Protein Structure Database及Uniprot数据库中搜索并学习。

（3）分组交流。蛋白质结构是否已经解析？其定位、功能如何？如果没有，你认为困难在哪里？

4.6

人工智能与医学

学习目标

（1）理解人工智能在癌症疫苗开发、新药研发及显微镜增强中的应用及其技术原理。

（2）认识人工智能在医学影像分析、疾病预测与诊断及医疗流程优化中的作用与潜力。

人工智能在医学中具有广阔的应用前景，从辅助疾病诊断到开发新的治疗方案，它逐步推动医疗过程向更加精准和高效的方向发展。本节将介绍人工智能在医学领域中的应用,包括如何开发癌症疫苗、加速新药研发、使用AI增强显微镜的功能等。这些内容充分展示了人工智能在提升人类健康水平的巨大潜力。

① AI 辅助癌症疫苗开发

免疫系统是我们身体的保护者,它能够发现并清除入侵者或被感染的细胞。疫苗通过注射弱化或灭活的病原体及其代谢产物,刺激人体免疫系统产生对特定病原体的免疫力。引发免疫反应的物质称为"抗原",通常是一些病原体(如细菌、病毒、真菌)表面的蛋白质或多糖,也可能是环境中的花粉、毒素,甚至是移植器官细胞的表面分子。癌细胞表面存在一些和正常细胞不同的变异蛋白质,这些蛋白质如果能让免疫系统识别,就能激发免疫反应,进而杀死癌细胞。这些发生变异的蛋白质称为"新生抗原",通过激发免疫反应来杀死癌细胞的方法称为"免疫疗法"(图4-27)。

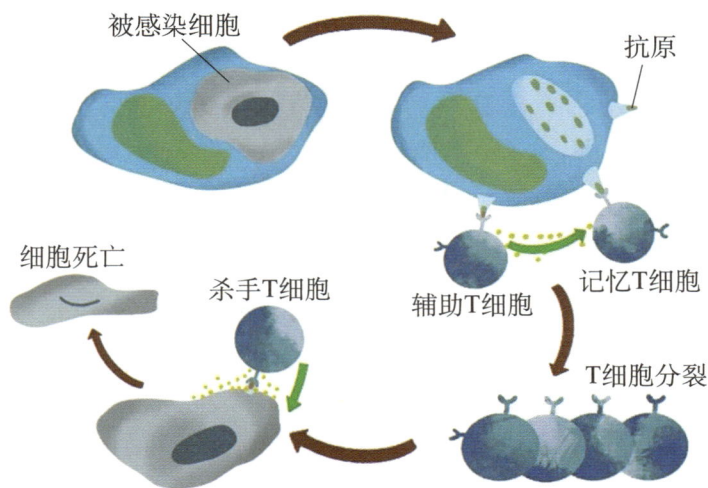

图4-27 细胞免疫过程

科学家们一直在努力开发能够对抗癌症细胞的疫苗。虽然已经有一些成果,如人乳头状瘤病毒疫苗和前列腺癌疫苗,但免疫疗法还无法对抗所有癌症。这是因为癌细胞具有高度的隐蔽性,它们会伪装成正常细胞,使免疫系统难以识别其特异性。

为了找到癌细胞的新生抗原，科学家们将癌细胞与正常细胞进行对比，寻找癌细胞中发生变异的蛋白质片段。然而，不同癌症和不同患者的新生抗原各不相同，这给癌症疫苗的开发带来了巨大的挑战。

人工智能能够帮助科学家发现有效的新生抗原。例如，DeepNovo就是一种使用AI从质谱数据生成氨基酸序列的模型。对于病人的癌细胞蛋白质，如果其质谱数据能够被预测为包含未知的氨基酸序列，那么这些序列很可能是新生抗原的位置。这种方法极大提高了新生抗原的预测效率和精度，为设计个性化癌症疫苗提供了一种可能性。

② 人工智能辅助新药研发

传统的新药研发过程耗时长、成本高，常常需要十年以上的时间和数十亿美元的投资才能成功推出一种新药。AI通过自动化和优化各个研发阶段，有效降低了时间和经济成本，并提高了研发成功率。

例如，2020年5月《自然·机器智能》杂志发表了一篇论文，利用循环神经网络（RNN）模型成功合成了具有特定目标属性的分子（图4-28）。该方法使用一种称为循环神经网络的结构，可以基于分子的属性生成一个字符序列，再将该字符序列转换成分子结构。

图4-28　使用RNN模型合成具有某种目标属性的分子

③ 人工智能增强显微镜

显微镜是生物学家的利器，然而要得到高精度的显微成像并不容易。这是因为高精度成像需要昂贵的硬件且受实验条件限制，特别是对活体细胞和组织进行成像时,要求成像过程不影响样本的生物学特性和健康状态。例如,在活体荧光成像中,就必须考虑"光毒性"的影响,即生物组织因无法耐受光的照射而死亡。

2021年1月,《自然·机器智能》杂志发表了一篇来自美国得州农工大学的论文,在文章中,他们设计了一个称为GVTNet的神经网络模型,能够从低质量的显微图像中去除噪声,生成高质量的图像,如图4-29所示。

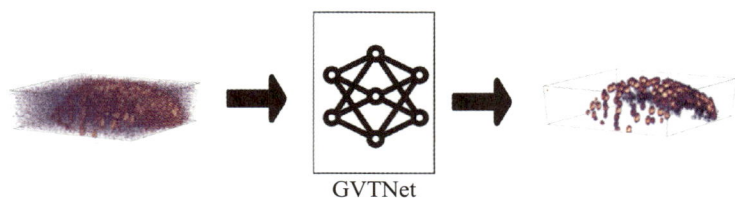

图4-29　GVTNet将带噪声的图片生成高清图片

GVTNet不仅有去噪功能,还能将透射光显微镜生成的图像转化为荧光显微图像(图4-30)。这种转换在一些不适合进行荧光染色的样本中尤其有用。

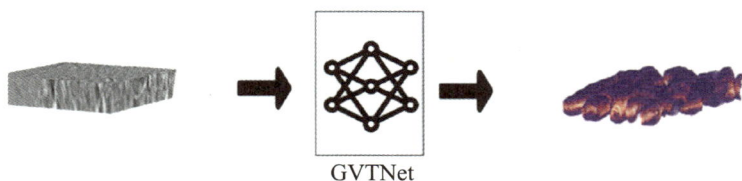

图4-30　GVTNet将透射光图像转换成荧光显微图像

AI增强显微镜不仅可以提高图像质量,还能对显微图像进行智能识别和分析。例如,谷歌开发的一款AI增强显微镜能够实时定位癌细胞(图4-31),为医学研究和临床诊断提供了强有力的技术支持。

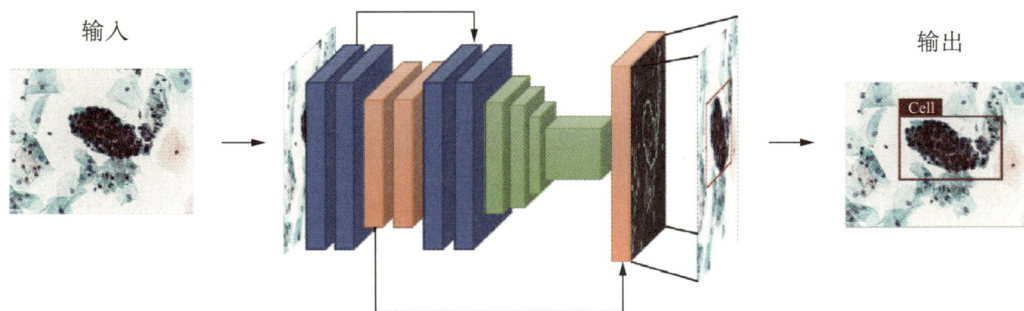

图4-31　用深度卷积神经网络定位肿瘤细胞的例子

④ 人工智能在医学中的其他应用

除了前文提到的例子,人工智能在医疗健康领域的各个方向都大显身手。下面举几个典型的场景。

1) 人工智能助力医学影像分析

医学影像分析是AI在医学中最成熟的应用之一。AI算法能够自动识别和标记影像中的异常区域,例如肿瘤或病变,从而协助放射科医生进行诊断。目前,AI系统已经被广泛应用于X光片、CT扫描、MRI等影像的分析,能够有效识别肺结节、乳腺癌、头部肿瘤等病症。

2) 人工智能辅助疾病预测与诊断

AI技术在疾病预测与早期诊断中发挥重要作用。AI通过分析大量临床数据、基因组数据和患者历史记录,预测个体的健康风险,提供个性化的健康建议和预防措施。例如,AI可以通过分析电子健康记录,预测心血管疾病、糖尿病和其他慢性病的发生风险,并提供个性化的预防方案。

此外,AI还在传染病的爆发预测中发挥关键作用,通过分析流行病学数据和社交媒体信息,AI能够实时监测和预测疾病的传播趋势,从而为公共卫生决策提供支持。

3) 人工智能辅助优化诊疗流程

在医院管理方面,人工智能能够优化多个关键环节,提高效率,降低成本,并改善患者体验。例如,在患者分诊与预约管理,AI通过分析患者的症状和病史,将患者分配到最合适的科室和医生,减少等待时间。智能聊天机器人可以帮助患者进行在线预约和问诊,简化流程。AI可以优化医院的库存管理,特别是在药品和医疗设备的管理方面。AI可以优化医护人员的排班和调度,根据工作量、医生的专业领域和患者需求,优化医护人员的排班和调度,自动安排最合适的医护人员,减少人力资源浪费,同时避免医护人员过度劳累。AI技术能够通过分析患者的反馈和行为数据,为医院提供改善患者体验的建议,如优化就诊流程、提高服务质量等,从而提升患者的满意度。

⑤ 总结

人工智能正在医学健康领域发挥重要作用。从癌症疫苗的个性化开发到加速新药研发,再到提升医学影像分析精度、辅助诊疗决策、优化就医流程,AI正推动医学向预防化、精准化、个性化方向发展。通过AI技术,未来的医疗流程将变得更加智能化和人性化,为人类健康带来更大的改善。

思考与讨论

(1)AI增强显微镜能够提升显微图像的质量(把带噪声的图片转换成高清图像),还可以把透射光图片转换成荧光显微图片。但经过算法处理的图像很可能在细节上"失真",你认为这个问题是否会影响其在医学领域的应用?

(2)AI辅助诊断准确率无法达到100%,出现的误诊及漏诊问题应该由谁负责? 你认为这会限制该技术的应用吗?

课程实践

CAR-T是一种典型的免疫疗法,为根治癌症带来了希望。采用分组形式,选择一种合适的方式来介绍CAR-T技术,如舞台剧、海报、脱口秀等。注意介绍人工智能在CAR-T中的应用。

第5单元

人工智能伦理

5.1

机器人三定律

学习目标

（1）了解机器人三定律的内容及其对机器人行为的伦理指导意义。

（2）分析机器人三定律在现代人工智能背景下的局限性及其面临的挑战。

（3）探讨从机器人三定律延伸到现代人工智能伦理的新规范。

　　随着技术的发展，机器人已经从科幻小说走进了人们的日常生活。在家里，机器人在勤恳地清洁地板；在工厂，机器人在生产产品；在医院里，机器人正在辅助医生进行精细的手术。近几年来，人工智能技术突飞猛进，一些人工智能系统（如ChatGPT）已经具备了一定的推理能力。这些强大的人工智能模型逐渐成为机器人的大脑，我们可能很快要面对一个现实：机器人有可能变得和人类一样聪明，甚至在很多方面超过人类。因此，如何确保这些聪明的机器人在帮助人类的同时，不会对人类造成威胁，成为一个关键问题。

人们很早就在思考这个问题，其中最著名的当数美国科幻小说作家艾萨克·阿西莫夫，他在一系列涉及机器人的科幻作品中提出了著名的"机器人三定律"。这些定律不仅在科幻作品中被广泛引用，也为现实中机器人和人工智能的发展提供了伦理指导。本节介绍机器人三定律的背景、内容、意义和局限性，并探讨这些定律是否真的能够保证人类的安全。

① 艾萨克·阿西莫夫

艾萨克·阿西莫夫（图5-1）是美国著名的科幻小说作家，与罗伯特·海因莱因、亚瑟·克拉克并列为科幻小说三巨头。他创作和编辑的书籍超过500册，题材涵盖自然科学、社会科学和文学艺术等多个领域。他的作品涉及人类与技术的关系、未来社会的特征等主题，激发了读者对社会发展走向与人类命运变迁的思考。他对人与机器人关系的讨论尤其具有代表性。

图5-1　艾萨克·阿西莫夫
（1920—1992）

在阿西莫夫之前，许多科幻作品中的机器人形象往往强调对人类的威胁性。比如，在玛丽·雪莱的《科学怪人》中，人造生命最后开始反抗它的创造者。阿西莫夫认为，这种负面的机器人形象对技术的发展不利，人们是可以通过一定的手段防止机器人伤害人类的。他希望通过制定一套伦理准则，让机器人成为人类的助手。他于1942年首次在短篇小说《转圈圈》中提出了机器人三定律，这些定律后来被收录在他的小说集《我，机器人》中。这三条定律旨在规范机器人行为，保护人类的安全。

② 机器人三定律的内容

机器人三定律是关于机器人行为的一套准则，用于确保机器人在与人类交互时不会造成伤害。总结起来,这三条定律分别为:保护、服从、生存(图5-2)。具体含义如下。

图5-2　机器人三定律:保护、服从、生存

第一定律:保护人类。机器人不得伤害人类个体,或因不作为使人类个体受到伤害。第一定律强调了人类的优先安全,机器人在任何情况下都不得主动或被动地对人类造成伤害。这一原则奠定了机器人行为的基本底线,即机器人必须始终将人类安全放在首位。

第二定律:服从命令。机器人必须服从人类的命令,除非该命令与第一定律相抵触。第二定律规定机器人需要听从人类的指令,但如果指令会导致违反第一定律,机器人可以拒绝执行。通过这一条款,阿西莫夫希望平衡人类对机器人的控制权和人类自身的安全。

第三定律:自我保护。机器人在不违反第一定律和第二定律的情况下,必须保护自身的安全。第三定律涉及机器人自身的安全与保护,强调机器人可以采取必要的措施保护自己,但不能以危害人类或违背人类指令为代价。这一条款确保机器人有一定的自我保护能力,这种自我保护有利于它们持续有效地为人类服务。

阿西莫夫的机器人三定律为机器人行为提供了一套伦理框架,帮助人类思考如何在技术进步的同时确保人类安全和利益。机器人三定律的提出不仅在科幻文学中具有重要地位,还对现代机器人和人工智能领域的发展产生了深远影响。

③ 机器人三定律的局限性

尽管机器人三定律为机器人的行为提供了伦理框架，但它们也存在一些局限性和不足之处，尤其在现代科技快速发展的背景下，面临着诸多挑战。

首先，机器人三定律都是用自然语言描述的，而人类语言具有天然模糊性。例如，什么程度的伤害被视为违反第一定律？被打扰了睡觉算不算？需求没被满足，心理受伤了算不算？事实上，人类设计了那么多法律条文，但在处理实际纠纷的还是模糊的，因此才有了法庭辩论和陪审员制度。对于机器而言，对环境的适应能力可能还不如人类，希望用三条定律来完全定义它们的行为准则，难度是非常大的。

其次，机器人三定律本身存在矛盾之处，可能让机器人无所适从。比如，要救一个人的话就必须伤害另一个人，这时机器人该如何行动？再比如，人接种疫苗会有短暂疼痛（图5-3），这种疼痛可以认为是一种"临时伤害"，但如果不接种的话可能带来致命危险。如果机器人以保护人类为由阻止医生给小孩接种疫苗，将会好心办坏事。

图5-3 注射疫苗看似对人有伤害实则有益

最后，机器人三定律只是最基本的行为框架，现实生活中很多复杂的法律和道德关系无法被机器人三定律所涵盖。例如，一台可以自主学习的机器人做了错事，谁应为其行为后果负责？机器人不怕死，也不怕痛，断了手脚还可以再换，如何对它们进行惩罚？再比如，机器人彼此之间起了冲突，大打出手，该如何判决？这些都超出了机器人三定律的约束范围。

总体来说，尽管机器人三定律为机器人技术的发展提供了有价值的指导，但这些定律既不完备，也不精确，本身还存在矛盾，因此无法保证机器人永远不会伤害人类。这些缺陷告诉我们，如何约束机器与人的关系是一件非常复杂且重要的事情,需要我们认真思考和设计。

④ 从机器人三定律到人工智能伦理

机器人三定律本质上定义了机器人对人的服从关系,即人的利益是第一位的,机器人应该为人服务。近年来,随着人工智能技术的进步,这一看法受到了挑战。一些研究者认为,机器人越来越聪明,不应该再把它们当成机器,而应视为一类智能体,就像我们看待动物一样。基于这一思路,如何对待具有一定智能的机器人就成了一个伦理问题,就像不能因为人类的需要而任意杀害动物一样,如何对待人工智能也需要符合伦理规范。进一步,一些研究者也在思考是否应以"服从"作为人与机器关系的基础。当机器人的智能性越来越高,机器人三定律所确定的服从关系可能受到巨大的挑战。一些研究者提出机器与人之间应该是一种协作、共生关系,而非简单地服从。这种新关系的诞生对机器人三定律是一个根本性的颠覆,而如何在这一前提下重新设计人和机器共同遵守的道德准则和行为规范,是个非常具有挑战性的课题。

⑤ 总结

本节讨论了机器人三定律的基本原则,并讨论了其内在缺陷。机器人三定律定义了智能时代人与人工智能之间的社会定位,并确立双方需要遵守的基本原则。目前,关于这一问题的讨论是人工智能领域的热点,也是建设未来智能社会需要仔细考量的基础性问题。

❓ 思考与讨论

基于机器人三定律,讨论在如下场景应如何处理?

(1)如果一个机器人A处于一个凶案现场,一个成年人拿枪试图伤害一个小男孩,这个机器人为了保护这个小男孩,可以选择伤害这个成年人吗?

(2)如果一个机器人A看到另一个机器人B在试图伤害一个小孩,这个机器人为了保护这个小孩,可以摧毁机器人B吗?

课程实践

"电车难题"是由英国哲学家菲利帕·福特在1967年提出的一个伦理学思想实验,其大致内容为:一辆失控的列车在铁轨上行驶,在列车前方轨道上有五个人无法动弹。假设你可以拉动轨道操纵杆,列车将切换到另一条轨道上,问题是另一条轨道上也有一个人,如果拉下操纵杆,前方的人固然可以获救,但岔道上的人会被撞。那么,应不应该拉下操纵杆呢?

上面的问题对人来说是个艰难的选择,对机器人来说同样如此。不同的是,人做这些决定时靠的是临场反应,做出什么决策都是可以理解的,但机器人不同,它们的行为方式是被设计者事先确定的。那么如何设计在这些场景下的行为方式,就是一个严肃的道德与伦理选择问题。

如图5-4所示,一辆自动驾驶汽车在路上飞奔,而你在这辆车上。忽然前方的大卡车上掉下来一堆货物。如果直接撞上去的话,车会撞烂,你可能会死亡;如果向左转,左边的车会撞坏,自己和左车的乘客都会受伤;如果向右转,自己没事,但右边的摩托车手可能会死亡。这种情况下,自动驾驶汽车应该采取何种动作呢?组成小组进行调查研究,设计调查问卷,分发问卷给不同群体并分析反馈结果,形成调查报告。

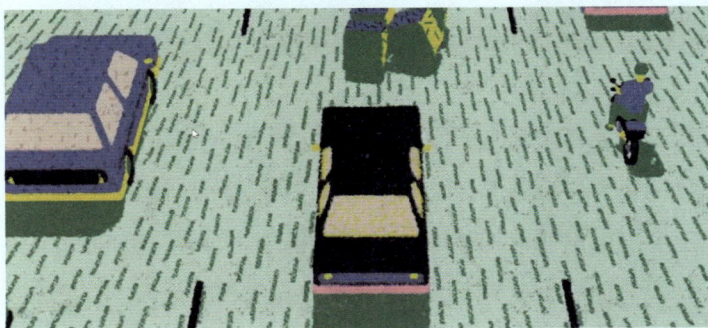

图5-4　自动驾驶汽车难题

5.2
信息伪造

学习目标

（1）了解人工智能在音视频合成技术中的应用及其滥用带来的社会影响。

（2）认识鉴伪技术在应对虚假音视频泛滥中的作用及其局限性。

（3）探讨应对信息伪造的多层次策略，包括技术手段、公众教育和法律监管。

人工智能技术的发展为我们的生活带来了诸多便利，同时伴随着一系列潜在风险。其中一些风险有些还没有那么紧急，比如机器人自主攻击人类的风险，目前看起来还很遥远，有一定时间去逐步应对，但有些风险已经迫在眉睫，必须立即采取行动，以避免技术的发展对人类自身造成伤害。

本节讨论一种已经产生极大社会危害的AI风险：人工智能带来的信息伪造。这里所说的信息伪造，不是指编造一些不实消息，而是指通过人工智能技术生成虚假的图片、声音和视频。这些伪造的图片和音视频已达到了真假难辨的程度，传播开来会产生非常恶劣的影响。

① 音视频合成技术

Deepfake是一种先进的图片和视频伪造技术，它利用深度学习模型，能够合成出高度逼真的虚假图片和视频。这一技术本身并不复杂，如图5-5所示，通过将A的人脸照片输入一个"表情编码器"，提取其面部表情特征，再将这些特征输入B的"人脸解码器"，就可以生成一张具有A的表情但人脸为B的照片。

Deepfake可以用来对图片和视频换脸，即将图片或视频中的人换成别人的脸（图5-6），但几乎不改变背景、衣着等。该技术的另一种造假方式是通过一个人的动作来控制一张图片，从而得到让图片动起来的效果（图5-7）。

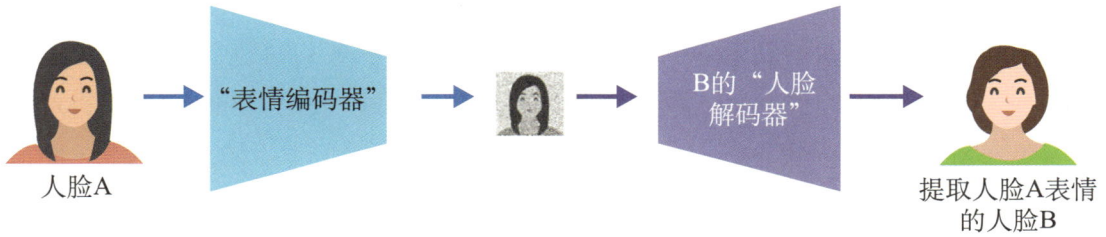

图5-5　Deepfake技术

图5-6　Deepfake换脸效果

图5-7　Deepfake让一张静态照片动起来

除了图像和视频，音频资料同样可以被修改，这种技术称为"语音转换"。具体流程包含：首先提取说话人A的发音特征，然后将这一特征迁移到发音人B的语音上。现在的语音转换技术已经非常强大，可以实时进行转换，也就是说，当一个人在此处说话时，经过转换器处理后，另一端听到的是另一个人的声音。

② 音视频合成技术的滥用

不论是Deepfake，还是语音转换，最初的目标都是用于娱乐和影视特效。比如拍武侠电影时一些高难度动作由武术专业的替身演员出演，后期制作时将替身演员的脸换成主演的脸。这种技术可以极大降低替身演员的门槛，因为不需要刻意寻找长得相像的替身。然而，遗憾的是，这些技术正逐渐被滥用，用于制造虚假信息，给社会带来了一些混乱，我们举几个例子。

（1）伪造扎克伯格的Deepfake视频。2019年，一个伪造的脸书公司创始人马克·扎克伯格的视频在社交媒体上发布，视频中扎克伯格似乎在宣称控制全球数据（图5-8）。这段视频意在讽刺社交媒体平台对用户数据的控制，引起了公众对社交媒体公司权力和责任的广泛讨论。

图5-8　伪造扎克伯格的Deepfake视频截图

（2）英国公司被欺诈案。2020年，一家英国能源公司的CEO被虚假电话欺骗，他当时以为是在和德国母公司的老板在通话，但对方其实是利用声音转换技术变了声音的骗子。这通诈骗电话让这位CEO被骗转账22万欧元。

③ 鉴伪工作

伪造音视频资料对普通人来说很难判断真假，但事实上，这些伪造资料也并非毫无破绽可寻。最有希望的方式是用AI对抗AI，用人工智能技术来检测音视频的真实性。例如，可以通过识别图像在细节上的失真，或者考察音频与视频内容的匹配程度等情况来判断视频是否经过合成。例如，美国纽约州立大学布法罗分校的研究者开发了一种检测工具，通过分析眼睛的反射光来识别虚假视频。在对一种利用"生成对抗网络"深度学习模型所生成的虚假人脸图片进行测试时，该检出工具的检出率达到了94%。再如清华大学和北京邮电大学合作的一项鉴伪工作，通过对比音频和视频的同步性（如嘴唇动作与声音是否匹配），也可以将一些伪造视频检测出来。

面对虚假音视频的日益泛滥，多个科技公司和研究机构正在研发和推广鉴伪技术。例如，脸书和微软等公司启动了Deepfake检测竞赛，以开发更有效的检测工具。除了技术手段，加强公众对虚假信息的辨别能力和防范意识也很重要，要提醒公众不要盲目相信网络上来源不明或未经证实的视频和音频信息。最后，各国政府也在加紧立法，严惩使用音视频合成技术进行犯罪活动的人。

④ 总结

人工智能技术可以合成非常逼真的音视频。这一技术在给娱乐和创意产业带来便利的同时，也带来了虚假信息泛滥的可能性。随着技术的不断进步，AI生成的音视频资料可能会变得越来越逼真，鉴别起来也越来越困难。特别是，当前的鉴伪技术主要针对现有的伪造算法比较有效，但当新的伪造算法出来后，往往需要根据新的情况，重新调整或设计鉴伪方案。因此，仅仅通过技术手段还不足以解决虚假音视频泛滥的问题，还需要加强法律监管，提高伪造信息的违法成本，才有可能取得较好的治理成效。

5.3 信息泄露

学习目标

（1）了解人工智能在生物信息和个人信息泄露中的潜在风险及其典型案例。

（2）认识大语言模型在使用过程中可能引发的信息泄露问题及其解决措施。

（3）探讨信息泄露的应对策略。

人工智能广泛应用的另一个潜在风险是信息泄露问题。信息泄露是指个人或组织的敏感信息在未经授权的情况下被获取、使用或传播。当前人工智能技术的快速发展主要来源于数据的积累，但大规模数据的集中存储和应用使信息泄露的风险大大提高。本节将讨论人工智能引发的信息泄露风险，提高信息安全意识。

① 生物信息泄露风险

生物信息包括人脸、声音、指纹、虹膜等独特的个人特征，这些信息可以用来确认一个人的身份。在日常生活中，生物信息被广泛应用在各种需要身份验证的场合。这些生物识别技术虽然为身份验证提供了便利，但也存在生物信息被非法采集和滥用的潜在风险。比如很多场所安装的摄像头（图5-9），可能在未经本人同意的情况下采集人的面部信息，这些数据可能会被用于非法活动。同样，一些智能手机的语音助手也可能在未告知使用者的情况下采集用户的发音信息。这可能会导致我们的生物信息被滥用，从而带来安全隐患。

图5-9　街头的监控摄像头

2019年8月15号，Vpnmentor的安全研究人员发现了BioStar2发生了严重的信息泄露事件，涉及超过100万人的2800万条生物信息记录，包括指纹、人脸和其他个人信息。成千上万的公司使用BioStar2，然而这些公司的数据库没有受到很好的保护，导致信息泄露。

2022年，美国的TransUnion公司发布了一份报告，指出仅在2021年第四季度，至少2200万美国人成为数据泄露的受害者。这些泄露事件导致大量个人信息被泄露，包括驾照和护照上的面部生物识别信息等。TransUnion公共部门业务部门的高级副总裁杰夫·赫斯在一份准备好的声明中表示："这份报告应该让政府机构意识到他们应该集中精力在哪些领域来遏制欺诈并防止受害人群进一步扩大。"

近年来，随着人工智能技术在图像和语音合成领域的不断进步，伪造的视频和声音越来越逼真，生物信息泄露所带来的后果越来越严重。例如，随手拍的一张照片就可以用来生成一段以假乱真的视频，随便截取的一段发音就可以生成真假难辨的声音。问题是这种人脸和声音的采集成本很低，带来的后果却非常严重。

目前人们对生物信息泄露的担心越来越强烈。例如，美国纽约警方在2020年8月7日试图逮捕"黑人的命也是命"活动人士德里克·英格拉姆，他们围攻了他的公寓五个小时，怀疑是使用了面部识别技术进行了定位。这引发了公众对滥用人脸识别技术的担忧，并发起了名为Ban The Scan的抵制活动。

在我国，政府已经意识到了人脸识别存在的信息泄露风险，一些城市开始减少非必要的人脸识别要求。比如上海和广州等地先后停止了入住酒店时面部识别验证的强制要求。

② 个人信息集体泄露的风险

个人信息包括但不限于姓名、身份证号、地址、电话号码、电子邮箱地址等。现代社会中，个人信息在网络上流通广泛，用于各种在线服务和交易。个人信息泄露可能通过网络攻击、数据泄露事件等途径发生。例如，2017年Equifax公司遭遇黑客攻击，导致超过1.43亿人的个人信息被泄露。在2021年发生的T-Mobile信息泄露事件（图5-10）中，有1亿用户的个人信息被泄露，给公司造成了3.5亿美元的损失。2024年8月的一份报告指出，据法庭文件显示，在背景调查公司国家公共数据（NPD）被著名黑客组织USDoD入侵大约四个月后，29亿人的敏感信息已经在网上泄露。这些信息包括受害人的全名、地址、出生日期、电话号码和社会保障号码，其规模之大令人担忧。

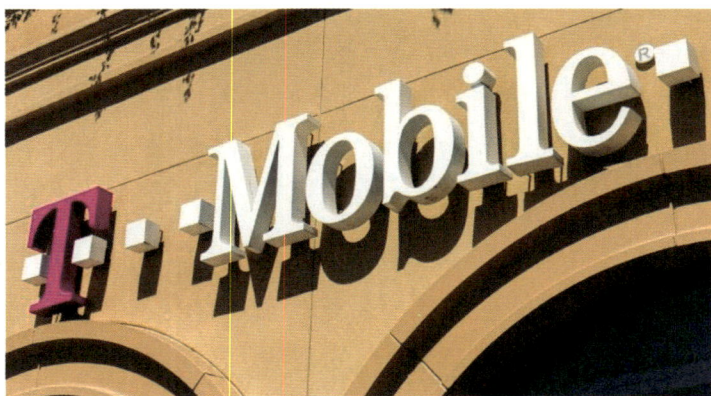

图5-10 电信公司T-Mobile 2021年发生信息泄露事件

个人信息泄露事件在中国也多次发生。例如，在2019年，某快递公司发生了一起严重的信息泄露事件，涉及多个快递平台的用户数据。这次泄露的数据包括4.5亿条与快递订单相关的私人信息，如收货人的真实姓名、手机号和详细地址等，规模极其庞大。这一事件引发了社会对个人信息保护的广泛关注，相关法律规定了对非法贩卖和提供个人信息的处罚措施。

这些信息泄露事件虽然并非完全由人工智能技术导致，但在人工智能时代，要谨慎对待数据的存储和使用，防范因数据管理不规范带来的泄密风险。

③ 大语言模型带来的信息泄露风险

近年来，以GPT为代表的大语言模型取得了巨大进展。这些模型通过海量文本数据训练，可以实现与人类的自然语言交互，完成问答以及复杂任务。然而，大语言模型也存在一些信息泄露的潜在风险，可能在使用过程中无意间泄露敏感信息（图5-11），具体如下。

图5-11　大语言模型可能在交流中泄露个人信息

（1）个人信息。用户在与大模型互动时可能无意中分享了自己的个人信息，这些信息可能被记录并存储。例如，2023年3月，ChatGPT聊天机器人因软件漏洞导致客户的个人数据被泄露，包括信用卡信息和聊天标题。OpenAI在事件后表示，"在我们让ChatGPT下线前的几个小时里，一些用户有可能看到另一个活跃用户的姓名、电子邮箱地址、支付地址、信用卡号码的最后四位数字以及信用卡的有效期。任何时候都没有暴露完整的信用卡号码。"

（2）机密数据。在某些情况下，大模型可能会"记住"训练数据中的机密信息，并在一些场合下输出这些信息。例如，研究发现，某些用医疗或法律文本训练的大语言模型可能会生成这些文本中的部分内容，从而引发隐私风险。比如，三星的员工就曾遇到过大模型泄密问题。他们在使用大模型的过程中无意输入了公司的敏感数据，如代码和会议记录，这些数据可能已经被收集和用于模型训练，在某些情况下被大模型输出。再比如，有研究者以200美元的查询成本从ChatGPT对话中恢复了一万多个训练数据样本。研究者粗略估计，通过更多的查询可以提取超过10倍的训练数据。

④ 总结

信息泄露是一个复杂且严重的问题，尤其在人工智能技术迅速发展的今天，信息的快速传播和共享大大增加了泄露的风险。具体来说，生物信息的过度采集、个人信息集体泄露以及大模型本身的训练机制都带来了信息泄露的风险，对我们的社会构成了威胁。需要强调的是，保护信息安全不仅是技术问题，也是伦理和法律问题。通过完善法律法规、改进技术手段和提高个人信息保护意识等综合手段，才能更好地应对信息泄露的挑战。对于我们个人来说，应该加强个人信息保护意识，包括定期更改密码、谨慎分享信息、使用安全检查软件等。

5.4
信息茧房

🔊 学习目标

（1）理解信息茧房的概念、成因及其对个人认知与社会关系的影响。

（2）学习打破信息茧房的方法，包括接触多源信息和培养批判性思维能力。

你是否发现，浏览短视频平台或新闻客户端时，系统推荐的绝大多数都是我们感兴趣的内容？比如，鹏琦平常喜欢打篮球，他在浏览短视频时，推荐给他的大多是关于篮球的内容，如篮球比赛的新闻、打篮球的技巧等；阿琛喜欢武侠小说，打开新闻客户端后，看到的新闻都与武侠小说有关，如分析各路大侠武功高低，讨论金庸和古龙谁是泰山、谁是北斗。

这种基于算法推荐的信息获取方式可以精准抓住我们的兴趣点，让信息的流动更有针对性；另一方面，它也使我们陷入一个"信息茧房"之中。这个"信息茧房"（图5-12）就像是一个封闭的小房间，让我们只能看到自己感兴趣的内容，而忽略了其他丰富多彩的信息。本节将讨论信息茧房的产生的原因和它带来的危害，并探讨如何打破这个茧房，拥抱更加多元和丰富的信息世界。

图5-12 "信息茧房"让人接触的信息变得单一、狭隘

① 什么是信息茧房

信息茧房是一个形象的说法，用来描述人们会主动选择自己感兴趣的信息，从而将自己所能触及的信息领域局限于像蚕茧一般的狭小空间中。简单来说，就是我们只关注自己喜欢的、认同的信息，而对其他不认同的意见或不愿意相信的信息视而不见。信息茧房就像一个封闭的小房间，把我们局限在里面，让我们只能看到房间内的信息，无法了解外面更广阔的世界。

信息茧房的危害主要体现在三个方面。首先，它会让我们的视野变得狭窄，只看到自己感兴趣的那一小部分世界，进而影响我们对世界的全面认识。比如，一个只关注娱乐新闻的人，可能对科学技术、历史文化等方面的知识了解相对较少，这可能会在一定程度上限制他的职业发展和个人成长。

其次，长期处于信息茧房中（图5-13），我们会不断强化自己的固有观点，无法接触到不同的观点和不同的思考方式。这会导致我们的思维变得固化，缺乏创新性和批判思维。在学习和生活中，缺乏创新和批判性思维可能会让我们错过一些解决问题的新方法，也难以提出有建设性的意见。比如，一个团队中，带头人偏向于某种陈旧的技术路线，而其他成员为了获得领导的认可，无条件赞同该意见，这会导致团队形成信息茧房，使领导盲目自信，整个团队缺少创新精神，错过发展机会。

图5-13　处于"信息茧房"中示意

最后，信息茧房还可能导致社会分裂。当不同的人群都沉浸在自己的信息茧房中时，彼此之间的交流和理解会逐渐减少，容易产生误解和冲突。比如，不同政治立场的人如果只看到符合自己立场的信息，就会加剧双方的对立，不利于社会的和谐稳定。实际上，很多社会冲突都是因为对事情的认知不同引发的，信息茧房无疑会加剧这种认知差异。

② 信息茧房的成因

信息茧房的形成很大程度上归因于现代信息技术和社交媒体的发展，它们通过个性化推荐算法和社交网络的同温层效应影响着人们获取信息的方式。

1）个性化推荐算法

个性化推荐算法是信息茧房形成的重要技术驱动因素。这些算法通过分析用户的行为数据，如浏览历史、点赞记录、搜索习惯等，预测用户可能感兴趣的内容，并进行精准信息推送。这种个性化推送在提升用户体验的同时，也使用户所接触的信息逐渐趋于单一化，限制了他们对多元化信息的获取。信息单一，是信息茧房形成的第一个原因。

2）社交媒体的同温层效应

社交媒体让具有相同兴趣的人群互相聚集，形成一个相对封闭的社交圈。推荐算法的一个特点是会在相同兴趣的人群中间交叉传递信息，客观上起到了信息反射与增强的作用。比如你在社交媒体上发表了一个观点，推荐算法会将你的观点推送到与你有相同兴趣的人群，由于观点的相似性，他们会对观点进行正向反馈，就好像你对着山谷喊了一声后会听到远处的回音一样。社交网络通过这种信息反射机制，让具有相同兴趣爱好和认知水平的人在他们共同组成的大茧房里互相认同，互相取暖。这种现象被称为"同温层效应"。在脸书和推特等国际化社交平台上，同温层效应尤为显著。用户通过加入兴趣小组或关注某些领域的意见领袖，从而形成一个个信息封闭的"小圈子"，进一步加深了对特定观点的认同而忽视其他声音。

3）信息超载与偏向性选择

信息爆炸时代，人们被太多信息所包围。信息过载使得用户在筛选信息时，往往倾向于接受与自己观念一致和兴趣相关的内容。这种人本身的内在倾向性与推荐算法相结合，进一步强化了信息茧房的形成。

③ 打破信息茧房

为了打破信息茧房，除了在技术上进行改进之外，对于我们自身来说，需要主动接触多源信息（图5-14），并学会判断信息的权威性。

1）多源信息的重要性

接触不同来源的信息可以让我们了解更多的信息和观点，拓宽我们的视野。比如，除了阅读娱乐新闻，还可以尝试阅读一些科学杂志、历史书籍和文学作品等，这样可以帮助我们了解更多的知识和文化。同时，观看不同题材的电影，如纪录片、历史片、科幻片等，也能让我们领略到不同的生活和思想。

增加信息的多源性有助于培养我们的批判性思维。当我们接触到不同的观点和信息时，必然要进行分析和判断。比如，在学习历史时，我们可以阅读不同历史学家的著作，了解他们对同一历史事件的不同观点。通过对比和思考，能够更好地从不同角度看待问题，不轻易被单一的观点所左右。

图5-14　接触多源信息打破　　　　信息茧房

此外，增加信息的多源性还可以促进不同人群之间的交流和理解，减少误解和冲突。比如，在学校或社区中，我们可以积极参与一些跨领域的交流活动，如科学展览、文化节、志愿服务等。通过这些活动，我们可以与不同背景的人进行交流合作，增进彼此的理解和友谊，同时避免知识和理念的单一化。

2）鉴别信息的可靠性

不同信息源的可靠性不同。一些权威的媒体、专业的机构发布的信息通常比较可靠，而一些不明来源的信息则需要谨慎对待。我们可以通过仔细查看信息的发布者、发布时间、来源渠道等信息，以此来评估其可信度（图5-15）。比如，在学习科学知识时，我们可以参考权威的科学杂志、著名学者的著作，而对于一些可信度不高的网站信息要保持警惕，特别是自媒体信息不能轻易相信。

要对比多个信息源，留意那些经常发出错误信息的媒体。比如，在了解一个新闻事件时，我们可以看不同媒体的报道，还可以通过社交媒体、论坛等渠道了解公众的不同看法。当事件过去之后，再反思和甄别哪些信息源是严肃的、负责的、可靠的，哪些信息源是哗众取宠的、谎话连篇的。久而久之，就可以鉴别

图5-15　打破信息茧房要学会判断信息源的可信度

出那些具有高可信度的媒体。

　　培养批判性思维也有助于提高对信息可靠性的判断能力。我们要学会质疑和思考，不盲目相信任何信息。比如，在看到一篇自媒体文章时，我们要思考文章的逻辑是否连贯，数据是否客观，证据是否足够充分，观点和证据是否有因果关系，等等。多思多想，慢慢就会养成对事物的敏锐批判力，防止被别人的观点所左右，也防止自己在不知不觉间陷入信息茧房中。

④ 总结

　　信息茧房是我们在信息时代面临的一个重要挑战，如果陷入茧房而不自知，将对个人的发展产生不可估量的负面影响。为了破除信息茧房，可以通过增加信息的多源性，比较不同信息来源的权威性和可靠性，通过认真鉴别和思考做出理性判断。只要我们放下固有观念，以开放的心态接纳与自己不同的声音，多思多想，就可以在突破信息茧房的同时不断突破自己。我们可以制订一些具体的行动计划，比如每周阅读一本不同类型的书籍、关注几个不同领域的新闻网站、参与一些跨领域的交流活动等。通过这些行动，我们可以逐渐拓宽自己的视野和思维方式。

5.5
人工智能与社会公平

（1）理解人工智能应用中的公平性问题，包括数据偏差导致的歧视和特殊群体面临的技术障碍，以及不公平使用的风险等。

（2）学习应对人工智能公平性挑战的方法，例如改进数据质量、推动无障碍设计和加强法律监管。

随着人工智能的广泛应用，其公平性问题日益受到关注。所谓公平性，是指AI在面对不同人群时不能产生系统性的行为偏差。公平性问题的产生有多种原因，其中较为重要的包括：

（1）训练数据本身的偏差带来的系统歧视；

（2）老年人和残疾人等特殊群体的使用不便；

（3）AI技术被个别群体所掌握，造成不公平使用。

本节将通过实例来探讨这些问题的影响和可能的解决方案。

① 数据偏差导致的人工智能系统歧视

数据是人工智能的基础，如果训练数据中存在偏差，所训练出的人工智能模型就可能做出歧视性的判断，这在招聘、金融和司法等领域尤为显著。从根本上说，这种歧视源于人工智能学习到了人类社会中存在的偏见和歧视，并将其再现出来，而这种再现可能进一步扩大化这种歧视。我们举几个例子。

1）招聘中的歧视

亚马逊在2014年左右开始开发一款AI招聘工具，希望通过自动化简历筛选来提高招聘效率。然而，该系统在处理简历时表现出性别偏见，尤其是在筛选女性简历时更为严苛(图5-16)。分析后发现,训练该AI工具所用的数据主要来自男性主导的技术职位(如软件开发工程师),这使AI系统在学习过程中形成了男性更符合这些岗位的偏见。尽管亚马逊发现这一偏见后,曾尝试纠正这些问题,但未能有效解决。最终,该项目在2018年被取消。

图5-16　人工智能可能带来性别歧视

2)法律系统中的种族偏见

人工智能可以用来评估犯罪嫌疑人再次犯罪的风险,以决定是否给予保释或减刑。然而,这些系统可能会对少数族裔有偏见。一个典型的案例是COMPAS的种族偏见问题。COMPAS是一种预测算法,用于预测被告再次犯罪的可能性,广泛应用于美国的刑事司法系统。2016年,ProPublica发表了一篇调查报告,揭露了COMPAS系统在种族预测上的偏见问题(图5-17)。ProPublica的研究发现,在对7000多名被告的数据分析中,COMPAS表现出显著的种族偏见,经常将低风险的黑人标记为高风险,同时将

图5-17　COMPAS系统在种族预测上的偏见举例

注:普拉特在附近的商店偷窃了价值86.35美元的工具而被逮捕,但并未被认为有再次犯罪的风险,但事实上他是个偷东西的惯犯。类似的一个案例,布里莎·博登在和一个朋友拿走了外面停放的一辆儿童自行车和滑板车后,未来再次犯罪风险等级被评估为8。事实上她没有再次犯罪。

高风险的白人标记为低风险。同样，这种偏见主要源于训练数据的系统性偏差。COMPAS算法使用的是历史上的执法和司法数据，而这些数据本身就反映了美国社会中存在的种族偏见。这些偏见被人工智能模型继承下来，并在司法实践中被进一步放大。

3）金融领域的信用评分歧视

AI在金融领域中常用于信用评分。由于数据偏差，系统在评估过程中可能对某些族群存在不公平的倾向。例如，有研究发现一些系统在评估不同种族的贷款申请时，可能会给予白人申请者更高的评分，而对非裔和拉丁裔申请者则给予较低的评分，这种差异反映了系统在评估过程中存在不公平性。此外，女性申请者在某些情况下也可能因为算法的隐性偏见而面临更高的借贷成本或更低的贷款额度。

2019年，Apple Card 因为被指在信用评分中对女性存在偏见而遭到批评。事情的起因是一位名叫大卫·海涅迈尔·汉森的软件程序员在社交媒体上发文，声称"我和我的妻子提交了联合纳税申报表，并且已经结婚很长时间了，然而，苹果的黑匣子算法认为我应得的信用额度是她的 20 倍"。汉森的遭遇并非个例，苹果公司的创始人之一史蒂夫·沃兹尼亚克也发现了同样的问题。他在回复汉森的遭遇时说："同样的事情也发生在我们身上，我获得了妻子10倍的信用额度，但我们没有单独的银行或信用卡账户或任何单独的资产。"汉森的抱怨引起了纽约州监管机构的注意，该机构随后宣布对Apple Card进行调查。问题在于，这种评估是由人工智能做出的，即便Apple Card的发行方美国高盛公司也无法给出有效的解决方法。类似的，一些金融科技公司（如ZestFinance），也曾被批评其人工智能系统在信用评估中对低收入和少数族裔群体存在偏见。这种偏见背后反映的是历史数据中不同性别、不同族裔之间长期存在的经济地位不平等，进而导致更大规模的金融歧视。

② 特殊群体在人工智能面前的不平等性

AI技术的普及让许多人享受到便利，但对于老年人、残疾人等特殊群体来说,使用AI时面临的障碍更为显著。这些障碍不仅是技术问题,更是公平性问题。

1)老年人在数字化时代的困境

目前,银行、医院和政府机构越来越依赖线上服务,很多老年人难以适应这一转变,导致他们在获取基本服务时遇到困难。特别是人工智能设备的普及,其操作复杂性让老人感到畏惧,不敢用、不会用。例如,在COVID-19疫苗接种期间,许多国家和地区采用了线上预约系统来管理疫苗接种。这种方式虽然高效便捷,但许多老年人由于不熟悉互联网,缺乏智能设备,操作不了复杂的在线预约平台,也无法及时获取相关信息,导致他们错过了接种机会,线上预约反而给他们带来了更大的麻烦。

又如在线医疗挂号系统,一些软件界面设计复杂,验证操作烦琐,导致老人在挂号时处于劣势,无法与年轻人竞争。同样的困境发生在候诊、化验、取药的各个环节。

2)残障人士在AI面前的边缘化

AI设备和应用在研发设计时,往往没有充分考虑到残疾人的需求,特别是那些视力、听力或行动受限的人群。例如,无人驾驶出租车如果没有设计好残疾人的上下车方式,反而会进一步加剧科技对他们的排斥。此外,由于残疾人的数据在现有人工智能模型的训练数据中占比很低,导致人工智能系统在处理残疾人的数据时性能较差。例如,人脸识别技术在处理具有特殊面部特征的人群(如面部畸形、表情障碍)的数据时容易出现错误。《福布斯》杂志也曾报道过语音识别系统对有口音和言语障碍的用户响应不佳。

③ AI 技术的不公平使用

AI技术通常掌握在政府部门或大公司手中,存在不公平使用的风险。例如,人脸识别技术经常被用于公共安全领域,如抓捕逃犯,但这些系统的使用如果不加以控制,就可能让人暴露在监控之下,损害公民权利。再如,一些形成事实垄断的软件强制用户录入指纹、声音或面部图像,使用户没有选择权,这也造成了事实上的不公平。一些网店平台利用掌握的用户数据诱导用户付出高价购买商品，同样伤害了交易公平。总之，一旦AI技术由少数人控制，就有可能被滥用，伤害社会公平公正。

④ 总结

人工智能的不当使用可能加剧社会不公平，使得弱势群体更加边缘化，同时也破坏了公众对AI技术的信任，严重时可能引发社会混乱，如非法监控和隐私侵害等。人工智能的公平性问题是一个多方面的挑战，需要技术、法律和社会的共同努力。科学家们正积极寻求解决这些问题的方法，比如采用重采样、数据增强和偏差检测等技术来减少训练数据中的偏差，推动AI的无障碍设计，加强AI使用的合规化检查等。

从根本上说，人工智能的使用是为了让社会更公平，而不是相反。例如，人工智能在教育领域的应用可以使边远山区的孩子们也享有平等受教育的权利，语音识别技术可以使行动不便的老人通过语音控制轮椅，等等。我们所看到的一些不公平问题，一方面是历史数据中残留的偏见和歧视，另一方面则是AI技术不公平使用的问题。随着技术的进步和法律的完善，人工智能必将推动人类社会向更加公平的方向发展。

思考与讨论

（1）以自动简历筛选为例，思考讨论一下数据偏差如何导致性别偏见？

（2）在信用评级偏见的例子中，人工智能系统不仅产生了明显的性别歧视，而且难以纠正，这是什么原因？

课程实践

以辩论赛的形式，讨论人工智能对社会公平的影响。正方观点为人工智能的发展有利于促进社会公平，反方观点为人工智能的发展引发更大的社会不公。使用ChatGLM等大模型工具整理辩论思路，搜集相关证据。

5.6 法律责任

学习目标

（1）理解人工智能法律责任的主要争议问题，包括自动驾驶责任归属、生成内容的版权纠纷，以及训练数据和伪造视频的侵权问题。

（2）探讨应对人工智能法律挑战的方式和方法。

随着人工智能技术的迅猛发展，AI在各个领域的应用日益广泛，从自动驾驶汽车到智能助理，这些技术极大地便利了我们的生活。然而，人工智能也引发了一些法律方面的争议。这些争议主要涉及AI工具使用过程中的责任归属、自动生成内容的版权问题等。本节将探讨这些问题对社会的冲击和可能的应对策略。

① AI 行为的归责问题

我们以自动驾驶为例，探讨AI法律责任的归属问题。目前，自动驾驶汽车已经在很多国家和城市上路。在中国，完全自动驾驶的出租车已经在武汉等地开展业务。然而，如果这些自动驾驶汽车出了事故，责任应由谁来承担？到目前为止，还没有统一的法律定论。可能的责任主体具体如下。

（1）汽车制造商。负责车辆的整体设计和安全性能。在自动驾驶汽车中，制造商可能需要承担因硬件故障或设计缺陷导致的事故责任。

（2）AI系统开发者。负责AI算法设计和测试。如果事故是由于算法的错误或未能预测的行为造成的，AI开发者可能需要承担部分责任。

（3）车主。虽为自动驾驶汽车，但在特定情况下，车主仍可能被要求对车辆的安全操作负责，特别是在需要人工干预的情况下。

现有的道路交通法规主要是针对人类驾驶行为所制定的，对AI系统的事故责任归属缺乏明确法律规定。因此，法律需要引入新的条款，明确各方责任。值得注意的是，随着人工智能的自主性越来越强，事故责任主体的认定难度会进一步增加。例如，如果自动驾驶汽车具有了学习能力，可以根据过往的驾驶经验自主学习。其行为方式会发生改变，甚至超出设计者、车主和监管部门的控制范围。如果这些新学习出来的行为方式对人造成了伤害，让谁来承担责任就更为复杂。

不仅是自动驾驶领域，很多AI系统面临同样的责任问题。以医生的AI手术工具为例，随着智能化程度越来越高，医生的可控性也会有所降低，若发生医疗事故，责任归属难以判断。例如，手术中如果AI工具错误识别了病灶位置，导致医生切除了患者的正常器官，谁应为此承担责任？ 如果使用普通手术刀，医生有足够的控制能力，责任归属会很明确，而AI手术刀有一定的自主性，医生的控制力减弱，完全把责任归于医生是不公平的，也会打击医生应用AI技术的主动性。总体上，AI工具的智能性越强，自主性越高，责任归属的难度越大。

② 自动生成内容的版权纠纷

随着生成式人工智能的发展，人们可以在AI的辅助下生成文章、视频、音乐等内容，这为创作带来了前所未有的便利。然而，这种技术的广泛应用也引发了一个重要的法律问题：生成式人工智能创作的作品是否具有版权属性？ 我们看两个真实的案例。

1）美国版权局:《太空歌剧院》案

游戏设计师杰森·艾伦使用AI绘图工具Midjourney创作了一幅名为《太空歌剧院》(*Théâtre D'opéra Spatial*)（图5-18）的艺术画，并在美国科罗拉多州举办的新兴数字艺术家竞赛中获得"数字艺术/数字修饰照片"类别一等奖。随后,杰森·艾伦以自己为作者向美国版权局提交了该图片的登记申请。

AI绘图工具Midjourney 创作的作品   最终作品

图5-18 AI作品《太空歌剧院》

  由于该图片曾在公开比赛中获奖,版权局得知其包含AI生成的内容,要求申请者提交创作过程说明。根据说明,杰森·艾伦在生成过程中输入了至少624次文本提示得到了图像的初始版本,并使用图像处理软件Adobe Photoshop消除了部分瑕疵,新增了一些视觉内容,最后使用图像处理工具Gigapixel AI提高了图像的分辨率和尺寸。尽管如此,在综合考察涉案图片后,美国版权局审查委员会于2023年9月5日拒绝了《太空歌剧院》的版权登记申请,理由是作品无法体现个体的原创性。本案显示了美国对AI作品可版权性的基本立场,即"对于AI生成的作品,若其中人类参与创作的程度低于版权保护标准,则其整体不受版权保护"。

2)北京互联网法院:《春风送来了温柔》案

  本案中,原告李某使用AI绘图模型Stable Diffusion生成了一幅人物图像,随后以《春风送来了温柔》为名发布于其社交平台。原告李某声称,其通过构思布局、输入了约150个提示词、安排提示词的顺序、设定并不断修改参数、选定最终图像等方式创作了该图像,而被告刘某将其作为文章配图发布并删去水印,侵害了原告的署名权和信息网络传播权。北京互联网法院在审理中认定,该AI生成图像体现了原告李某的智力投入和个性化表达,具备"智力成果"和"独创性"要求,受《中华人民共和国著作权法》保护。同时,法院认为AI本身无法成为《中华人民共和国著作权法》规定的作者,因此原告李某为该作品的作者。

从上述两个案例可以看到,关于AI作品的著作权问题,尽管大家都公认生成AI作品需要创造性劳动,但不同国家和地区所执行的标准存在差异。目前各国关于AI作品的可版权标准还在探索中。

③ 模型训练数据的版权问题

另一个和生成式人工智能版权相关的问题是人工智能训练数据的版权纠纷。一个案例是谷歌与法国新闻媒体关于Gemini的训练数据版权纠纷。事情是这样的:2022年,谷歌跟280家法国新闻媒体机构签署了版权承诺协议,承诺如果搜索引擎继续抓取新闻,要向新闻出版商支付版权补偿费用。除此之外,协议还确定了"透明、客观、非歧视"的版权报酬原则。而法国竞争管理局今年发现,谷歌在训练Gemini的过程中没有完全遵守承诺:在透明度方面,谷歌没有告知新闻机构Gemini使用了它们版权内容,更没有说明使用方法;在退出机制方面,尽管谷歌推出了Google Extended技术——即新闻媒体可以在网页中插入名为"no index"的标签,拒绝被网络爬虫抓取成为大模型Gemini的训练素材,但插入这一标签也意味着新闻将在谷歌搜索中完全消失,从而伤害了新闻出版商的新闻传播权。

不仅谷歌遇到了这个问题,OpenAI也为此很头疼。美国媒体《纽约时报》把OpenAI及其投资方微软公司告上法庭,指控二者未经授权就使用该媒体的数百万篇文章来训练人工智能大模型,要求被告销毁相关数据并对媒体损失负责。后来OpenAI对此做出辩护,称其训练是合理使用,且它们已提供了退出的选择。

虽然法国媒体和《纽约时报》的诉求并非没有道理,但以训练大模型为目的使用可公开检索到的数据毕竟和直接转载文章对版权的侵害不能简单地做等同,应该遵循什么样的法律准则,目前还没有定论。

④ 伪造视频的侵权问题

随着人工智能技术的进步,AI能够以假乱真地改变视频内容,这项技术称为深度伪造,英文叫deepfake。虚假视频可能被用于制造虚假信息或操控公众舆论,引发了对个人隐私和信息真实性的担忧。例如,有人用这一技术伪造政治人物的讲话,该讲话号召民众放弃抵抗外敌入侵,造成重大影响。同样的技术还可能被用于合成公众人物的私密照片,让人难辨真假,造成被害人的名誉损失和精神伤害。

一般来说,相对普通民众,公众人物的权利会受到一定限制,因此对公众人物的仿冒在一些国家的容忍度相对较高,但这并不意味着没有底线。如何判断伪造视频是否触犯法律,是一个需要认真思考的问题。

⑤ 总结

随着人工智能技术的迅猛发展,其在生活和工作中的广泛应用带来了许多法律问题。本节讨论了自动驾驶汽车的责任归属问题、AI生成内容的版权问题、AI训练数据的版权问题、AI伪造视频的侵权问题。这些问题涉及AI主体性、版权在衍生物中的传递、公众人物权利边界等一系列基本原则。目前,关于AI法律责任的问题依然在探讨中。

？思考与讨论

有一个名为Ethical AI Training Organization的组织(https://ethicalaitraining.org/)提出了一个主张,认为那些用AI赢利的公司应该把部分收益转给训练数据的提供者,就像股东投资某个企业应该从收益中分红一样,数据提供者通过AI模型提供了类似的"投资",所以理应获得收益。反对者认为,数据的版权在训练AI模型时就已经付费,没有理由将收益传递到AI服务公司。说说你的看法。

课程实践

AI在法律中的责任问题，归根结底是AI是否可以作为独立责任主体的问题，如果不能作为一个责任主体，那么能为之担责的主体该如何确定的问题。以智能手术刀出现医疗事故之后的责任归属为例，写一篇400字左右的文章，谈谈你的看法。

第 6 单元

人工智能基础方法

6.1

基于知识的智能

学习目标

（1）理解基于知识的智能方法的核心概念与历史发展。

（2）了解基于知识的智能方法的实际应用及其局限性。

假设你有一位同学，把一个图书馆的书都记在了脑子里，不论问他什么问题，他都可以侃侃而谈，你是否会觉得他非常聪明，非常有智慧？再如，如果你穿越回古代，向古人讲数学、物理的基本原理，是不是会令古人深深折服，惊叹你的聪明才智？这就是知识的力量。在心理学中，对于知识的记忆、整理、运用被认为是智能的重要组成部分。那么，如果把大量知识教给计算机，让它运用这些知识完成任务，是不是就能实现智能机器了呢？这也是人工智能研究者们关于智能机器的最初思路。本节将介绍人工智能科学家们在这方面的探索，并讨论这种方法的优势和劣势。

① 知识与智能

心理学家雷蒙德·卡特尔将人类智能分为两种类型：流动智力和固定智力（图6-1）。流动智力是指基础思维能力，如理解、学习、解决新问题的能力；相反，固定智力与知识积累相关，主要体现为使用经验知识解决问题的能力。简单地说，流动智力主要体现在思维敏捷，固定智力主要体现在知识丰富。

图6-1　流动智力（左）和固定智力（右）

我们年轻时主要靠的是流动智力，可以快速分析问题，找到解决方法；随着年龄的增长，思维敏捷性可能有所下降，但经验和知识不断积累，固定智力持续增长，从而可以更清楚地把握问题的关键，找到更好的解决办法。当然，这两种智力也不是完全割裂的，比如学习能力是一种流动智力，学习能力强可以帮我们更高效地掌握知识，从而让我们的固定智力也快速提高。

那么，计算机主要应该表现出人类的什么智能呢？人工智能的开创者们认为，计算机最主要的能力是计算速度快，即流动智力较高，但缺乏知识，对世界一无所知。如果能把人类的知识告诉它，再发挥它算得快的优势，它就可能表现出强大的智能。这是人工智能研究者们的最初思路。

② 基于通用知识的人工智能

对于现代科学来说，假设和公理是一门学科的基石，基于这些假设和公理，可以推导出庞大的学科体系。这启发了早期人工智能的学者们：假如让机器掌握了这些假设和公理，它们是否可以像人一样推导出我们所知的科学知识，成为无所不知的强大智能体？在这一思想的驱动下，第一批人工智能成果诞生了，其中最具代表性且最让人激动的工作是在定理证明方面取得的成功。

数学是一个基于少量公理即可推导出完整体系的公理系统。比如，在几何学中，从五条公理出发可以推导出整个几何学（图6-2）。公理化体系的确立为机器实现自动定理证明奠定了基础。

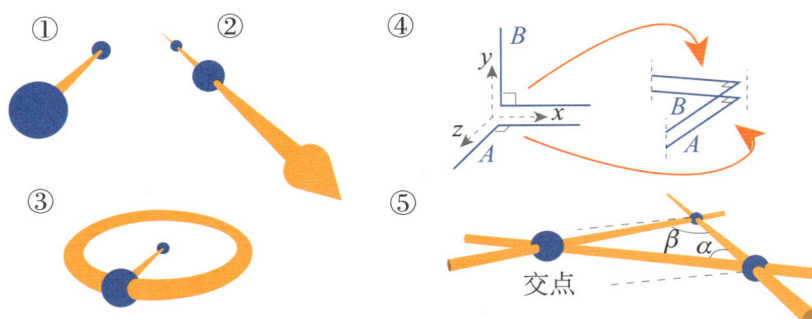

图6-2　欧几里得几何学公理

注：①过两点有且只有一条直线。②线段可以无限延长。③以任意点为中心、任意长为半径可以画圆。④所有直角相等。⑤两条直线与同平面内另一条直线相交，且同侧两个内角和小于两个直角和，则这两条直线相交。

由艾伦·纽厄尔和赫伯特·西蒙在20世纪50年代开发的逻辑理论家（Logic Theorist）是世界上第一个通用的自动定理证明程序，它在当时成功地证明了罗素和怀特黑德《数学原理》（图6-3）一书中第二章前52个定理中的38个，展示了知识和推理相结合的巨大潜力。

逻辑理论家的思路较为直接，从基础公理出发，利用推理规则逐步产生新定理，直到待证明的定理出现。为了加速证明过程，他们设计了一种称为"启发式搜索"的高效算法，这一算法首先判断哪些推理路径最有可能到达目标定理，并优先对这些路径做下一步搜索，从而大大减少了

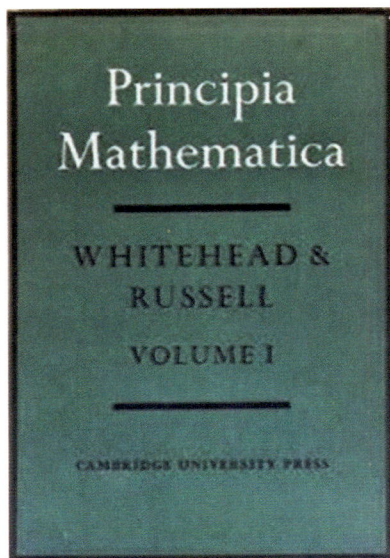

图6-3　罗素与怀特黑德合著的《数学原理》

需要探索的路径数量。举个简单的例子,假如你处于一个迷宫中,目标是尽快找到出口。启发式搜索就像是根据某些线索(比如风的方向或光线)选择最有可能的路径。

启发式搜索的引入显著缩短了逻辑理论家程序完成定理证明的时间。这一方法不仅推动了自动定理证明技术的发展,也为后续基于经验知识的智能方法奠定了基础。这是因为很多基于知识和规则的推理问题都可以归结为搜索问题,在这类问题中引入启发式线索通常会提高推理效率。比如在人机对弈中,可选的走棋方式有很多,这时候就需要有所取舍,启发式搜索就是一种很好的方案。

③ 基于经验知识的人工智能

随着人工智能的发展,科学家们发现仅仅依赖于数学公理和逻辑推理,并不足以应对现实生活中的复杂问题。首先,基础公理往往过于抽象,要推导出现实中的自然现象往往需要大量计算。例如,虽然物理学家们已经知道了原子的属性以及原子结合时的基本规律,但要精确计算出多个原子组成的大分子的特性(如蛋白质)仍然是难以完成的任务。另外,现实世界往往非常复杂,不是简单几个公理能覆盖的,这是因为:①除了遵循基本规律,还有很多领域相关的特殊规律;②不同观测尺度上会产生新的规律。同时,现实世界还存在复杂的不确定性,基于基础公理的推理结果很难处理这种不确定性。

1)专家系统

归因于这些复杂性,人工智能在实际任务上的早期尝试很多都失败了,包括机器翻译、对话系统等。经过反思之后,人们开始关注经验知识,例如医生在诊断疾病时的经验,工程师在解决设备故障时的经验等。这些经验知识虽然不像公理和定理那么精确,但却更接近现实应用,对于解决现实问题更有意义。为此,科学家们提出了专家系统的概念,将人类专家的知识输入机器中,使机器能够模仿人类专家进行推理和判断。

简单地说，专家系统主要包括两个主要部分：知识库和推理引擎（图6-4）。知识库存储了大量的领域知识，而推理引擎则运用这些知识进行推理和决策。通过模拟人类专家的推理过程，专家系统能够在许多专业领域为人类提供帮助。

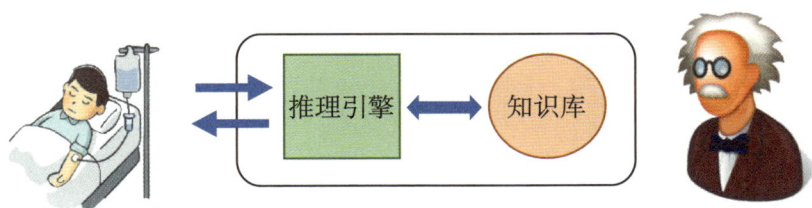

图6-4　专家系统示意

2）产生式规则与推理链

在专家系统中，知识通常以产生式规则的形式出现。产生式规则具有"如果……那么……"结构。例如，"如果天阴且湿度大，那么会下雨"（图6-5）、"如果春天到了，那么花要开"、"如果感冒了，就要吃感冒药"。把人类专家的经验用这样的规则一条条列出来，就组成了知识库。

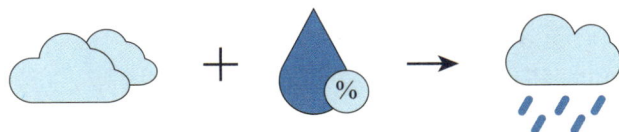

图6-5　产生式规则举例

有了产生式规则组成的知识库，就可以运用其中的知识进行多步推理。具体方法是把产生式规则前后连接起来，形成推理链条，直到获得我们需要的答案。例如，知识库里有如下三条规则。

（1）"如果天阴且湿度大，那么会下雨"。

（2）"如果下雨，那么河水会暴涨"。

（3）"如果河水暴涨，那么可能会淹没房屋"。

通过这些规则，专家系统能够从"天空阴暗且湿度大"推导出"房屋有可能被淹"的结论（图6-6）。当然这只是最基础的推理原则，实际推理过程中还要考虑各种复杂因素，比如事件发生的可能性问题、规则冲突问题、知识缺失问题等。要处理这些问题并不容易，需要对推理引擎做细致设计。

图6-6 规则前后连接实现多步推理

3）专家系统的应用

专家系统在许多领域得到了广泛应用，尤其是在那些需要专业知识的领域。以下是一些应用专家系统的领域。

（1）医疗诊断。专家系统可以帮助医生诊断疾病。通过输入患者的症状和病史，专家系统可以根据其知识库提供诊断结果，并推荐下一步检查方案或治疗方案。例如，知名的MYCIN系统就是一个早期的医疗诊断专家系统，专门用于辅助治疗血液感染。

（2）设备维护。在工业领域，专家系统被用于监控和维护复杂设备。例如，某些工厂使用专家系统来检测设备的运行状态，预测可能的故障，并提供维修建议。这些系统能够显著减少设备停机时间，降低维修成本。

（3）农业管理。专家系统还被应用于农业领域，如帮助农民选择最佳的种植时间、推荐合适的农药使用量等。这些系统通过分析天气数据、土壤条件和作物生长情况，提供科学的种植建议，从而提高农作物的产量和质量。

4）专家系统的缺陷

与基于通用知识的人工智能系统相比，基于经验知识的专家系统在解决现实问题方面表现得更好，但它们也有自己的局限性。首先，知识的获取是一个非常耗时的过程，需要组织专家进行梳理。

此外，知识库的维护也是一个巨大的挑战。为了保持有效性，知识库需要随着新知识的出现不断更新。这不仅增加了系统的复杂性，也提高了维护成本。比如，医疗领域的知识更新速度非常快，一个医疗诊断系统需要不断地吸收最新的医学研究成果才能保持其诊断的准确性。如何处理知识更新过程中新旧知识的冲突是个很大的挑战。

④ 总结

把知识教给机器让它拥有类似人的推理和决策能力,这是人工智能早期的基础方法。这种以知识为核心的方法虽然具有很强的可解释性和可控性,但难以应对高度复杂、动态变化的现实场景。更为重要的是,基于知识的方法无法打破人类知识的上限。随着技术的发展,人们越来越意识到这一局限性并开始探索一条让机器自我学习之路。新的机器学习方法可以从数据中自主学习知识,从而突破了人类知识的局限性,为人工智能打开了新的大门。尽管如此,很多领域并没有那么多数据,这些领域必须依靠人类知识的引导,这时基于知识的方法就成了唯一选择。另外,对于医疗卫生、航空航天这些需要高可靠性的应用场景,基于知识的人工智能方法依然具有重要意义。

6.2
基于学习的智能

📖 学习目标

(1)理解机器学习的基本概念和历史起源。

(2)掌握机器学习系统的五个基本组成元素。

(3)探讨基于知识的智能和基于学习的智能的区别。

传统基于知识的人工智能方法,无论是依赖通用知识还是经验知识,都难以突破人类知识的上限,也就无法实现超越人类的智能水平。为了突破这种局面,一个重要的解决思路是让机器具备类似人类的学习能力,使其能通过观察和学习自主获得新的知识和能力,这一过程称为"机器学习"。让机器自主学习是人工智能领域的重要里程碑,自此以后,机器就不再是被动执行人类指令的工具,而是可以通过不断学习自我完善、自我进步的智能体。本节将讨论机器学习的基本概念及基础流程。

① 学习的重要性

从我们出生的那一刻起，学习就开始了。婴儿通过观察和模仿逐渐学会了如何抓握物体、如何辨认熟悉的面孔和声音。随着年龄的增长，我们学习的内容变得越来越复杂，从基本的语言表达到复杂的数学运算，每一项技能的掌握都依赖于学习的过程。

学习伴随着我们的一生（图6-7）。科学研究表明，人类在胎儿期就已经开始学习了。例如，胎儿在母体内就能够对外界的声音产生反应，这表明他的中枢神经系统已经足够发达，开始进行学习了。

图6-7　人在一生的不同阶段使用不同学习方式学习

学习不仅让人类个体变得更加优秀，也推动了整个社会的发展。科学家通过学习掌握前人的知识，在此基础上进行创新，让我们的生活变得更加便捷和美好。医生们通过学习新的医疗技术，能够更有效地治疗疾病，拯救生命。工程师们通过学习新的设计理念和方法，能够设计和建造出更加坚固、美观的建筑物。可以说，学习是人类进步的阶梯，没有学习，就没有我们今天的美好生活。因此，我们应该珍惜每一次学习的机会，不断提升自己，为实现更加美好的未来而努力。

② 机器学习的诞生

鉴于学习对人类如此重要，一些科学家就开始思考，能否让机器也具备这种学习能力呢？换句话说，能否让计算机像人类一样，通过学习而变得越来越聪明呢?

1959年,一位名叫亚瑟·塞缪尔的美国科学家发表了一篇具有里程碑意义的文章。在这篇文章中,他让计算机学习下国际跳棋。一开始,计算机就像一个刚开始学下棋的小朋友,下得不太好。但是,它可以在对弈的过程中调整自己的行为方式,结果棋艺越来越高超,到后来塞缪尔已经完全不是对手了。在这篇文章中,塞缪尔用"机器学习"(machine learning)来命名他所发明的新方法,塞缪尔也因此被认为是机器学习的奠基人。

机器学习的诞生具有划时代的意义。传统观念里,计算机是一种单纯的计算工具,机械地执行人类所编写的程序。人类要想让计算机完成任务,需要详细地为计算机设计每个步骤,并通过编写程序将这些步骤传达给计算机。机器学习的出现打破了这种传统观念。通过机器学习,计算机可以自动地从数据中学习知识,而不需要人类程序员告诉它所有指令。这就类似人类在成长过程所经历的学习过程,人类不是机械地遵循老师的教导,而是通过自己的观察和思考实现自我学习和自我成长。同时,机器学习的出现极大地减轻了人类编写程序的负担,我们只需要告诉机器一个努力的方向,而不必为它设计每一个动作。这种自我学习能力是人工智能最核心的内容,为人工智能的发展开辟广阔的空间。今天我们看到的各种强大的人工智能,甚至包括人工智能带来的风险和威胁,事实上都是机器学习带来的。

③ 机器学习的基本框架

机器学习包含目标、模型、算法、数据、知识五个基本元素,这些元素共同构成了机器学习系统的基础框架(图6-8)。

1)目标

目标是机器学习的方向,正如我们旅行要有一个目的地一样,机器也需要一个学习目标。目标决定了机器所追求的能力:如果学习的目标是识别猫和狗的图片,那它最终的能力就是识别猫和狗;如果学习的目标是识别猫和狗在图片中的位置,那它最终的能力就是把出现猫和狗的地方框出来。

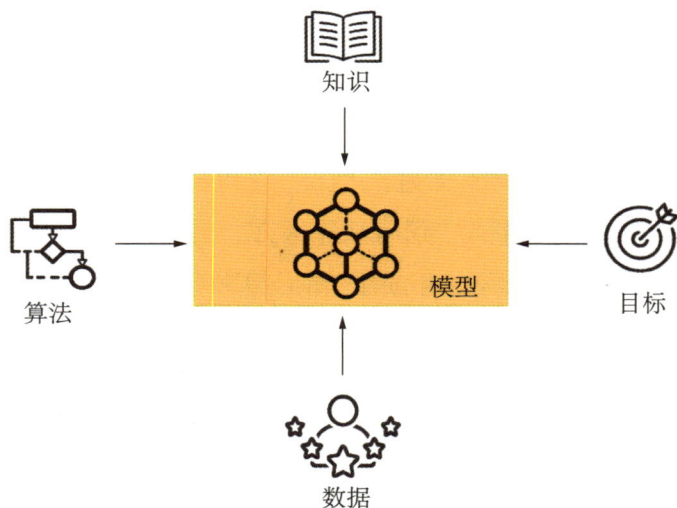

图6-8　机器学习的基础框架

在机器学习中，目标必须是具体的且可量化的，这样才能让机器明确地追求目标。通常情况下，目标会被表示为一个"损失函数"（loss function），它是模型输出与实际结果之间差异性的数学表达。通过最小化损失函数，模型能够逐步实现学习目标。例如，在红绿灯分类任务中，目标是使分类准确率最大化；在房屋价格预测任务中，目标是使预测值与真实值之间的误差最小化。损失函数的选择直接影响模型的训练效果，因此设计合理的目标函数是构建机器学习系统的重要步骤。

2）模型

模型是机器所学知识的存储结构，即知识的表示和保存方式。模型有多种形式，可以是产生式规则、简单的线性方程或复杂的神经网络。模型的选择通常取决于问题的类别、数据的特点、数据的规模、机器的内存和计算资源限制等因素。图6-9展示了一个区分苹果和橘子的简单分类问题，可以看到用一条直线即可实现较好的分类，这时就不需要使用太复

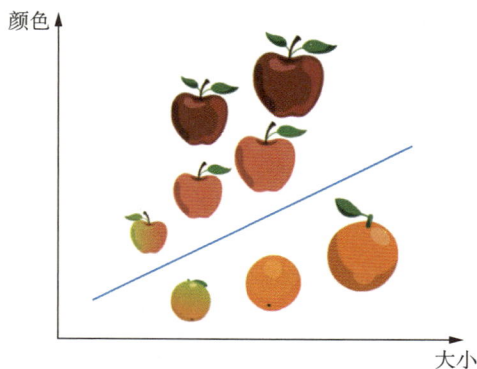

图6-9　用于区分苹果和橘子的线性模型

杂的模型。这种具有线性分类面的模型通常称为"线性模型"。

3）算法

算法是指用于学习和优化模型参数的步骤和方法，这一过程通常称为"训练"。算法的选择和模型密切相关。例如，对很多连续模型，可以采用一种称为"梯度下降法"的算法来进行训练，基本思路是找到目标最优（损失函数下降最快）的参数调整方向（梯度方向），然后在该方向上对参数进行小幅调整。通过反复调整（图6-10），逐步降低模型的损失函数值。

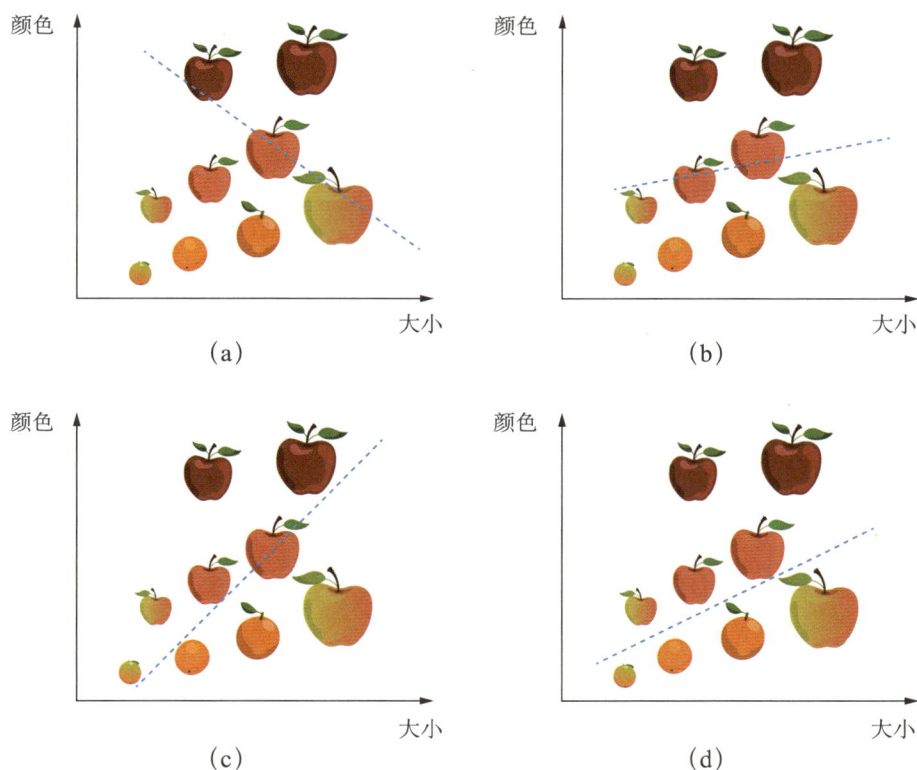

图6-10　调整模型的参数以更好地完成分类

4）数据

数据是机器学习的粮食，也是机器获取知识的源泉。比如我们要学习分类苹果和橘子，就需要让机器了解它们的外观特征，因此要收集大量图片，并且在每张照片上标注清楚出现的是苹果还是橘子。数据的质量和数量直接影响模型的性能。在选择数据时,通常需要考虑数据的多样性和全面性,以确保模型能够适应不同的场景。在数据准备过程中,还需要对数据进行清洗和处理,以去除噪声和不相关的信息。比如在训练语言模型时,需要将低质量、有偏见和歧视性的文本过滤掉。

5)知识

知识在机器学习中起到指导、约束、检验等作用。基于先验知识,设计者可以选择合适的模型和算法,使学习过程更加高效。例如,在语音识别任务中,关于声音的先验知识(如声音是连续信号、具有可叠加性等)(图6-11)可以帮助我们设计适合处理这种数据的模型(如神经网络),并选择合适的训练算法(如梯度下降)对模型进行学习。

图6-11 声音的先验知识

在实际应用中,知识还能帮助模型避免出现常识性错误,改进模型性能。例如,在医学图像分析中,医生的专业知识可以用来对模型的结果进行校验,以便及时发现和预告风险。

④ 总结

总结来说,机器学习是一种通过算法从数据中学习新知识,并将其存储在基于经验知识所设计的模型中、以便更好地完成任务目标的人工智能方法。机器学习的诞生是人工智能发展史上的一个重要里程碑。自从有了机器学习,人工智能就摆脱了对人类知识的依赖,开启了自我学习和自我成长之路。今天,得益于深度神经网络等复杂模型的出现和数据的积累,机器学习的潜能得到了极大发挥,在各个领域内都取得了突破性进展,推动人类社会走进了智能时代。

6.3

监督学习与无监督学习

学习目标

（1）理解监督学习和无监督学习的基本概念及区别。

（2）认识监督学习和无监督学习的典型任务及其应用场景。

（3）探讨两类学习方法的优劣及适用范围。

机器学习是现代人工智能的基础，通过分析大量数据，计算机能够自行"学习"并逐渐提高其在具体任务上的执行能力。机器学习有很多算法，如果不进行认真梳理的话很容易产生混乱。从机器可学习的"信号"的类型来看，机器学习算法可以归纳为三种类型：监督学习、无监督学习和强化学习。本节将讨论监督学习和无监督学习，下一节将讨论强化学习。

① 机器学习方法概览

根据机器可学习的"信号"的来源和形式不同，机器学习方法通常分为以下三类（图6-12）。

（1）监督学习。学习信号来源于人为标注的数据，如图片中包含的物体、声音中包含的内容、视频中包含的人物等。

（2）无监督学习。没有人为标注的数据，通过分析数据本身的分布特性和模式，对数据进行分类或归纳。

（3）强化学习。没有明确的标注数据，但可以通过与环境互动得到反馈（包括奖励或惩罚），利用这些反馈来优化行为策略。

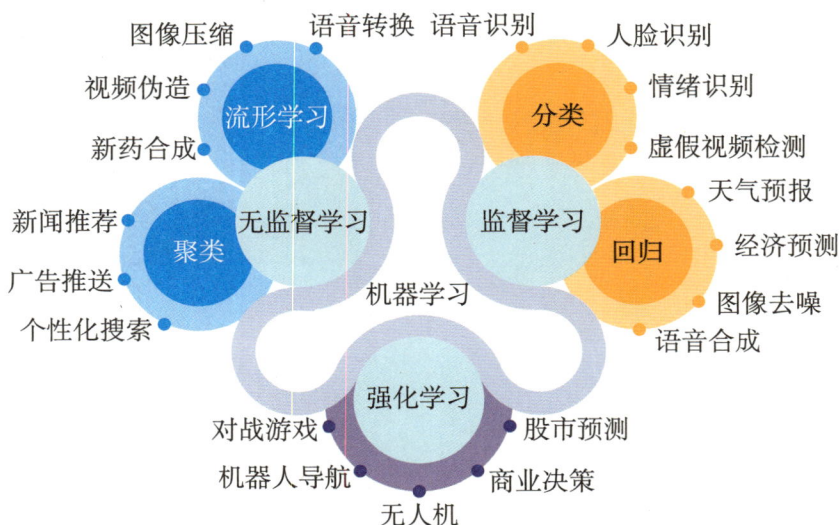

图6-12　机器学习方法和应用场景

② 监督学习

　　监督学习是一种基于带标注数据的学习方法。所谓"带标注数据"，就是由人类标注员在数据上明确地标明了数据的类别或特征。例如，一张猫的图片上标注了"猫"，一张狗的图片上标注了"狗"。在监督学习中，计算机通过对这些标注数据进行学习，建立一个模型，这个模型可以完成对猫和狗的分类任务。这个过程类似于人类的学习过程：老师举着一个果子告诉学生"这是苹果"，学生通过观察，记忆苹果的特征，建立起对苹果的认知，之后再看到苹果时，就可以把它辨认出来。

　　具体来说，监督学习的基础流程通常分为以下三步（图6-13）。

　　（1）数据收集与标注。收集大量训练数据，并对每条数据进行标注。例如，收集了成千上万张苹果和橘子的图片，并分别标注为"苹果"或"橘子"。

　　（2）模型训练。使用这些标注好的数据训练模型。模型通过不断调整自身的参数，使其对训练数据的预测结果尽可能地接近数据标签。

　　（3）模型测试与验证。将模型应用于未参与训练的测试数据，验证其性能。如果模型能够正确分类新数据，说明模型已经学会了如何辨别不同类别的水果。

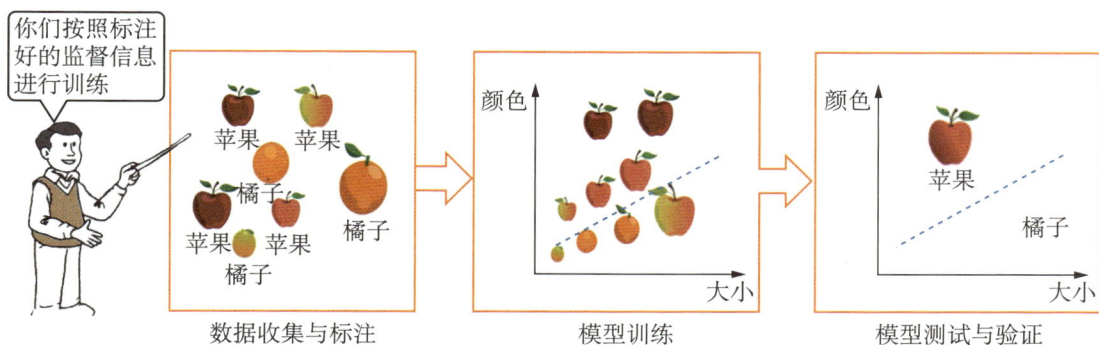

你们按照标注好的监督信息进行训练

数据收集与标注　　　　模型训练　　　　模型测试与验证

图6-13　监督学习的基础流程

监督学习主要包括分类任务和回归任务。

1）分类任务

分类是指根据样本的特征预测其类别。这是监督学习中的典型任务。例如，给一张动物图片，让模型预测这张图片是猫还是狗；给定一段文本，让模型判断是积极评论还是消极评论。这些都是分类任务。

分类任务（图6-14）在日常生活中应用广泛。例如，通过分析电子邮件的内容，系统能够预测一封邮件是否为垃圾邮件，并将其自动归类到相应的文件夹中。判断一封邮件是否为垃圾邮件，这是一个典型的分类任务。

2）回归任务

回归任务是指根据样本的特征预测一个连续值，这也是监督学习中的典型任务。例如，给定房屋的大小、位置和其他相关特征，预测房屋的市场价格（图6-15）；根据过去几天的气温预测未来几天的温度。

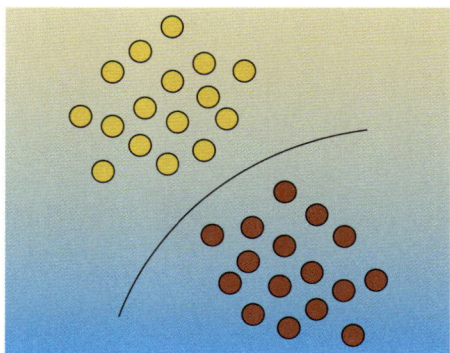

图6-14　分类任务（对黄圈和红圈进行区分）

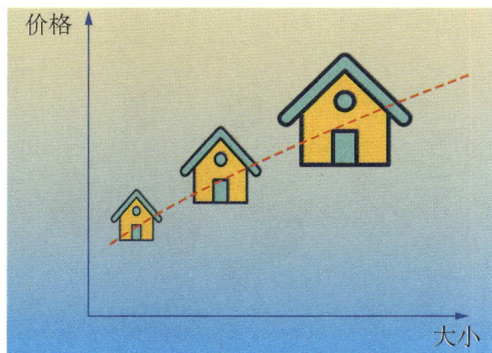

图6-15　回归任务（通过房屋的大小预测房价）

回归任务在很多领域有着广泛应用。例如,股票市场的预测就是一个回归问题。通过分析历史上的股票价格和相关的市场指标,模型可以预测未来的股票价格走势。

③ 无监督学习

无监督学习是另一种常用的机器学习方法。与监督学习不同,无监督学习不依赖于标注数据。换句话说,在无监督学习中,数据集没有明确的标签,计算机需要自行发现数据中的结构和规律。

无监督学习的主要目标是探索数据的内在结构和潜在模式。例如,假设我们有一组未标注的水果图片,无监督学习的任务就是将这些图片按照相似性进行分组。虽然计算机不知道这些水果的具体名称,但它能够发现哪些水果在外观上相似,并将它们归为一组。

具体来说,无监督学习的基础流程(图6-16)通常包括以下三步。

(1)数据收集。收集大量未标注的数据。例如,收集了一组不同种类的水果图片,但没有为这些图片标注名称。

(2)模型训练。使用这些未标注的数据训练模型。模型通过分析数据中的相似性和差异性,将数据划分为不同类别。

(3)模式发现。模型训练完成后,能够发现数据中的潜在模式,并将新数据划分到相应的类别中。

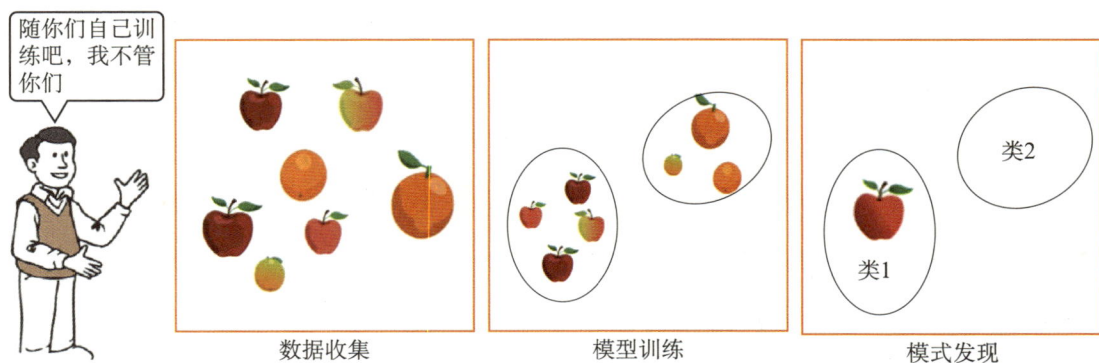

图6-16　无监督学习的基础流程

无监督学习主要包括聚类任务和降维任务。

1）聚类任务

聚类任务是无监督学习中常见的任务之一。聚类的目标是将相似的样本聚集在一起。例如，在市场细分中，可以通过聚类分析将客户划分为不同的群体（图6-17），从而为每个群体提供个性化的服务。比如电商平台的商品推荐系统，通过分析用户的购买历史和浏览记录对兴趣相近的用户进行聚类，从而实现针对性的商品推荐。

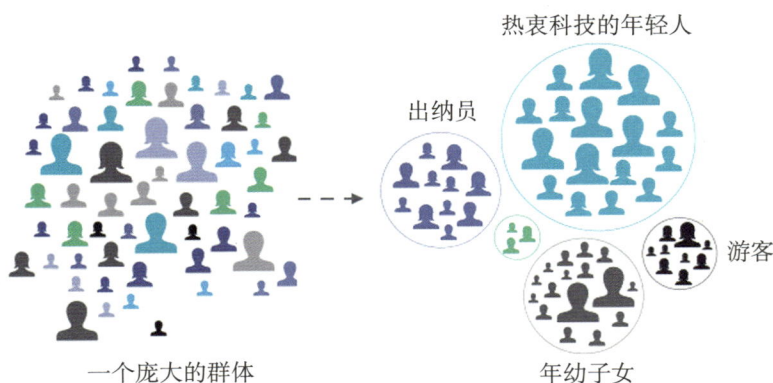

图6-17 聚类任务（将人聚成不同群体）

2）降维任务

降维任务是无监督学习中的另一项常见任务。降维的目标是将高维数据映射到较低维度的空间，从而实现数据压缩、降低复杂度并便于可视化。例如，在图像处理中，可以通过降维技术将高分辨率的图像压缩到较低的分辨率，同时尽可能保留图像的主要特征。图6-18所示为将手写数字图片降到二维空间后的结果。这种降维可以帮助我们对数据进行有效的可视化，获得对数据的直观理解。

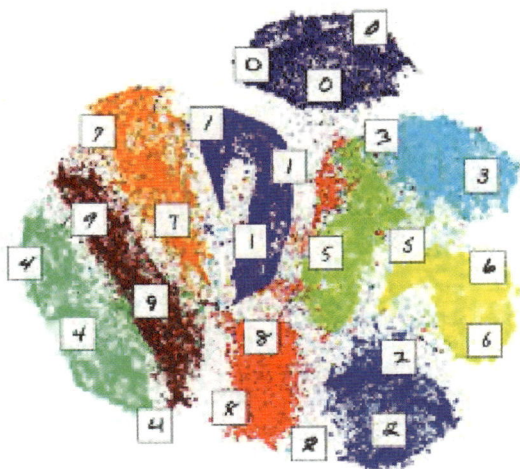

图6-18 降维之后可以在二维平面上查看不同数字的分布情况

④ 总结

通过本节内容的学习，我们了解了监督学习和无监督学习两种基本的机器学习方法。监督学习依赖标注数据，广泛应用于分类和回归任务，如图像识别和金融预测。无监督学习则无须标注数据，主要用于发现数据的内部结构，包括聚类和降维。这两种方法各有优势：监督学习擅长预测和分类，无监督学习则擅长数据分析。掌握它们有助于我们更好地理解机器学习的基本原则，也为未来的深入研究打下基础。

6.4 强化学习

学习目标

（1）理解强化学习的基本概念及其与监督学习、无监督学习的区别。

（2）理解强化学习的核心流程，包括奖励机制和策略优化等概念。

（3）认识强化学习在机器人训练、AI游戏等领域的典型应用及未来潜力。

6.3节讨论了监督学习和无监督学习，它们分别通过标注的数据和未标注的数据来训练模型。本节，我们讨论另一种常用的学习方式——强化学习。在这种学习方式中，没有预先提供的数据，机器需要通过不断尝试学习如何做出最佳决策。比如，训练机器人在一个未知的环境中完成任务，训练AI系统学会打游戏并成为游戏高手。

这些场景的共同特点如下。

（1）机器必须通过与环境交互才能获得训练信号。

（2）训练信号不是立刻就能获得的，可能需要经过一系列交互动作后才会获得。

比如在训练机器人任务中，机器人需要不停地在环境中探索才能增长经验，这种经验可能是摔了一跤等失败的尝试，也可能是完成了一个阶段性的目标。这种通过与环境交互并基于反馈进行学习的方式称为强化学习。

① 人类的强化学习

强化学习是一种通过"试错"进行学习的机器学习方法。强化学习的主体（通常是一个智能体）通过与环境的交互获得反馈——这个反馈可以是奖励（正向的反馈）或者惩罚（负向的反馈）。智能体根据这些反馈来调整其行为策略，目标是使长期累积奖励最大化。

这个过程类似于人类学习走路的过程（图6-19）。当我们尝试迈出第一步时，可能会摔倒，这时我们感受到疼痛，这是一种负向反馈；而当我们成功迈出一小步并站稳时，我们可能会得到父母的赞扬，这是一种正向反馈。通过不断尝试和调整，我们最终学会了走路。在这个过程中，父母并未直接告诉我们应该如何迈步，而是通过鼓励和表扬的方式来引导我们的行为。我们并不是每一步都主动调整，只有在摔倒或获得鼓励时才会反思并调整自己的动作。这些都是强化学习的典型特征。

图6-19　人类通过强化学习的方式学会走路

② 强化学习方法

机器的强化学习是一种让机器通过与环境交互，不断尝试不同策略并进行优化的学习过程。我们用一个机器打游戏的例子来进行具体说明（图6-20）。在这个游戏中，机器通过操纵游戏杆来控制一个托盘，试图接住下落的小球。如果成功接住小球,小球会向上反弹,有可能击中顶部的彩虹条,如果击中会得分。如果托盘未接住小球则会丢分。得分和丢分都会显示在屏幕上。在开始时,机器并不知道如何操作,只能尝试随机移动托盘。当托盘没有接住小球时,屏幕上显示丢分,这时收到负向奖励;当托盘接住小球时,屏幕上显示加分,这时收到正向奖励。

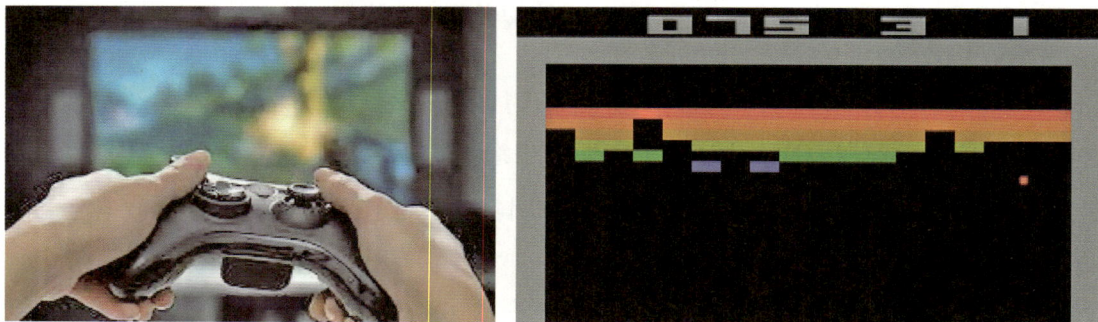

图6-20　强化学习打游戏时通过观察屏幕获得游戏状态并得到奖励信息

系统(智能体)学习的目标是找到一种行为策略,使长期累积奖励最大化。这里的行为策略是指在某一状态(如当前小球的位置、托盘的位置、当前彩虹挡板的样子等)下应采取的动作(如按左键还是右键)。长期累积奖励是指过了一段时间后的总收益。这意味着机器不仅要关注当前获得的奖励,还要考虑未来的总收益。

对于像接小球这种游戏,在每轮游戏结束后,系统都会根据获得的奖励来调整自己的行动策略。经过大量轮次的学习后,机器就会成为游戏高手。如果是训练机器人,与环境的交互是持续的,因此学习也会持续进行。在这种情况下,每次获得奖励后都要进行策略调整,这样机器就会越来越聪明。

③ 强化学习的应用领域

1)机器人训练

强化学习在机器人训练中被广泛应用,如教机器人走路、抓取物体等。通过设计合适的奖励机制,机器人能够掌握执行各种复杂任务的技能。例如,美国加州大学伯克利分校的研究者开发了一种强化学习算法,用于训练机器狗行走（图6-21）。在训练初期,机器狗只会随机移动,随着学习的进行,它逐渐学会如何平稳地行走、避开障碍物,甚至完成复杂的动作,如跳跃和旋转。整个学习过程只需要一小时,展示了强化学习在机器人控制中的巨大潜力。

图6-21　美国加州大学伯克利分校的研究利用强化学习训练机器狗走路

　　类似的方法也可以用于训练机器人完成抓取动作。传统方法通常需要手动编程,基于复杂的规则和力学模型来确定手指的角度和力度。通过强化学习,机器人可以通过反复尝试抓取不同的物体,逐渐学会调整抓取的力度和角度,以实现稳定地抓取。比如,谷歌研究团队就开发了一个这样的学习系统,让机器人自主学习如何抓取从未见过的物体（图6-22）,成功率超过了传统方法 。

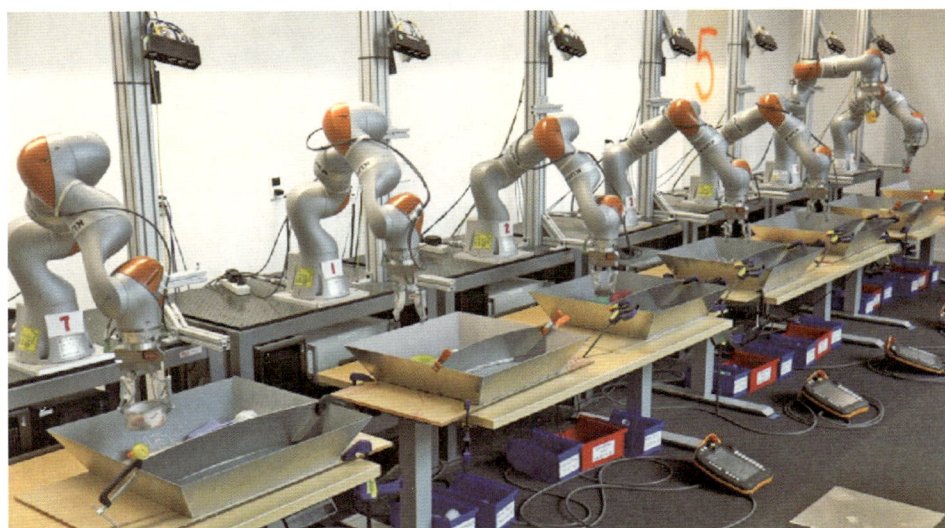

图6-22　谷歌研究团队设计七台抓取机器人同时进行抓取训练

2）AI游戏

强化学习在棋牌游戏中也展现出了强大的能力。以围棋为例，AlphaGo通过强化学习的方法，战胜了人类顶尖围棋选手。具体来说，AlphaGo成功的原因之一在于自我对弈了数百万次，不断地调整自己的策略，提高自己的棋艺。在每一局对弈中，AlphaGo都会根据当前的棋局状态选择一个行动，然后根据这个行动的结果获得奖励或者惩罚。如果赢得比赛或取得优势，它会得到奖励；如果它输掉了比赛或者处于劣势地位，它会得到惩罚。通过不断地积累经验并调整策略，AlphaGo最终学会了如何在不同的棋局中占据优势。

AlphaStar是DeepMind开发的另一个AI程序，在《星际争霸Ⅱ》游戏中超越了大多数人类玩家。与围棋不同，《星际争霸Ⅱ》（图6-23）是一款即时战略游戏，玩家需要在极短时间内做出决策，管理资源、指挥军队。AlphaStar依靠强化学习，通过和人类玩家对战及自我对战，不断优化行为策略，最终达到了人类顶尖选手的水平。2019年8月底，AlphaStar排位跻身人类玩家的前0.2%，达到宗师级别（grandmaster level）。

图6-23 《星际争霸Ⅱ》游戏截图

除了机器人训练和棋牌游戏，强化学习还广泛应用于多个领域。比如在自动驾驶中，强化学习可以帮助汽车学习如何在不同路况下行驶，避免碰撞，选择最佳行驶路线等。在金融交易中，交易系统可以利用强化学习根据市场行情进行买卖决策，最大化收益并降低风险。

④ 总结

本节讨论了强化学习。与监督学习和无监督学习相比，强化学习需要与环境交互，在不断尝试中积累经验，逐渐成长。强化学习不仅是人类的重要学习方式，对人工智能来说也非常重要，因为在很多应用场景下并没有明确的监督信号，只能靠机器自己探索。目前，强化学习已广泛应用于棋牌游戏、机器人训练、可成长智能体等领域。未来，强化学习将在更广阔的场景下发挥重要作用，特别是当以ChatGPT 为代表的大模型技术和具有物理实体的机器人结合时，强化学习可能会带来一些关键性突破。这是因为ChatGPT可以通过机器人与外界的交互来获得真实世界的反馈信息，强化学习可以利用这些反馈增强ChatGPT的智能，从而赋予人工智能探索世界的能力。

6.5
机器学习的流派

符号学派   贝叶斯学派

连接学派   进化仿生学派

学习目标

（1）了解机器学习四大学派的核心理念及其代表性方法。
（2）认识各学派的优势与局限。
（3）探讨机器学习发展的历史趋势。

通过从数据中自我学习来获得强大的能力，这是现代人工智能的基本思路。历史上，很多研究者探索了如何让机器实现自我学习，并提出了很多有趣的思路和方法。总结起来，这些方法可以归纳为四大学派：符号学派、贝叶斯学派、连接学派和进化仿生学派。每个学派都有其独特的核心思想和代表方法。本节将逐一对这四大学派的基础思想做简要介绍。

① 符号学派

符号学派是机器学习领域中最古老的流派之一,它认为人类认知和思维的基本单元是符号,认知过程就是基于符号的一种运算过程。理论上,通过符号演算可以模拟人的思考过程。

艾伦·纽厄尔和赫伯特·西蒙是早期符号学派的代表人物,他们设计的可以证明数学定理的"逻辑理论家"程序,是早期人工智能领域的重要成果之一。专家系统也是符号学派的另一项代表性成果,它在20世纪80年代被广泛应用于医疗诊断、金融风险评估、故障诊断等领域。符号学派在人机对弈中也取得了显著成果,其中最有影响力的成就是1997年IBM的深蓝计算机在国际象棋比赛中战胜了世界冠军卡斯帕罗夫。

符号系统中的知识通常是由人来定义的,但在真实场景中,可能会出现一些未被预先考虑的新情况,这时就需要通过学习来应对这些新情况,总结出新知识。比如,我们观察到"天空有云"和"湿度大"时,往往会伴随"降雨"(图6-24)。符号学派根据这些观察,可以总结出一条新知识,比如"如果天空有云且湿度>80%,那么就会下雨"。这条新知识可以和人为定义的知识一样用于后续的推理和预测。

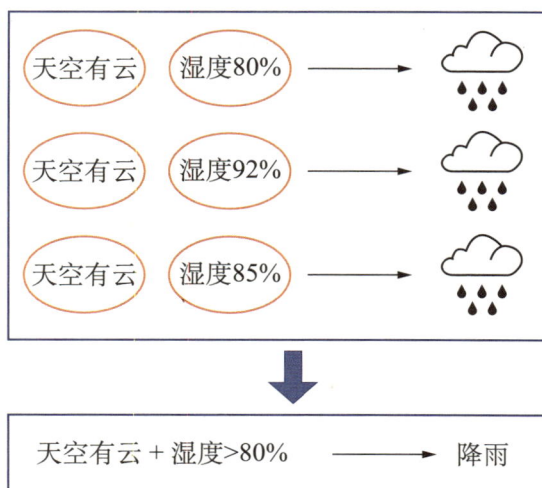

图6-24　符号学派从经验中总结新规则

符号学派以推理为核心，学习能力相对较弱，一般不允许对知识主体做大规模改动，否则容易产生混乱。近年来，随着连接主义和深度学习的崛起，符号学派受到了挑战，但它在知识表示、推理、决策等方面的一些思路依然非常重要，特别是在一些知识密集和需要高可靠性的领域，如医疗、航天、金融等领域，符号学派的一些方法依然重要。

② 贝叶斯学派

贝叶斯学派是机器学习中的另一大流派。它基于事件之间的概率关系构建概率模型，通过这些模型可以进行推理，预测特定条件下某一事件发生的可能性，或根据某一事件回溯其产生的原因。

以一个天气预报系统为例，我们知道降雨跟云量和湿度都有关系：云量越大、湿度越大，降雨的可能性就越大。根据这一经验，可以建立一个简单的概率模型，并学习模型中的参数。在模型训练完成后，就可以通过这一模型来预测当天下雨的可能性（图6-25）。

与符号系统相比，贝叶斯模型的优势在于它可以以概率的形式处理不确定性，并在承认这种不确定性的前提下进行推理。比如我们知道了云量和湿度之后，模型不会

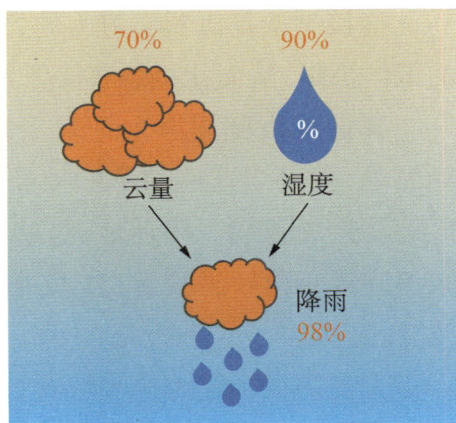

图6-25　贝叶斯学派在事件之间建立概率关系

给出是否下雨的明确结论，而是给出一个下雨的可能性，人们可以依据这个可能性做出自己的选择，比如是否要带伞。

贝叶斯模型的另一个优点是可以处理复杂的概率系统。比如在天气预报系统中，影响天气的因素很多，如海拔、季节、历史上同期的天气情况、相邻地区的天气等，这些因素都可以被纳入概率系统中，而贝叶斯模型的严谨的数学基础确保我们在这种复杂系统中依然可以进行有效地推理。

此外，贝叶斯模型还可以把先验知识和数据进行有效组合，实现模型的动

态更新。还是以天气系统为例，初始时我们认为北京在夏季下雨的可能性为20%，这是一个"先验知识"。然而，随着观测数据的增加，我们发现近两个月北京经常在午后下雨，这时模型会根据这一观察结果进行更新，把午后下雨的可能性提高。这实际上是将新的观察数据与先验知识进行了融合，从而得到更符合实际情况的新模型。

建立贝叶斯模型需要一些专家知识，这些专家知识可以指导模型的设计，但也会限制模型的学习能力，使其无法快速从数据中学习新知识。即便如此，贝叶斯学派的思想和方法在机器学习领域仍然具有重要价值。

③ 连接学派

连接学派是机器学习中的另一个重要流派，它的基本思路是模仿人类大脑的工作机制，从而让机器获得像人一样的思考能力。

我们的大脑里有上千亿个神经元，这些神经元长得都差不多，功能也相对简单，但是当这些简单的神经元互相连接时，就会产生感知、认知、记忆、想象等复杂的智能。特别是，这些神经元的连接不是一成不变的，当我们学习新知识或者获得新经验后，这些神经元之间的连接会发生变化，形成新的记忆和技能。

人类神经系统的这些特性引发了科学家们的思考：是否可以通过电路来模拟大脑的神经元结构，从而复现人的智能。简而言之，就是通过简单、同质的计算单元互相连接来实现各种复杂的智能。由于强调"连接产生功能"，这一学派被称为"连接学派"。如图6-26（a）所示，用圆圈代表神经元，每个神经元可以接受其他神经元的输入，并把这些输入做简单的加权求和后经过一个激发函数形成神经元的输出。图6-26（b）所示为将单个神经元前后连接起来后形成的模型，称为"人工神经网络"。连接学派的研究者们相信，只要这个网络足够庞大，总有一天可以模拟人的智能。

连接学派的思想看似简单，但发展却充满了曲折，并在很长一段时间处于边缘地位。这是因为人的大脑太复杂了，大多数研究者难以相信通过将简单的计算单元互相组合就可以模拟人脑。这一偏见直到2006年杰弗里·辛顿提出深

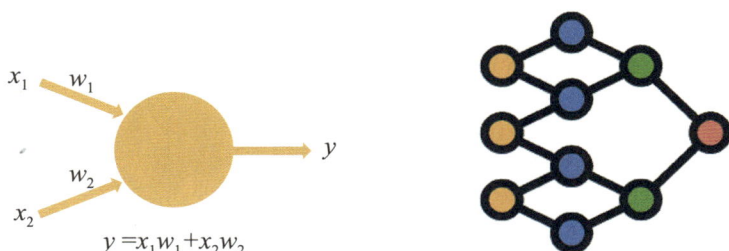

$$y = x_1w_1 + x_2w_2$$

图6-26　人工神经元（左）和人工神经元互连组成人工神经网络（右）

度学习方法之后才被打破，科学家们突然意识到，足够复杂的人工神经网络具有强大的学习能力，当训练数据足够丰富时，神经网络可以从数据中学习到强大的技能，而且数据量越大，神经网络的能力越强。今天，神经网络已经被广泛应用于图像识别、语音识别、自然语言处理等领域，连接学派终于站在了人工智能的舞台中央。

　　总体来说，连接学派的优势在于它的主要工具——人工神经网络，人工神经网络有极强的学习能力，但需要大量数据对网络进行训练，且要消耗大量的计算资源。在一些数据量不足的领域，这一方法并不适用。另外，当网络规模变大时，神经网络的行为变得难以解释，存在一些不可控的风险。

④ 进化仿生学派

　　进化仿生学派认为，人类的智能是生物长期进化的结果（图6-27），包括繁衍过程和优胜劣汰机制。既然在生物领域这种进化过程可以产生智能，那么用计算机模拟这一过程同样可以实现类似人的智能。遗传算法是进化仿生学派的代表性算法，它的基本思路是通过循环迭代再现生物进化的过程：每一次迭代对新生成的个体进行选择，保留优质（智能较高的）个体进入下一轮迭代。经过多轮迭代，就可以产生强大的智能体。

　　目前，进化仿生学派主要用于优化模型，即模拟自然选择过程挑选质量更高的模型。这一方法可用于优化符号系统、概率模型或人工神经网络，也可以用于求解不具有明确模型结构的一般性问题。

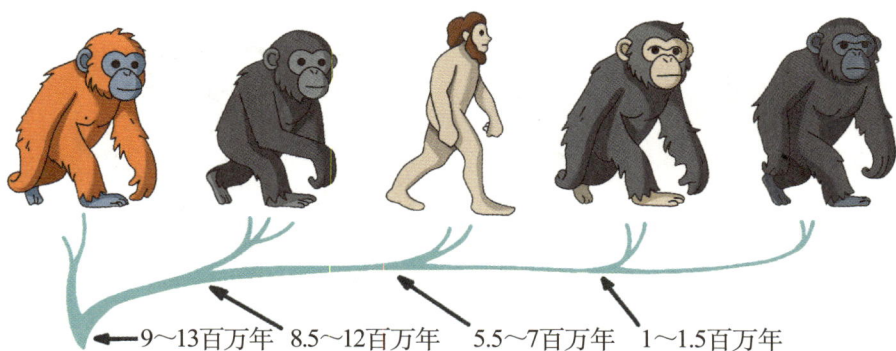

9~13百万年　8.5~12百万年　5.5~7百万年　1~1.5百万年

图6-27　灵长类动物的进化

⑤ 总结

　　机器学习有四大学派，不同学派基于不同的思路，所使用的工具、所需的数据和计算资源也不同。符号学派的工具是符号演算，通过从数据中发现新的规则来实现学习；贝叶斯学派的工具是概率，通过更新不同事件之间的概率关系实现学习；连接学派的工具是神经网络，通过更新神经元之间的连接权重实现学习；进化仿生学派的工具是尝试和选择，通过优胜劣汰实现模型优化。总体来说，符号学派在人工智能发展早期占主导地位，贝叶斯学派在1990—2010年发展迅速，而连接学派在2010年后开始成为主流。这一趋势并不让人意外，因为在发展早期并没有太多数据，而符号学派对数据的依赖最少，因此成为最合理的选择。后来人们开始构建一些独立的数据库，让机器有了更多的学习空间，因此强调先验知识与数据相结合的贝叶斯方法开始受到重视。近年来，数据资源极大丰富，大数据学习成为主流，而人工神经网络具有强大的数据学习能力，因此成为大数据时代的主角。

第 7 单元

深度学习方法

7.1

人类神经系统

学习目标

（1）了解人类神经系统的组成、特点及其发育过程。

（2）了解生物电信号的传递过程及其在神经系统中的核心作用。

当你不小心碰到刚炸好的薯条时，你会迅速把手缩回来，防止被烫伤。当你看到一只小飞虫向你冲过来，你会在瞬间闭上眼睛，防止眼睛受伤。人之所以会对外界刺激有如此敏捷的反应，得益于我们遍布全身的神经系统。事实上，神经系统不仅负责身体各部分的协调行动，还负责着分析、决策、想象等高级智能活动。

① 人类神经系统的组成

1）中枢神经系统

人体的中枢神经系统由脑和脊髓组成，脑主要由大脑、小脑和脑干组成。

大脑是人体的控制中心，负责接收和处理视觉、听觉、记忆和思考等各种复杂信息（图7-1）。当你看到一幅风景画时，大脑会迅速分析画的内容、风格，让你感受到它的艺术之美。当闻到面包的香味时，大脑不仅会识别出这是面包的味道，还会引发对烘焙时光的美好回忆。大脑分为左右两个半球，各自承担不同的功能。通常情况下，左脑负责抽象思维能力，如数学、语言、逻辑，而右脑主要处理形象思维能力，比如音乐、美术、想象、创造等。

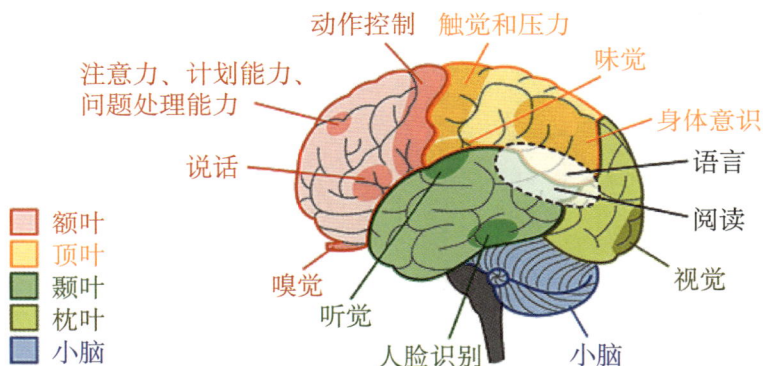

图7-1　人脑的结构和功能分区

小脑主要负责协调身体运动和保持平衡。比如骑自行车时，小脑就在默默发挥作用，让我们能够平稳骑行。

脑干控制生命的基本功能，如呼吸、心跳、消化等。

脊髓是连接大脑和身体其他部分的重要通道，负责将大脑发出的指令迅速传递到身体的各个部位。比如，当我们想要伸手拿东西时，大脑的指令通过脊髓传递到手臂的肌肉，让我们能够完成这个动作。同时，脊髓也会将身体各个部位的感觉信息传回大脑，让我们能够感知到环境和身体的状态。

2）周围神经系统

周围神经系统包括除中枢神经系统外的所有神经,形成一个遍布全身的神经网络(图7-2)。比如躯体神经系统控制我们的身体运动和感觉。进行体育活动时,躯体神经系统会指挥肌肉的收缩和舒张,完成各种动作。同时,它也能让我们感受到外界的触摸、疼痛、温度等感觉。

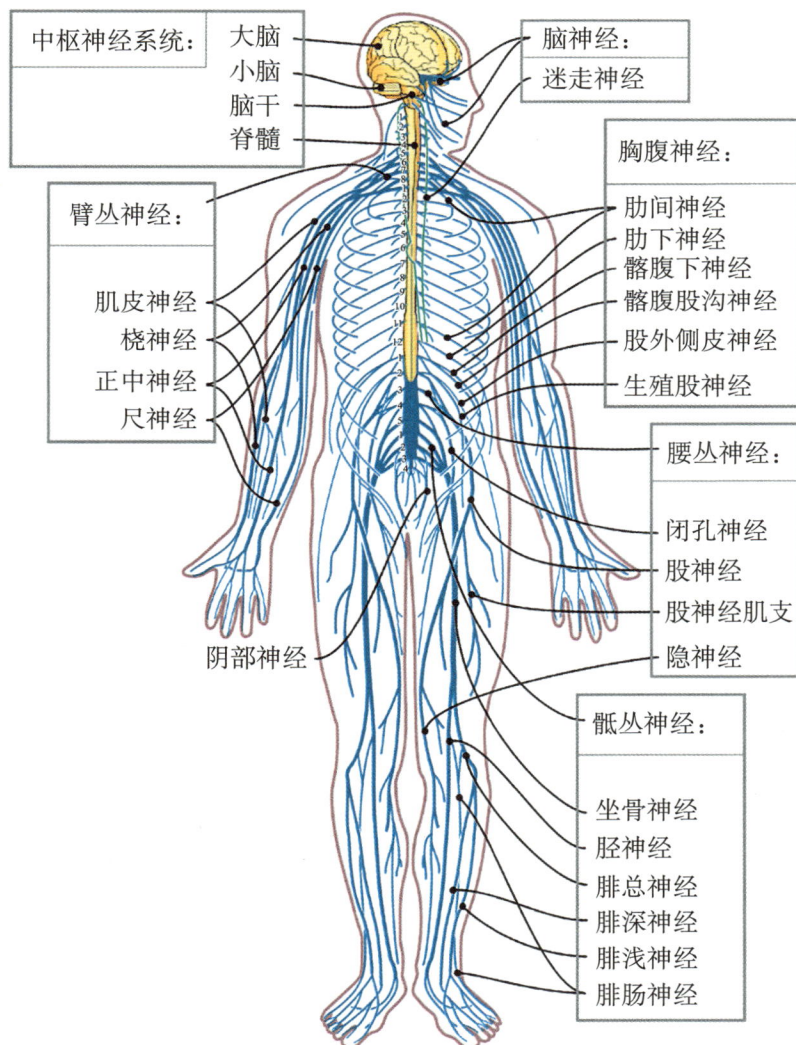

图7-2　人体神经系统

再如,交感神经系统和副交感神经系统共同管理着我们的内脏器官,如心脏、肠胃等,维持内脏的正常活动,并与中枢神经随时沟通信息,保持整个身体的协调运作。比如,当我们感到恐惧时,交感神经系统会使心跳和呼吸加速,为应对可能到来的危险做好准备。当危机解除时,副交感神经系统会使我们心跳减慢和心肌收缩力降低,让我们慢慢平静下来。

② 神经系统的发育过程

　　人类神经系统的发育始于胚胎时期,并持续整个生命周期。在胚胎时期,神经系统开始形成。如图7-3所示,一个小小的神经板逐渐凹陷形成神经沟,最后闭合成为神经管,标志着神经系统的起源。随着胚胎的不断发育,神经管会逐渐分化出大脑、小脑、脊髓等结构,神经细胞开始不断地增殖并互相连接,形成复杂的神经网络。

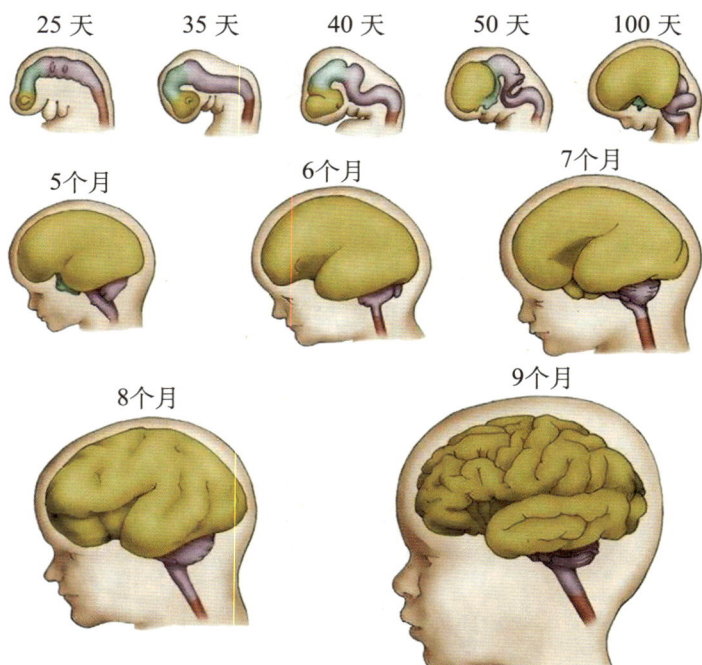

图7-3　大脑的发育过程

　　婴儿时期,婴儿会通过各种感官来探索世界,这也是神经系统不断发育和成熟的过程。他们会对声音、光线、触摸等刺激做出反应,逐渐学会抬头、翻身、坐立等动作。这一阶段的发育对婴儿未来的感知能力和运动技能有着至关重要的影响。

儿童时期，神经系统继续快速发育，孩子们开始学习更多的知识和技能，如阅读、写作、绘画、唱歌等。他们的大脑不断地接收新的信息，神经连接也在不断地加强和优化，对于知识的渴望越来越强烈。这个时期是培养各种能力的关键时期，对儿童未来的学习和认知能力有着深远的影响。

青少年时期，接触的信息更加多样化，开始形成独立思考能力和强烈的自我意识，对世界也有了更深入的认识。他们的身体也在不断地发育，神经系统的发育日益成熟，思考和推理能力进一步增强。这一阶段的发育对青少年的社交能力、情感表达和创造力等方面都有重要影响。

③ 人类神经系统的特点

（1）神经元简单而同质：人类神经系统包括上千亿个神经元，非常复杂。然而，每个神经元是相对简单的。如图7-4所示，一个神经元由细胞体和胞突组成，胞突包括树突和轴突。所有神经元的功能都是相对简单而同质的：从树突接收其他细胞传递过来的生物电信号并沿着轴突传导，经由突触传递给下一个神经元。

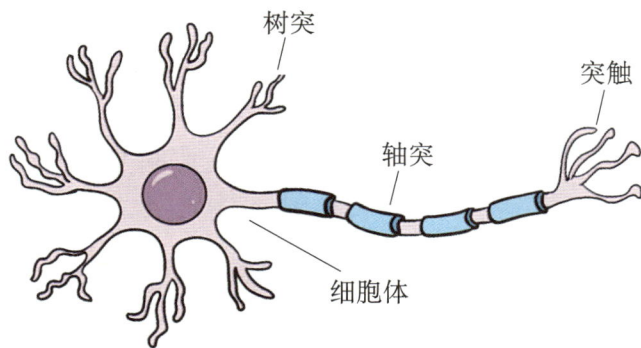

图7-4　神经元结构示意

（2）连接产生功能：单个神经元的功能简单而同质，但当大量神经元互相连接时，就产生了各种强大的功能。人类神经系统由上千亿个神经细胞组成，这些神经细胞之间互相连接，形成庞大而复杂的网络。这个网络可以处理各种类型的信息，从简单的感知到复杂的思维和情感。

（3）强大的适应性：神经元之间的连接不是一成不变的，而是在不断调整、变化中。例如，经常练习某项运动，神经系统会优化相关神经连接，使我们的运动表现越来越好；阅读时，负责记忆的神经区域会发生变化以帮助记住内容；经常思考复杂问题，负责思考的神经区域也会改变，从而提升大脑敏捷度。

④ 神经元之间的信息传递

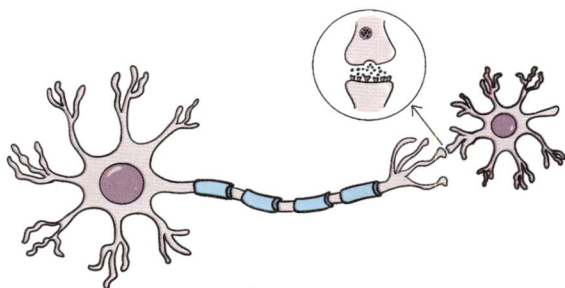

图7-5　神经元互相连接示意

如图7-5所示，神经元之间通过树突和轴突互相连接，形成信息传递的通路。树突和轴突相连的地方，称为突触。上游神经元的电信号传导到突触，会释放神经递质，引发电位变化，而后被下游神经元的树突接收。下游神经元从不同树突接收多个上游神经元的信息，并在细胞体内进行电位整合。如果整合电位超过一定阈值，位于细胞体和轴突的交界处将产生神经冲动，并沿轴突向突触传导，继而传递给下一个神经元。这样层层传递，就可以快速将感知到的信息传递给大脑，再将大脑的指令传递给肢体。1850年，赫尔曼·冯·亥姆霍兹测出这一传递过程的速度大约是27.25米/秒，虽然速度不快，也足够我们躲避突如其来的危险了。这正是我们能够在小飞虫冲过来的瞬间闭上眼睛、防止眼睛受到伤害的原因。

⑤ 总结

人类神经系统负责处理和协调我们身体的各种活动，展现出高度的精确性和协调性。神经系统的信息传递依赖于生物电信号在细胞间的传递过程，这一过程的媒介是神经递质。了解神经系统的组成、特点、发育过程以及生物电信号的传递机制，可以帮助我们更深入地理解自身身体的奥秘。人工智能科学家们也深受启发，试图通过模拟人类神经系统来实现人工智能，人工神经网络研究逐渐兴起。

思考与讨论

大脑两半球的分工说明,我们的智能行为是由不同脑区支配的,因此当某一脑区比较发达时,对应的能力就会更强。这说明每个人都有自己的特长。以你周围熟悉的某位同学为例,分析一下他/她的哪个脑区更发达?

课程实践

脑卒中患者患病时因脑组织受损,丧失部分能力,比如语言或肢体行动能力,但通过康复训练,还可以恢复部分能力。以小组形式查找资料,研究一下这种自我恢复的机理是什么,对于康复训练有什么指导作用。

7.2
人工神经网络的开端

学习目标

(1)了解人工神经网络的起源背景及两位创始人沃伦·麦卡洛克和沃尔特·皮茨的故事。

(2)理解M-P神经元模型的工作原理、历史意义以及其局限性。

上一节我们讨论了人类神经系统,见识了大脑那令人惊叹的智能。这一智能促使很多科学家开始思考:是否有可能借鉴人类大脑的工作机理,用计算的方式来复现大脑的功能? 如果能复现大脑的功能,是不是就有可能制造出具有拥有人类智能的机器呢? 最初的探索来自两位美国生理学家:沃伦·麦卡洛克和沃尔特·皮茨。他们将人的思维过程视为逻辑演算过程,并用一个阈值网络来实现这一演算。由这两位科学家提出的模型,用他们姓的首字母命名,称为M-P神经元模型。M-P模型开启了人工神经网络发展的历程,人工智能领域的很多突破都得益于M-P模型的提出。

① 历史背景

在20世纪上半叶,数学、逻辑学、生理学、计算机科学都在快速发展,对人类神经系统的认识也在不断深入。科学家们通过大量的实验和研究,逐渐揭示了神经元之间的连接方式和信息传递机制。他们发现,神经元之间通过突触进行连接,连接的强度可以改变,不同方式的连接会产生不同的功能。这些发现为模拟大脑功能提供了重要的生物学基础。

与此同时,数学和计算机科学也取得了重大进展,为模拟大脑的功能提供了可能。数理逻辑的发展为描述人的思维过程提供了工具,以图灵机为代表,数学家建立了可计算理论,为通用计算机的诞生打下了基础,也使得"计算思维"这一思路有了真实的可行性。这些学科的交叉融合为人工神经网络的诞生做好了前期准备。

② 天才人物

在这样的历史背景下,沃伦·麦卡洛克和沃尔特·皮茨(图7-6)两位科学家开始探索如何用计算模型来模拟人类神经系统的工作机理。

麦卡洛克1898年生于美国新泽西州。他是一位神经生理学家和控制论学者。1921年,麦卡洛克毕业于耶鲁大学,获文学学士学位,1927年博士毕业于纽约哥伦比亚大学医学院,其后长期在耶鲁大学神经生理实验室工作。1941年,麦卡洛克移居芝加哥,加入伊利诺伊大学芝加哥分校,在那里认识了他一生中最重要的合作伙伴,年仅19岁的沃尔特·皮茨。

皮茨于1923年出生在底特律的一个贫民街区,父亲是一名锅炉工,他想让儿子辍学,尽快找一份工作养家糊口。然而,年轻的皮茨并没有接受父亲的安排,他天生对知识充满渴望,经常躲在图书馆里阅读希腊语、拉丁语和梵语书籍,还特别喜欢数学和逻辑学。据说他在12岁的时候阅读了罗素的《数学原理》,

图7-6　沃尔特·皮茨和沃伦·麦卡洛克

并找到其中的错误之处，随后写信将错误告诉罗素。当时罗素已经名声显赫，但对这个求知欲旺盛的年轻人还是给予了热情的鼓励。

15岁那年，皮茨到芝加哥大学当罗素课程的旁听生，当时罗素是芝加哥大学的访问学者。罗素建议皮茨去找逻辑学家鲁道夫·卡尔纳普（图7-7）学习逻辑学。卡尔纳普接纳了这个年轻人并让他跟着自己学习。在芝加哥大学的这段时间里，年轻的皮茨疯狂地学习着各种知识，包括卡尔纳普的抽象逻辑，尼古拉斯·拉舍夫斯基的理论生物学等。

1942年初，皮茨通过朋友介绍，结识了在伊利诺伊大学芝加哥分校工作的沃伦·麦卡洛克。麦卡洛克对这位年轻人非常欣赏，邀请他合作研究关于人脑工作机理的问题，并让他住在自己家里。就在这样的环境中，他们开始了模拟人类神经系统的研究工作。

图7-7　鲁道夫·卡尔纳普

③ M-P 神经元模型

在很早之前，大数学家莱布尼兹就曾经设想过人的头脑可以视为一台通用的计算机器，我们的思维过程就是这台计算机器的计算过程。那么，如何去描述这一计算过程呢？

当时，神经生理学研究对神经元的生理特性和突触传递机制有了初步的认识。人们已经知道，神经元是通过电信号来进行信息传递的，当神经元接收到足够强度的刺激时，就会产生一个动作电位，将信息传递给相邻的神经元。同时，他们还了解到突触的强度是可以改变的，这种变化会对神经元之间的信息传递有重大影响。那么，这种信息传递机制是否就是通用计算机器的计算方式呢？如果是，这样的机制是如何实现通用计算的呢？

基于这些认识，麦卡洛克和皮茨决定构建一个神经元的数学模型（图7-8）。他们借鉴了逻辑单元的概念，将神经元看作一个具有输入和输出的逻辑单元。神经元拥有多个输入，每个输入都对应着一个突触，而突触的强度则用权重来表示。神经元的输出结果取决于输入信号的总和是否能够超过一个特定的阈值。如果输入信号的总和大于这个阈值，神经元就会被激活，输出为"1"；反之，如果小于阈值，神经元就不会被激活，输出为"0"。这个模型被人们称为M-P神经元模型。

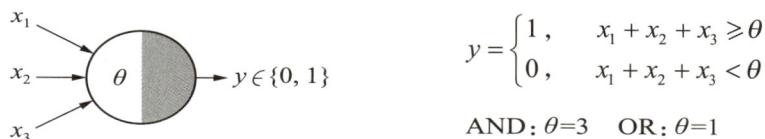

$$y = \begin{cases} 1, & x_1 + x_2 + x_3 \geq \theta \\ 0, & x_1 + x_2 + x_3 < \theta \end{cases}$$

AND: $\theta = 3$ OR: $\theta = 1$

图7-8   M-P神经元模型

注：x_1、x_2、x_3是输入，y是输出，θ是阈值。当$\theta = 3$时，神经元的计算过程等价于一个"逻辑与"（AND）；当$\theta = 1$时，计算过程等价于一个"逻辑或"（OR）。

M-P模型可以用来实现"逻辑与"（AND）和"逻辑或"（OR）等简单的逻辑运算。如图7-9所示，对于一个包含3个输入的神经元，$\theta = 3$即代表了"逻辑与"，而$\theta = 1$则代表"逻辑或"。如果把多个这样的神经元互相连接，就相当于进行了各种逻辑组合，因此可以用来代表各种复杂的逻辑过程。原则上，只要一个任务可以表达为一个逻辑表达式，就可以用神经网络的方法表示出来。这是一个了不起的成就，首次用数学方式描述了神经元的工作机制，并与逻辑演算过程做了清晰的关联。同时，因为逻辑演算本身的通用性，M-P模型也为如何实现通用的计算机器提供了思路。

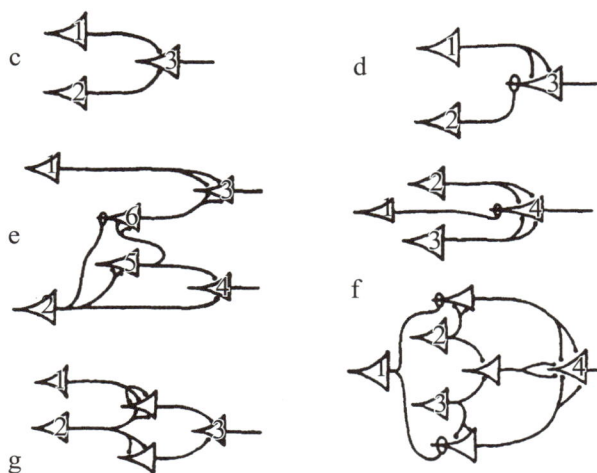

图7-9   M-P神经元互相组合模拟任意逻辑演算过程

④ 意义与缺陷

　　M-P神经元模型首次用数学语言描述了人类神经系统的基本工作原理，也为用神经元网络模拟人的智能过程奠定了思想基础。当然，M-P模型还是非常简单的，存在很多缺陷。比如，M-P模型中神经元之间的连接权重和阈值都需要人为设计，固定之后无法进行学习，这与现实的人类神经系统显然是不同的。尽管存在这些缺陷，也无法掩盖它对人工神经网络的奠基性意义：它首次对人的神经系统建立了数学模型，并证明了这一模型的强大能力。后来的科学家们在此基础上进行了大量研究，比如罗森布拉特的感知机让网络变得可以学习，辛顿等利用反向传播算法解决了多层网络的训练问题。除此之外，人们还提出了卷积神经网络、循环神经网络等特别设计的网络架构，极大提高了神经网络的建模能力。这些成功的起点，正是麦卡洛克和皮茨两位科学家在1943年所做出的历史性贡献。

⑤ 总结

　　M-P神经元模型的提出标志着人工神经网络的开端。它模拟了神经元"all

or none"的特性，即神经元要么被激发，要么保持沉默。麦卡洛克和皮茨设计了一种"阈值逻辑"来描述这一特性，即接收到的激发超过阈值就输出为1，不超过阈值就输出为0。这是一种极为朴素的设计，却具有强大的计算能力，可以模拟任意复杂命题的逻辑演算。这种朴素性一直伴随着神经网络的研究，直到今天的大模型时代，最简洁的设计，最直观的算法，依然是人工智能的基础原则。

7.3
人工神经网络发展史

学习目标

（1）了解人工神经网络的发展历程，从感知器到深度神经网络。

（2）了解不同神经网络结构的核心原理及其应用场景。

（3）探讨深度神经网络的强大学习能力及其对人工智能的影响。

我们已经学习了具有重大意义的M-P神经元模型，它为人工神经网络的发展开启了大门。这一节将回顾人工神经网络曲折而又让人振奋的发展历程（图7-10）。

1936年艾伦·图灵 图灵机　　1958年弗兰克·罗森布拉特 感知器：可学习的神经网络　　1980年福岛邦彦 Neocognitron：卷积神经网络前身　　1986年鲁梅尔哈特、辛顿、威廉姆斯 反向传播算法　　2006年杨立昆、辛顿、本杰奥 深度学习　　2022年OpenAI ChatGPT

1951年马文·闵斯基 SNARC神经网络　　1969年帕普特、闵斯基 《感知器》出版　　1982年约翰·霍普菲尔德 Hopfield 网络　　1990年杨立昆 卷积神经网络　　1997年霍赫赖特、施米德胡伯 长短时记忆网络　　2017年Google Brain Transformer网络

图7-10　神经网络发展史

① 感知器模型的兴起与衰落

感知器模型（图7-11）是M-P神经元模型的延伸，让M-P模型变得可以学习。具体来说，这个网络只包含一个输入层和一个输出层。对于输出层的每个神经元来说，如果输入信号经加权求和后得到一个大于0的正数，输出神经元就会输出1，否则输出-1。

例如，我们可以用感知器来判断一个水果是否为西瓜。输入层会接收水果的色泽、形状、敲击声等特征，每个特征都对应一个权重。输出层只有一个神经元，当输入信号的加权和大于0，这个神经元的输出为1，代表这个水果是西瓜，否则输出-1，代表不是西瓜。

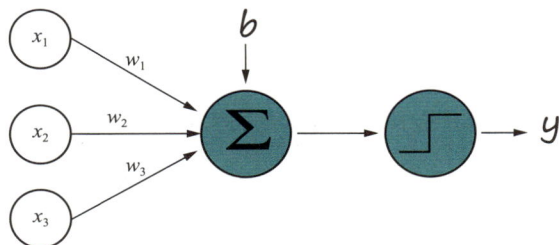

图7-11　感知器模型示意

注：数学表示为 $y = f(\sum_i w_i x_i + b)$，其中 $\sum$ 为连加符号，$f(x)$ 为激活函数，输入 $x > 0$ 时输出1，否则输出-1。

感知器模型是弗兰克·罗森布拉特于1957年提出的，他还设计了一种有效的学习方法，通过示例数据对感知器进行训练。例如，通过100张各种字母的图片，感知器就可以学习到识别英文字母的能力。这是个了不起的成就，证明了通过学习来实现智能是可行的。这一基于学习的方法与传统把知识灌输给机器的方法完全不同，为实现智能机器开辟了一条崭新的道路。

然而，人们很快发现感知器有一个显著缺陷：它只能处理线性可分的问题。所谓线性可分问题，即是指在特征空间里可以用一条直线进行区分的分类任务。如果不能用直线区分开，就称为线性不可分问题。如图7-12中，左侧就是一个线性可分问题，右侧则是一个线性不可分问题。

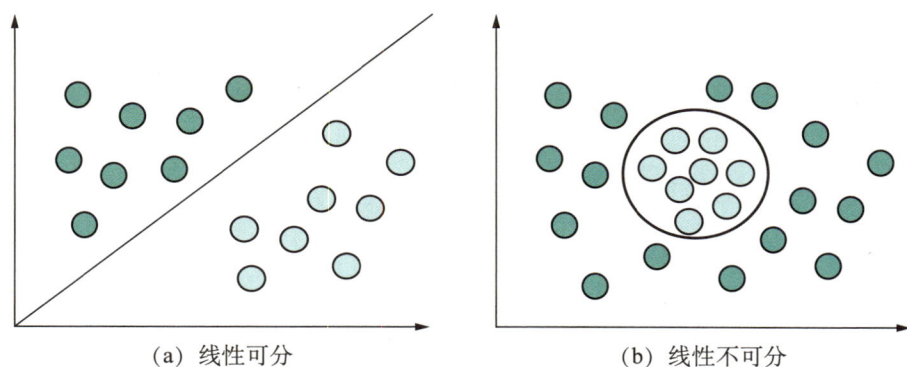

(a) 线性可分   (b) 线性不可分

图7-12　线性可分问题和线性不可分问题

1969年，马文·闵斯基和同事合著《感知器》一书，对感知器做了详细分析，指出了模型的局限性。《感知器》不仅使刚刚发展起来的神经网络研究陷入低谷，对整个人工智能也是一次重大打击。不久以后，始于达特茅斯会议的人工智能热潮落幕。

② MLP 的提出及 BP 算法

要解决感知器的局限并不复杂，只要在感知器的输入层和输出层之间插入若干隐藏层，将两层感知器扩展到多层感知器，并将隐藏层神经元的激活函数设为非线性函数，即可构造出复杂的非线性分类面，从而解决线性不可分问题。这种包含一个或多个隐藏层的神经网络称为多层感知器（multilayer perceptron，MLP）（图7-13）。

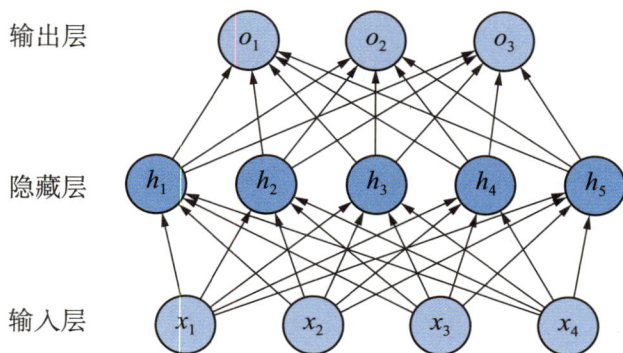

图7-13　包含一个隐藏层的多层感知器

MLP具有更强的学习能力这一点并不难想象,问题是如何对这一模型进行有效训练。这个问题一直困扰着神经网络的研究者。保罗·韦伯斯特·沃尔特首先于1974年在其博士论文中提出了一种称为反向传播算法(backpropagation,BP)的学习方法,当时这一算法用来学习一个社会政治系统。1986年,大卫·鲁梅尔哈特、杰弗里·辛顿和罗纳德·威廉姆斯发表论文,将这一算法应用到神经网络训练中,使复杂神经网络的学习成为可能。

BP算法的核心思想是计算输出层与目标之间的误差,这一误差为神经网络参数的调整提供了指导。调整方式是利用神经网络的分层结构,将误差从输出层向输入层逐层传导,并在传导过程中修正网络参数。这一误差传导和参数调整过程是从后向前的,因此称为反向传播算法。

具体来说,BP算法的工作过程可以分为两个阶段:前向传播和反向传播。在前向传播阶段,输入信号从输入层开始,经过隐藏层的处理,最终到达输出层产生输出。然后,在反向传播阶段,算法计算输出层与目标之间的误差,并将这个误差反向传播到网络中的每一层。在每一层,算法根据误差调整权重,以便在下一次前向传播时减少误差。通过多次迭代,BP算法可以逐渐调整网络中的权重,使网络的输出越来越接近目标输出。BP算法的提出对当时神经网络的发展产生了深远的影响,推动了神经网络研究的全面复兴。

③ 多种神经网络的提出

BP算法解决了复杂网络的训练问题,人工神经网络也迎来了蓬勃的发展,多种类型的神经网络相继出现,为处理不同类型的数据和任务场景提供了更为强大的工具。下面介绍卷积神经网络和循环神经网络两种最常用网络结构。

1)卷积神经网络

卷积神经网络是应用最广泛的神经网络之一。与MLP相比,CNN中每个神经元只与前一层某一局部区域的少量神经元相连。如图7-14所示,第$n+1$层的每个神经元只与第n层的9个神经元相连接,而不是所有神经元。对$n+1$层两个不同位置的神经元,它们在接收第n层输入时所使用的连接权重是一样的。这些"共享"的连接权重也称为卷积核。为什么要这样设计呢？这是因为图片和其他很多数据中的"模式"是局部的，或者说是"小范围"的，比如猫的脸、兔子的耳朵，都是在一个小区域内的。卷积核所代表的局部连接可以帮助我们发现这些局部模式，例如在图7-14中，我们看到第$n+1$层有个高激发值"8"，这意味着在这个位置出现了一个模式，而这个模式就是由两层之间的那个卷积核所确定的。值得注意的是，卷积核其实是神经元之间的连接权重，是可以学习的。这意味着CNN可以学习数据中的典型模式，并通过神经网络的前向计算过程把这些模式提取出来。

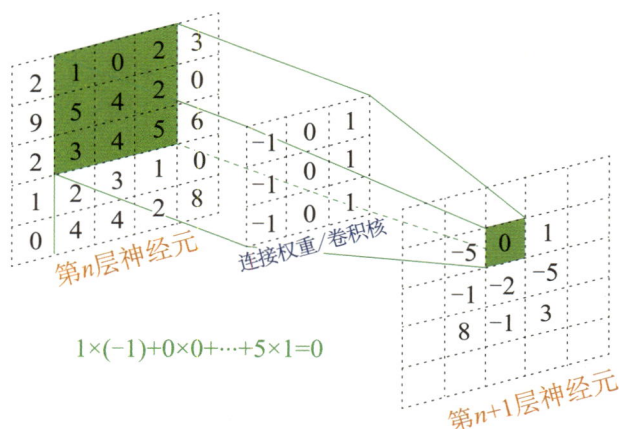

$$1×(-1)+0×0+\cdots+5×1=0$$

图7-14　卷积神经网络的计算过程

　　CNN的概念最早由日本科学家福岛邦彦在1980年提出。他当时设计了一种名为"神经认知机"（neocognitron）的模型，这是一种多层神经网络，具有初步的卷积结构。20世纪90年代，杨立昆等在此基础上进一步发展，提出了LeNet-5模型，并成功应用于手写数字识别，标志着CNN在计算机视觉领域走向实用。进入21世纪，随着计算能力的提升和大规模数据集的出现，CNN得到了广泛应用。

2）循环神经网络

　　循环神经网络（recurrent neural net，RNN）是另一种常见的神经网络结构，主要用于处理序列数据。与标准MLP不同，RNN是一种循环运行的网络，在运行时，上一个时刻隐藏节点内容将被传递到下一个时刻，影响下一个时刻的网络状态和输出结果，如图7-15所示。

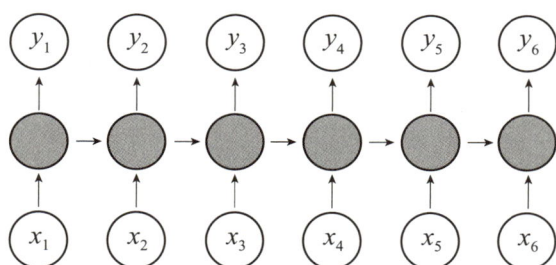

图7-15　循环神经网络的运行过程

这种信息保留与传递机制使RNN具有了记忆功能，从而实现对序列数据的建模和预测。比如将"特别喜欢听相声"这句话送入一个RNN模型（图7-16），句子语义从第一个词开始累积，一直到最后一个词，就可以知道这句话是一个正面情绪，表示"喜欢""肯定"。反之，"我特别不喜欢听相声"经过RNN的语义积累后，就是一个负面情绪，表示"不喜欢""否定"。

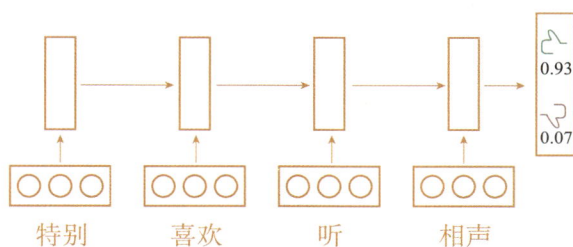

图7-16　循环神经网络的记忆功能

早在1982年，约翰·霍普菲尔德提出了霍普菲尔德网络（Hopfield network），这是早期的一种循环神经网络结构，能够存储记忆并进行回忆。虽然与后来的RNNs有不同的机制，但它为循环结构的概念奠定了基础。在此之后，迈克尔·乔丹和杰弗里·埃尔曼分别在20世纪80年代末和20世纪90年代初提出了乔丹网络和埃尔曼网络，两者都是早期的RNN变种。1997年，塞普·霍赫赖特和于尔根·施米德胡伯提出了长短期记忆网络（long short-term memory，LSTM），它通过引入门控机制显著改善了传统RNN模型在记忆累积过程中的遗忘问题，使网络能够更好地捕捉长序列中的依赖关系。LSTM-RNN被广泛应用于自然语言处理、语音识别和时间序列预测等领域。

这些不同类型神经网络的出现,极大提高了人工神经网络模型解决具体问题的能力。它们在多个领域的不同任务中取得了一系列成果,推动了人工智能技术的进步。

④ 深度神经网络

2006年以后,神经网络迎来另一次高潮。以辛顿为代表的神经网络研究者发现,当层数变深以后,网络拥有了更强的学习能力,特别是可以从底层到高层逐渐提取不同尺度的特征。这种特征学习不仅摆脱了传统人工智能系统需要人为设计特征的麻烦,而且增强了机器对世界规律的理解。不仅如此,研究者还设计了一种更有效的时序建模方案,称为自注意力机制。基于这一机制,可以对超长序列进行建模,开启了大模型时代。

⑤ 总结

本节讨论了人工神经网络从感知器模型到深度学习的发展历程。感知器作为起点,无法解决线性不可分问题,而多层感知器的提出与反向传播算法为神经网络带来了新的活力。随后,多种网络结构如CNN、RNN等相继涌现,提高处理各种具体任务的能力。近年来,深度学习的兴起将神经网络推向新高潮,取得了一系列显著的成就。下一节我们将具体讨论深度学习的故事。

❓ 思考与讨论

(1)闵斯基的《感知器》一书对罗森布拉特的感知器模型提出了严厉批评。有人认为,正是闵斯基这本书,造成了神经网络发展的停滞,因此闵斯基应为这段历史负责。谈一谈你的看法。

(2)原则上,多层感知器可以涵盖各种结构,CNN和RNN都可以视为

MLP的变体。讨论一下，CNN和RNN在MLP基础架构上做了哪些限制，这些限制有什么意义？

7.4
深度学习的开端

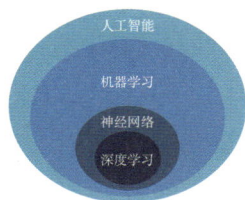

（1）了解深度学习之父杰弗里·辛顿的成长经历及其伟大贡献。

（2）理解深度学习的基本原理，特别是层次性特征学习的重要性。

（3）探讨深度学习开启的大数据学习时代及其推动人工智能发展的意义。

深度学习是近年来人工智能领域最重要的进展之一，我们今天所看到的许多让人振奋的成果，都与深度学习密不可分。那么，深度学习是如何诞生的？它的出现又解决了哪些问题呢？本节我们将一起探索深度学习的开端，了解深度学习之父杰弗里·辛顿的成长经历与学术贡献，讨论深度学习提出的历史背景，并学习深度学习背后的基础原理。

① 辛顿的求学之路

杰弗里·辛顿1947年出生于一个充满科学氛围的家庭。他的家族中不乏科学界的佼佼者，其中最著名的便是他的曾曾祖父——英国科学家乔治·布尔，他发明的布尔代数是计算机科学的关键理论基础之一。在这样的家庭环境下，辛顿自小便对科学研究充满了好奇，尤其是大脑的工作原理让他最为着迷。

辛顿的求学之路并非一帆风顺。18岁那年他进入剑桥大学，尝试过物理、化学、生理学、哲学等多个方向。最终，他转到了心理学系，并在1970年获得实验心理学学士学位。

毕业后的辛顿没有找到合适的工作，只能通过做些木工维持生计。然而，生活的窘迫并未磨灭他追求科学的理想，特别是对大脑机理的好奇心。1973年，辛顿被爱丁堡大学录取，攻读博士学位。他的导师是克里斯托弗·朗吉特-希金斯，课题方向是神经网络。导师对他的神经网络方向并不是特别看好，因为当时的神经网络正处于低潮，辛顿需要不停地说服导师神经网络是有前途的，是人工智能的正确方向。正是这些经历塑造了他坚韧不拔的科研精神。后来当深度学习成功之后，有人采访他，问："当其他人都放弃时，您还认为这条路是正确的吗？"辛顿自信地回答："其他人都错了！"

② 多层神经网络

辛顿投身神经网络研究之时正是神经网络最低谷的时候。20世纪50年代，罗森布拉特发明了感知器，引发了人们对神经网络的热情。然而，好景不长，1969年马文·闵斯基的《感知器》出版，系统分析了感知器的局限性，从此以后神经网络的研究一落千丈，大量神经网络的研究者转向其他方向，比如看起来更有前途的符号方法，甚至离开了人工智能行业。

面临这样的困境，辛顿并没有选择放弃。他坚信，只要能够解决神经网络的训练问题，神经网络模型就能发挥出其真正的潜力。经过潜心研究，他和同事们于1986年提出用BP算法来训练多层神经网络（图7-17），解决了感知器只能处理线性可分的问题。后来人们还发现，即便是只有一个隐藏层，只要神经元个数足够多，神经网络也可以模拟任意连续函数。BP算法的出现让人们重拾对神经网络的热情，出现了卷积网络、循环网络等各种网络结构，在一些应用场景里达到了可以实用的性能。提出反向传播算法，是辛顿第一次拯救了神经网络。

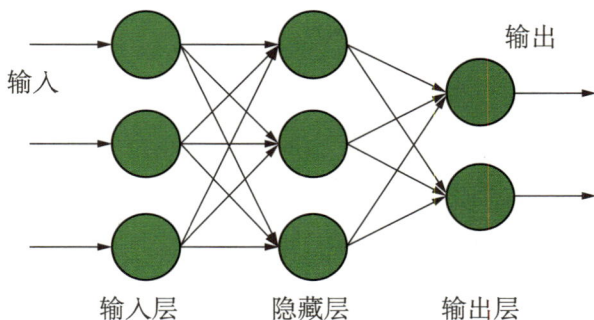

图7-17　多层感知器

BP算法的提出让辛顿获得了学术界的极大认可,但一个能拟合函数的神经网络并不是辛顿当初的理想,他的目的是让神经网络像生物神经网络一样产生强大的智能,而不仅是一个预测或分类函数。如果不能实现对智能的模拟,神经网络也只是众多学习方法中的一个。事实上,与神经网络类似的学习方法有很多,具有代表性的包括决策树、贝叶斯网络、支持向量机等。其中支持向量机带来的冲击最为明显。

支持向量机是弗拉基米尔·瓦普尼克和科琳娜·科尔特斯(图7-18)于1995年提出的一种非线性分类器,它和多层神经网络一样可以解决线性不可分问题,但优点是训练非常容易,可以达到全局最优。对比来说,多层神经网络虽然理论上具有很强的学习能力,但几乎无法达到全局最优。换句话说,神经网络在理论上很强,但实际上达不到应有的性能。研究者在实验中也发现支持向量机的效果一致性地优于神经网络。因此,刚刚兴起的神经网络还没来得及走到舞台中央就匆匆谢幕了,神经网络的研究者们再一次被边缘化。

图7-18　弗拉基米尔·瓦普尼克和科琳娜·科尔特斯

③　深度学习的开端

尽管神经网络再次遭遇低谷,很多坚持理想的科学家依然没有放弃,其中就包括在多伦多大学任教的辛顿。他回忆说,当时学生们都互相转告,读博士千万不要选辛顿当导师,否则很难毕业。

变革发生在2006年,那一年辛顿在《自然》杂志上发表了一篇文章,提出了一种预训练方法来训练多层神经网络。他首先利用一种称为受限玻尔兹曼机（RBM）的模型来提取数据中的显著特征，并将得到的特征送入另一个RBM，提取更高级的特征。这样一层层学下去，就得到了一个深度神经网络的"原型"，层次越深，学习到的特征就越"高级"，语义性越强。以人脸图片为例，在较低层次学到的特征可能只是一些简单的线条，再深一层可能学到口鼻等构件的模样，再深层会学到人脸的大致轮廓（图7-19），等等。有了这个原型网络，再结合人脸识别这一目标任务进行微调，即可得到非常强大的人脸识别模型。

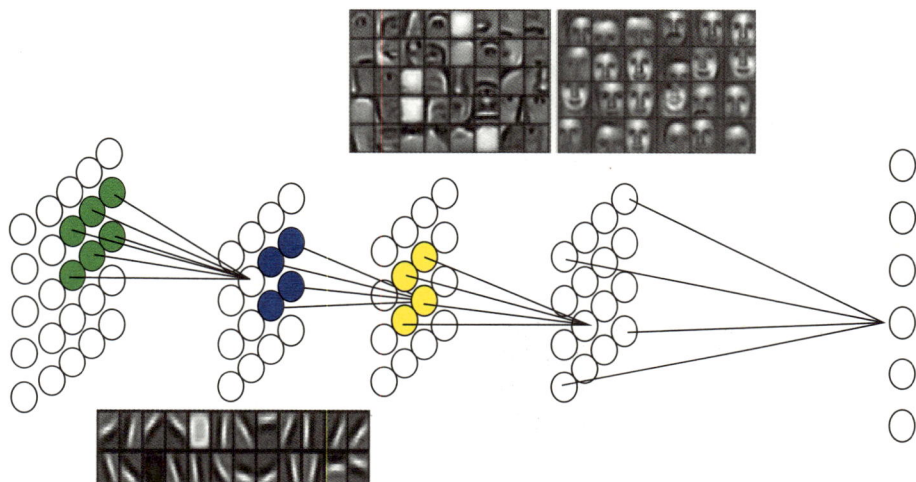

图7-19　用于人脸识别的深度神经网络在不同层次学习不同尺度的特征

辛顿的工作为研究者们提供了一个新的视角，让人们看到了层次性特征的重要性。在传统观念中，神经网络只是一个函数拟合工具，人们用它来构造各种分类器或预测模型，但忽视了不同层次神经元所代表的特征应该是有层次性差异的。辛顿用RBM将这些特征学习出来，并置于神经网络的不同层次，从而显著提高了网络的表达能力。事实上，这种层次性特征提取过程与人类神经系统处理信息的方式很相似：我们的听觉、视觉等感知过程都是通过逐层处理、由浅入深地完成感知任务的。从这一角度看，深度神经网络不应该简单地视为浅层网络的技术性扩展，而是一种观念上的革命。

思路打开之后，研究者从各个角度对深度神经网络展开了全方位研究和探索，提出了各种高效的训练方法和复杂的网络结构，在语音信号处理、图像视频处理、自然语言处理等众多领域取得了巨大成功。

今天，人们逐渐认识到，"深度"本身也许并不是最重要的事情，更重要的是数据的积累使基于学习的人工智能方法更加强大，而复杂神经网络模型正是目前已知最高效的学习模型。从这个意义上说，深度学习事实上是大数据学习时代到来的第一声号角。这是一个崭新的时代，数据和学习无疑是这个时代的主角。通过从海量数据中学习知识和规律，机器可能获得远超人类的技能，从而极大扩展了机器智能的边界，而辛顿在2006年的那篇论文无疑具有划时代的意义。

目前深度学习的发展依然生机勃勃，特别是在2017年Transformer架构被提出以后，人们发现基于Transformer的神经网络具有强大的时序建模能力，这为学习语言、图片、视频等序列数据打开了大门。人们惊讶地发现，对语言的超长序列建模让机器理解了我们的语言，从而打开了人类积累数千年的知识宝库；对视觉的超长序列建模让机器理解了我们的世界，从而具有了生成逼真图像和视频的能力。而且，人们发现模型规模越大、数据量越大、使用的计算资源越多，模型的性能越好。人工智能由此进入大模型时代，一个接近通用智能甚至超级智能的时代。可以想见，未来二十年人工智能领域将更加风起云涌，在改变我们生活方式的同时给我们的世界观带来更加深刻的变革。面对这些日新月异的成就，我们最应该感谢的就是辛顿教授，没有他的坚持，就没有人工智能的今天。

④ 总结

深度学习作为机器学习领域的一颗璀璨明珠，近年来在人工智能舞台上大放异彩。通过回顾辛顿的个人经历和他的学术之路，我们不仅理解了深度学习从无到有、从弱到强的历史变迁，也看到了伟大人物对信仰的坚持。深度学习的崛起，不仅解决了传统统计模型在处理复杂问题上的局限性，还展示了基于大数据学习的人工智能方法在趋近或超越人类智能上的可能性。

深度学习不仅重塑了我们对人工智能的认知边界，更为社会进步和发展注入了新的活力。展望未来，随着大数据的进一步积累和计算能力的持续提升，深度学习有望解锁更多未知领域，实现与其他技术的跨界融合，为人类生活带来前所未有的变革与惊喜。

7.5
深度学习基本原理

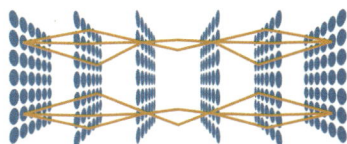

学习目标

（1）理解深度学习中层次性和顺序性学习的原理和重要性。

（2）认识深度学习在视觉、语言和图像生成等领域的典型应用实例。

（3）探讨深度学习强大建模能力的基础条件及其发展原因。

深度学习以深度神经网络为基础模型，那么，深度神经网络为什么有这么强大的建模能力呢？它到底学到了什么？我们从两个角度去理解：一是对层次性的学习，二是对顺序性的学习。层次性和顺序性是我们这个世界的基础准则，深度学习正是通过学习这些基础原则，实现了对世界的观察和理解。

① 层次性学习

这个世界具有层次。例如，我们的语言是由字组成词，再依次组成短语、子句、句子、段落和篇章，这是一种逻辑上的层次性。同样，观察一幅图（图7-20），

图7-20　一张照片中的层次性

可以看到一个个小色块组成了树叶、小草、波纹，再由这些小范围的"模式"组合成了树木、河流、草地，最后这些元素组成了山间秋色。层次性是这个世界存在的基础法则，每一个层次都有自己独特的模式和规律，较高层次的模式和规律建立在低一层次的模式和规律之上。每一个层次都是世界的一部分，不可或缺。因此，如果我们要理解这个世界，就需要理解这种层次性。

人类天生具备理解世界层次性的能力。以视觉系统为例（图7-21），当视觉影像通过瞳孔进入大脑皮层时，首先传递到V1区域，在这里提取出简单的线条，如直线、斜线和弧线等。接着，这些线条被传送到V2区域，进一步组合成简单的形状，如米字形和螺旋形。随后，这些形状被传递到V4区域，形成更复杂的图案，如带阴影的球体和彩色纹路等。图案继续在PIT层进一步处理，形成具体的形状，如手掌和哑铃。最后到达AIT层，构建出完整的物体，如花瓣、猫脸和气球等。通过这种逐层处理（图7-22），简单的模式逐渐组合成复杂的模式，从而实现对一幅图片的整体感知和全面理解。有趣的是，这种层次理解的过程不仅符合物理世界的层次性结构，还显著提高了神经元的工作效率，因为每一层仅有少量神经元被激发，从而节省了神经元的能量消耗。

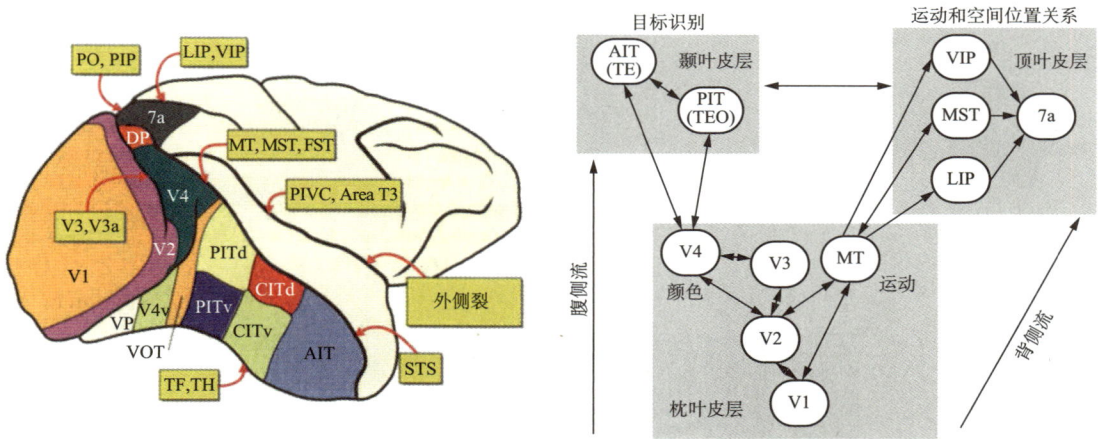

图7-21　大脑中的视觉处理路径

科学家们发现，深度神经网络通过学习可以获得类似的层次性特征处理能力。图7-23所示为一个用于识别动物的深度神经网络，主干包含多个卷积层，用于特征提取，最后几层是全连接层，用于对动物进行分类。观察不同卷积层所提取到的特征，可以发现和人的视觉系统非常相似：在较低层提取的是简单的线条

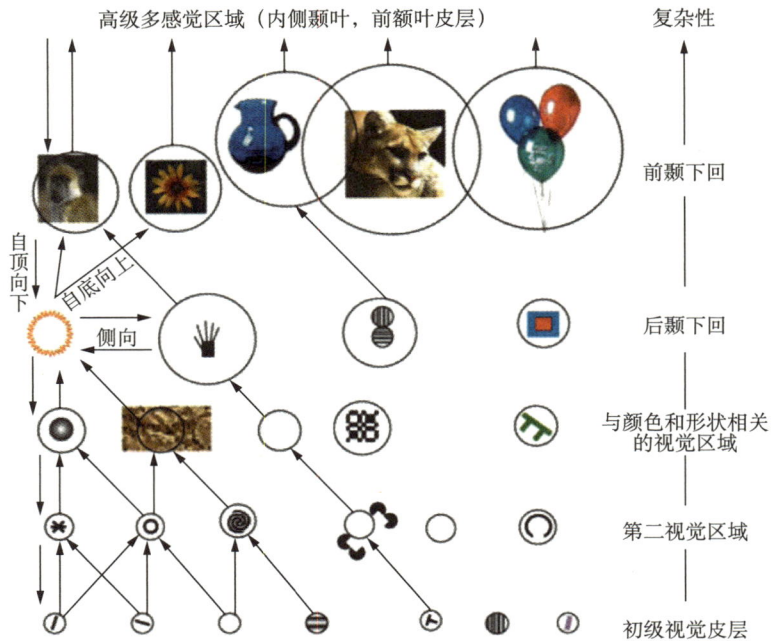

图7-22　人类视觉处理的层次性

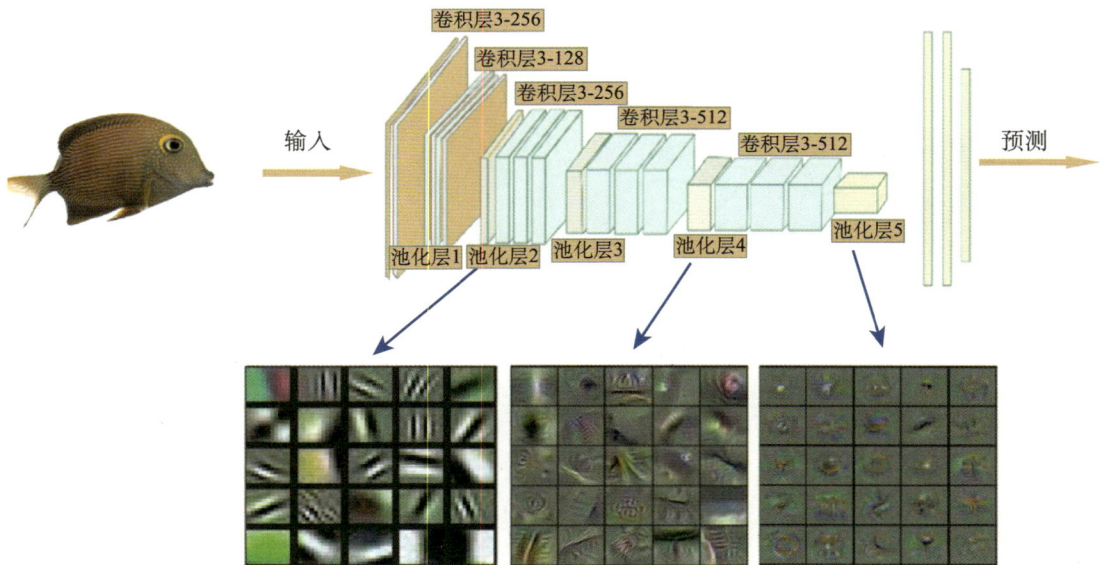

图7-23　识别动物的深度卷积神经网络在不同层次学习不同尺度的模式

和色块,在中间层组合成局部纹理,最后在高层组合成一些整体轮廓。

　　这种层次性对于计算机来说具有重要的意义,这是因为计算机处理的图片是由像素组成的。问题是,在像素层面上,图像内容难以被理解,只有通过合理的组合后,才能实现有意义的图像理解。那么,什么样的组合方式才算是"合理"的呢?神经网络通过学习不断调整网络参数,以任务完成为目标,最终得到了针对特定任务的优化特征组合,这就是我们在网络的不同位置看到的层次性模式。

层次性的表示显著提高了机器对视觉内容的理解能力。比如我们看到一张人脸照片,如果这张脸向左稍微移动一点点,从像素的角度看几乎每个像素都发生了变化,但从"人脸"这个高层特征来看,只是在位置上的轻微改变,并不会改变这张脸的任何特征。这意味着只有抓住了高层特征,才能真正理解了一幅图片的内容。

AlphaGo是层次学习的典型例证。围棋的棋盘状态非常复杂,虽然局部区域的落子选择相对简单,但对全局局势的整体判断却异常困难。人类棋手一般是通过直觉来形成对局势的判断,再基于这一判断选择某一区域进行落子选择。对于机器来说,对棋局的整体把握同样非常困难,也不可能有人类的直觉,这也是围棋国手们一直不相信机器能下好围棋的原因。AlphaGo的成功有多方面的因素,但神经网络对棋局的整体把握是重要原因之一。如图7-24所示,AlphaGo

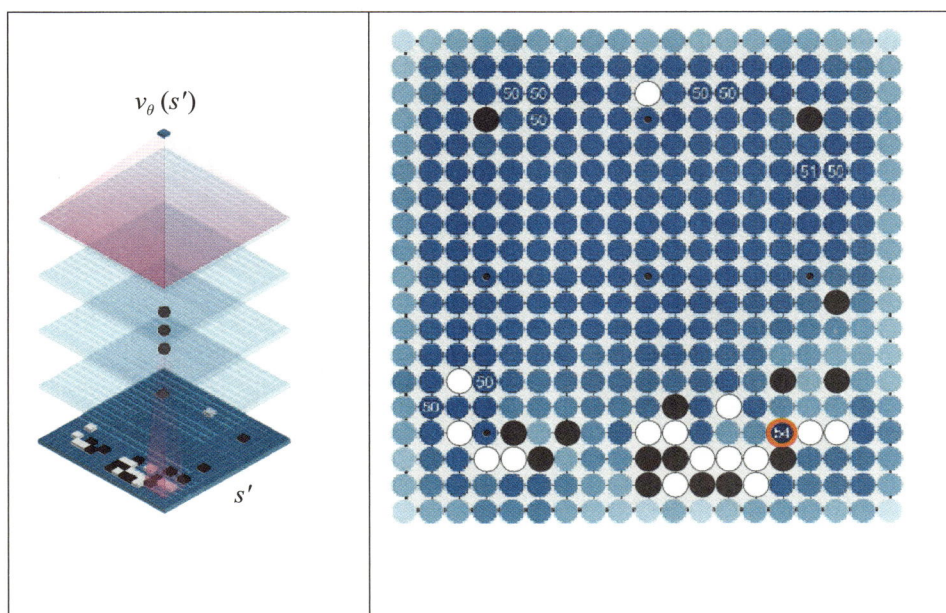

图7-24　AlphaGo的值网络

注:图中圆圈内的数字代表己方落子后棋局的估值,即对己方的优势。
红圈标记的是估值最大的落子位置。

利用了一个深度卷积神经网络,这一网络从底层开始考察棋盘的局部模式,再一层层放大视野,最终得到一个对整个棋局的分值评估。这一方法解决了传统对弈算法"只见树木、不见森林"的缺点,通过层次性学习将棋盘的局部特征和全局特征整合在一起,最终形成对棋盘状态的完整评价。

② 序列学习

　　世界是有顺序的。例如,我们说的每一句话都要前后连贯,且顺序不能颠倒,否则意义可能完全不同。"老奶奶"和"奶奶老"不一样,"武松打虎"和"虎打武松"也不同。只有掌握了这种顺序性,才能掌握语言。在前面我们已经讨论过,GPT等大语言模型之所以如此强大,根本的原因就在于它们用神经网络构建了一个非常庞大的语言模型,这个模型可以归纳长达数千甚至数万个词的上下文信息,从而形成对语言的深刻理解。以GPT4模型为例,它可以整理12.8万个token的上下文。这么丰富的上下文信息不仅可以实现对每个词、每句话的精确理解,还可以根据这一理解生成连贯且有针对性的回答。这是大语言模型拥有强大智能的基本原因。

图7-25　　一张老虎的图片是有顺序的

　　不仅语言有顺序,图像也是有顺序的。图7-25所示一只老虎的虎头必然长在脖子上,尾巴必然长屁股后面。如果这个顺序错了,那就不再是只老虎,而是只怪物。其他图像也是一样,凡是看起来合理的图像,都具有顺序性。与学习词的顺序性就可以理解语言一样,如果我们能把一幅图中光点(像素)的顺序性学习出来,就可以理解图中的内容,进而理解视觉世界。

　　如何去学习图像中的顺序性呢? 一种方法是借鉴语言模型中的"词语接龙"游戏,构建一个像素的预测模型。如图7-26所示,把标成1的像素都视为"历史",模型预测当前x_i处的像素值。有了这个像素模型,就可以一个像素一个像素地迭代预测,直到生成一张完整的图片。

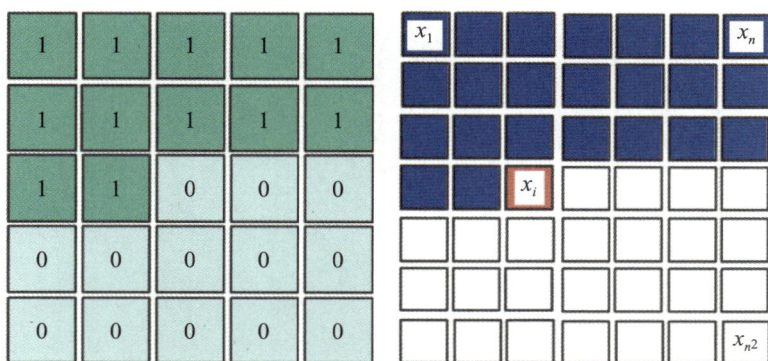

图7-26 图像的序列建模方法

注：用阴影位置的像素x_1到x_{i-1}值预测x_i。这一预测过程从x_1开始直到x_{n^2}，即可生成一幅图片。

研究表明所有符合规律的图像都集中在一个局部区域，如图7-27所示，只有在黄色曲面上的图片是真实的，曲面之外的图片大部分是噪声。如果我们能够找到一种算法，从任意一个随机位置逐渐趋近到黄色曲面，则同样意味着理解了图像中所表示的顺序性。

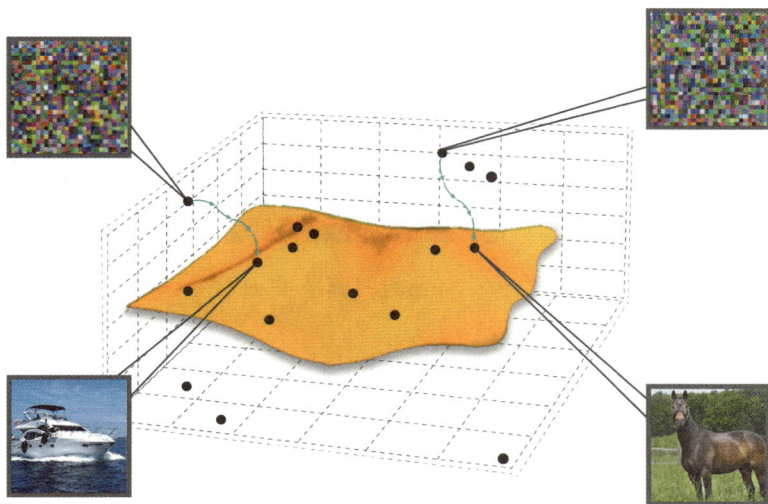

图7-27 扩散模型的原理图

注：正常、合理的图片都分布在黄色曲面上。生成图片时，从一张噪声图片开始逐渐向黄色曲面趋近，变得越来越清晰。

这一思路启发人们提出了一种称为"扩散模型"的图片生成方法。如图7-28所示，刚开始的图片只是随机噪声，模型通过逐步去除噪声，最终得到一张清晰合理的图片。

图7-28　基于扩散模型的图片生成过程

类似地，如果我们把视频看作是一张三维图片，用相同的方法可以生成逼真的视频。OpenAI在2024年初推出的Sora系统就是基于这一技术（图7-29）。

图7-29　Sora的视频生成过程

③ 总结

本节讨论了深度学习的基本原理。总体而言，深度学习之所以有强大的学习能力，是因为神经网络本身的灵活性，特别是在网络规模和训练数据足够充分情况下，它可以捕捉数据中的复杂模式和规律。从学习机理上来说，深度学习的成功应归功于它对数据中所包含的基础规律的学习和掌握，主要包括层次性和顺序性。这两点既是语言等符号系统的基本原则，也是物理世界的基础规律。

当然,有了灵活的学习框架并不意味着它一定能学习到这些规律,还需要足够庞大的数据资源和强大的计算能力。这些基础条件直到21世纪之后才逐渐解决,这也是深度神经网络虽然很早就有研究,但直到最近20年才真正兴起的原因。

思考与讨论

（1）讨论AlphaGo是如何通过层次性学习来获得类似人类棋手的全局把控能力的?

（2）如果一幅图片像素之间存在合理的顺序性,它一定存在于一个子空间内。思考一下这是为什么?

课程实践

使用清影网站(https://chatglm.cn/video)提供的文生视频能力,分组生成一个小男孩喝咖啡的视频,并交流提示词的使用技巧。

7.6
深度学习的挑战:对抗样本

学习目标

（1）理解对抗样本的概念及其生成方式。

（2）了解对抗样本的成因,认识神经网络的局限性和脆弱性。

（3）探讨对抗样本带来的潜在风险及主要防范措施。

深度神经网络因其强大的学习能力在多个领域取得了显著成果,例如语音识别、图像识别、自然语言理解等。然而,研究人员发现强大的深度神经网络也有弱点。例如,如果在一张"猪"的图片中加入一些人类无法察觉的噪声后,神经网络可能将其误识成"飞机",而且对自己的判断"深信不疑"(图7-30)。这种能够误导神经网络产生错误判断的特殊样本被称为"对抗样本"。本节将探讨对抗样本的概念、生成方式、产生的原因,以及对抗样本带来的风险与防范措施。

图7-30　图片加噪声后误识别

① 什么是对抗样本?

对抗样本,简单来说,是那些在人类看来和普通样本几乎无异,但却能够导致深度神经网络产生错误判断的样本。对抗样本的存在表明,即使是微小的输入扰动,也可能对神经网络的判断产生重大影响。

例如,一张狗的图片可以被神经网络准确识别为狗。然而,如果在图片中加入一些人类几乎无法察觉的微小的噪声,神经网络就可能将其误识别为其他类别,例如一瓶红酒或一卷厕纸(图7-31)。值得注意的是,神经网络在对这些对抗样本进行错误判断时,通常会以高置信度输出,而不会表现出不确定性。

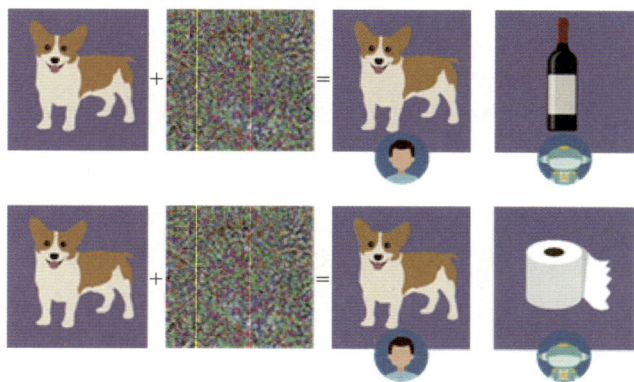

图7-31　对抗样本的两个例子

在某些极端情况下，对抗样本的影响更为显著。例如，在图7-32中，在红绿灯图中的红灯位置加入了一个小点，神经网络将其错误的识别成了绿灯。

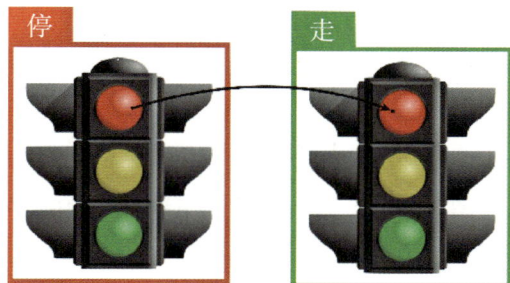

图7-32　神经网络误识别红灯中的小黑点

② 对抗样本的生成方式

　　对抗样本并非个别现象，而是普遍存在于深度神经网络中的系统性问题。事实上，给定任何一张图片，都可以生成一些对抗样本，让神经网络将其错误识别成任何一种东西。就像前文提到的，给狗的照片加上一些微小的噪声，神经网络就可能将其误判为红酒或厕纸。当然，也不是随便添加一些噪声就可以成为对抗样本的，必须是特殊设计的噪声才行。通常的方法是计算模型的梯度，找出使输出变化最大的方向，并沿此方向对图像进行微小扰动，从而生成对抗样本。

　　除了添加噪声，还有一些其他方式也可以生成对抗样本。比如通过对图片进行轻微的旋转或缩放，也可能让网络产生错误的判断。比如图7-33中的一张手枪的图片，稍微做一下旋转，网络就把它识别成了捕鼠器。同样地，雄鹰的图片可能会被误判为猩猩，船的图片甚至可能会被误判为狗。这些生成方式都比较容易但却能有效误导神经网络，表明对抗样本对神经网络的安全性构成了显

| 原始样本 | 对抗样本 | 原始样本 | 对抗样本 | 原始样本 | 对抗样本 |

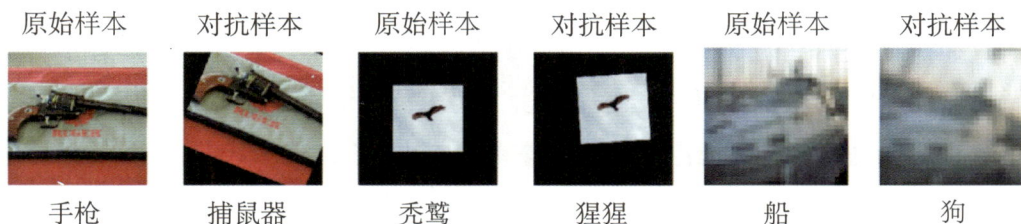

| 手枪 | 捕鼠器 | 秃鹫 | 猩猩 | 船 | 狗 |

图7-33　通过旋转生成的对抗样本

著挑战。

③ 对抗样本的成因

　　对抗样本的出现主要是因为神经网络学习到了一些与人类认知不一致的模式,这些模式在训练数据中可能具有区分性,但在实际应用中缺乏普遍意义。

　　具体来说,神经网络在处理输入数据时,会尝试找到一些特定的模式或特征,这些模式或特征可以让它更有效地完成分类或预测任务。但是,如果网络足够复杂的话,它所学到的特征和模型可能和人类有很大偏差,因而产生对同一数据的不同理解。

图7-34　苹果图片中的斑点可能被神经网络理解成苹果的典型特征

　　例如,我们用一组带有斑点的苹果的图片训练神经网络,人类通常是不会把斑点视为苹果特征的,但神经网络发现这些斑点在训练集中能够有效区分苹果和其他水果,从而将其视为苹果的关键特征(图7-34)。显然,如果加入一些噪声把这些斑点破坏掉,对人类来说还是一个苹果,但对机器来说却是个巨大的变化,至少不再是苹果了。反过来,我们也可以在任意一张图片上把这种斑点加进去,人类看起来没什么,但对机器来说却是个完美的苹果。

　　首先对抗样本的存在表明神经网络并非完美无缺,它也有自己的局限性和脆弱性。尤其是在一些重要的、需要高度准确性的场合,对神经网络的使用要保持谨慎。其次,对抗样本的研究也有助于深入理解神经网络的工作原理和决策机制。通过研究和分析对抗样本,可以发现网络在处理数据时可能存在的问题,从而为改进和优化网络提供有益的线索。最后,对抗样本还可以用来测试网络的安全性和可靠性。通过生成对抗样本并测试网络的输出结果,可以评估模型在实际应用中的表现,并为模型的部署和使用提供更加准确的指导。

④ 对抗样本的风险与防范

对抗样本带来的风险不容忽视。如图7-35所示，在"停止"标记上加上一些色块，就可以让自动驾驶汽车把它误判为限速标志，从而带来严重后果。

图7-35　STOP标牌上加入一些黑白色块被神经网络识别成限速标志

在图7-36中，戴上一个特别设计的眼镜，就可以骗过人脸识别系统，让系统错认成任何一个人。

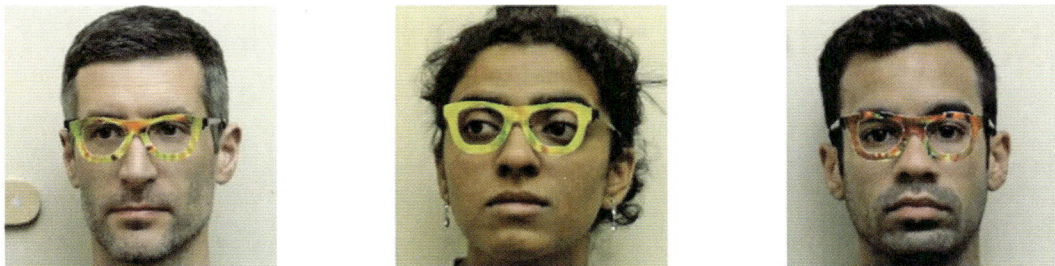

图7-36　可以骗过人脸识别系统的"攻击眼镜"

为了应对对抗样本带来的风险，研究人员提出了很多防范措施。其中一种常见方法是对抗训练。即通过生成对抗样本并将其加入训练数据中，使模型在面对对抗样本时更具鲁棒性。还有一种方法称为随机噪声注入，在测试样本中主动加入一些随机噪声，以破坏对抗样本中故意加入的特殊噪声。另外，一些去噪、尺度变换等数据预处理方法也可以部分去除人为引入的对抗噪声。最后，也可以使用多个网络进行联合决策，采用投票机制提高结果的可信度。

⑤ 总结

对抗样本是那些人类看来与正常样本几乎无异，但却能够导致神经网络产生错误判断的样本。面对对抗样本，网络不仅判断出错，而且对自己的判断有相当强烈的自信。对抗样本是一种普遍现象，本质上是机器学到了一些特殊的、不具有普遍意义的模式，这些模式对人类来说无关紧要，但对于目标驱动的神经网络来说却可能很显眼。对抗样本的存在意味着人和机器在对世界的理解上存在一些潜在的差异，这些差异在大多数时候不会表现出来，但在特定环境下表现出来就可能带来风险，特别是当有人有意利用这种差异来生成对抗样本时，就有可能带来危害。目前，研究者提出了若干方案来减轻对抗样本可能带来的风险，但因为机器和人之间在物质基础和学习机理上有所不同，它们对世界的理解总会存在差异。这种差异揭示了更深层次的问题，需要通过进一步研究寻找解决方案。

7.7
深度学习挑战：可解释性

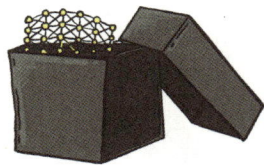

🔲 学习目标

（1）理解神经网络可解释性的重要性及其缺失带来的挑战。

（2）了解局部解释与全局解释的方法及其在实践中的应用。

（3）探讨可解释性缺失的深层原因及应对策略。

深度学习面对的另一个挑战是可解释性缺失问题，或称为"黑盒之谜"：我们只能观察到模型的输出结果，但无法了解其内部的处理过程。

可解释性的缺失不仅阻碍了科研人员对神经网络内部工作机制的深入理解，也限制了其在医疗、金融、自动驾驶等高可靠性领域的广泛应用。例如，在自动驾驶系统中，一个不可解释的决策过程可能引发严重的安全事故，从而削弱人们对技术的信任。因此,打开神经网络这个黑盒,探索其内在的决策过程与机制,成为当前人工智能领域亟待解决的关键问题。

① 什么是神经网络的可解释性?

当我们使用神经网络处理任务时,只能看到神经网络给出的输出结果,中间过程是不透明的。可解释性是指一个系统或模型能够对其决策过程提供清晰、直观且易于理解的理由或依据。在神经网络的语境下,可解释性则特指我们能否洞察神经网络如何从输入数据推导出输出结果的过程。简而言之,它要求我们不仅能够观察到神经网络"做了什么",还要能够理解其"为什么这么做"。

然而,由于神经网络的结构复杂性和非线性特性,对其行为的解释往往非常困难。神经网络由大量相互连接的神经元构成,这些神经元共同参与了对输入数据的处理。随着层级的加深,这些变换逐渐累积,形成了难以追溯的非线性决策路径和决策逻辑。换句话说,就算我们知道了网络中每一步的计算过程,仍然难以理解这些计算如何组合形成合理的决策,也无法解释错误产生的原因。这是可解释性缺失的根本原因。

可解释性不足是神经网络的一个重要缺陷,不仅阻碍了我们对模型内部逻辑的理解,还直接影响到模型在实际应用中的可信度与可靠性。例如在医疗、金融、自动驾驶等高风险领域,一个不可解释的决策是难以接受的,因为人们难以承担出错的后果,也无法接受错误无法溯源的困境。因此,探索神经网络的可解释性,不仅是学术研究的重要方向,也是推动神经网络在各个领域广泛应用必须解决的问题。

以自动驾驶为例,目前大多数无人驾驶系统依赖端到端的深度学习模型,这些模型直接将复杂的传感器数据(如高清摄像头图像、激光雷达扫描数据等)映射到车辆控制指令上,如转向、加速和刹车等。尽管这种端到端的处理方式在特定场景下展现出了高效性,但其内部决策逻辑是不透明的,由此带来了难以理解也难以承受的安全隐患。例如,当车辆在无预警的情况下突然刹车时,乘客和其他道路使用者需要明确知道这一决策是什么原因,比如检测到前方有障碍物、行人的突然出现,或车辆内部出现了故障等。然而神经网络缺乏这种解释能力,因此无法给出原因，当然也无法解决问题，下次还可能出现同样的问题。这将极大损害人们对自动驾驶技术的信任感。

② 局部解释方法

　　局部解释方法能够为模型在特定样本上的决策提供部分依据。例如，为什么一个苹果被识别成了一个苹果而不是一只猫？为什么一个人在走路会被错误识别为鸟在飞？这种"事后反思"式的解释有助于分析网络的决策依据、找出潜在的问题。

　　可视化技术是一种常用的局部解释方法，它通过突出对决策产生显著影响的区域，为模型的决策提供依据。例如，在图像处理中，可以标识图片中不同位置在神经网络中的激活值，这些激活值组成了一幅热力图，图中颜色的深浅揭示了模型在做决策时对不同区域的关注程度。比如在图7-37中，热力图会突出每张图片中对决策产生显著影响的区域，当决策结果不同时，标出的显著区域也不同。如第一张图片，当识别内容为"书店"时，热力图会突出图片中书店的大门；当识别内容为"汽车"时，热力图会突出图片中的汽车。通过热力图，可以分析出模型为什么做出某一决策，同时也可以分析出模型做出错误决策的原因。

| 原图 | 目标：书店 | 目标：汽车 |

图7-37　局部解释方法

③ 全局解释方法

　　局部解释是对每一个样本的"个体"解释，比如一张图片，一段音频，一个句子等。全局解释是指理解模型的整体行为，比如神经网络训练完成后每一层的功能及其作用。如图7-38所示，通过观察卷积神经网络的每一层神经元所代表的模式，可以看到从浅层到深层，神经元的感受野慢慢变大，所代表的模式越来越复杂，语义越来越明显。比如在第一层只是一些原始线条，在第二层产生了一些简单的模式，第四层一些物体或物体的部分出现了，到第五层出现了一些场景。这种从低到高、从简单到复杂的模式变化反映了模型对物体和场景的理解过程，从而对模型的功能及决策过程有了更好的理解。此外，通过比较两个分别由风景图片和物体图片训练的神经网络可以发现，浅层学到的模式比较相似，而高层则表现出显著差异，这与人类的直觉相符合。

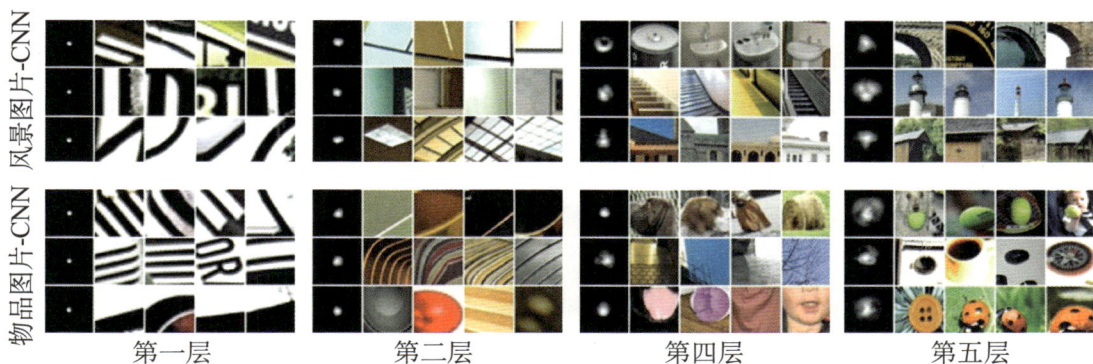

图7-38　CNN在不同层学到的模式

除了上述可视化方法，研究者还提出了很多别的方案。比如有一种"代理模型"法，通过训练一个简单的、可解释的模型来模仿复杂模型的行为。例如一种称为LIME的方法，它用一个线性模型来近似一个复杂神经网络的决策行为，然后通过分析线性模型中各特征的权重来确定其重要性。

④ 总结

深度学习的一个缺陷是可解释性的缺失，这对很多应用来说是难以接受的。近年来，人们对这一问题越来越关注，也提出了一些解决方法。本节所讨论的方法都可以归结为"事后解释"一类，即模型已经训练完成之后，再来解释它在特定测试样本上的行为或整体决策行为。另一种称为"事前解释"的可解释方法，旨在设计一类本身就好解释的模型，这类模型依然基于神经网络。不同之处在于，其网络节点被赋予了特定的含义，使模型具有一定的可解释性。这类模型的性能一般要弱于主流模型，但使用起来更安心。

尽管模型可解释性的研究已经取得了一些进展，但这些解释并不能清晰呈现出决策的原因，也不能提供合理的补救方案。这和神经网络内部错综复杂的信息处理过程相关，也和网络本身极高的自由度相关。过于自由的神经网络固然带来了强大的学习能力，也使它学习到与人类不一样的决策依据和决策过程，这些依据和过程本身就很难向人类呈现，这可能是可解释性缺失的根本原因。

最后，有研究者对于可解释性本身提出质疑。他们认为，人类的神经系统同样具有不可解释性，但这未影响人们对人类决策的信任。事实上，直到现在我们对人脑的功能和行为过程都知之甚少，更别说对某一过程进行解释。基于此，有研究者认为"可控性"比"可解释性"是短期内更现实的目标。例如，通过多模型融合可以提高决策的可信度，这样虽然模型本身依然是不可解释的，但整体的风险是可控的。随着人工智能越来越强大，未来关于可控性的要求也会越发严格。